문학, 철학을 입다

인문지혜 총서 100선 · 19
문학, 철학을 입다

김은중

인간과문학사

서문

　이 책은 [인간과문학]에 2016년부터 2018년까지 열두 차례 실린 연재물 <문학과 철학>을 수정하고 보완해서 엮은 것이다. 처음 쓰기를 제안 받았을 때 한국의 소설 인물들을 서양의 철학으로 설명할 수 있는가를 자문했다. 가능하지 않을 것 같았다. 서양의 사유와 문학은 인도와 아리안의 [베다]에 시원을, 호메로스의 작품들과 황금시대 신들의 이야기에 뿌리를 두고 있다.
　한국의 사유와 문학은 [베다]들이나 호메로스의 작품들, 황금시대 신들과는 관련이 없다. 한국문학의 원형은 많은 전설과 신화가 수록된 [삼국유사]와 <혜성가> 등 열네 수의 향가가 실린 [균여전]을 교본으로 보는 게 마땅하다. 물론 한국 현대 소설에서 [삼국유사]나 [균여전]의 흔적을 찾을 수 있을지는 개인적으로 의문이다.
　그런데도 연재한 까닭은 서양 철학자들의 인간관으로 한국 소설들을 분석하려는 호기심 때문이었다. 인간에 대한 이해는 서양의 철학자들이 더 풍부할 수밖에 없다. 결과적으로는 많은 견강부회가 따를 수밖에 없었지만, 이런 오독과 오해가 새로운 시각과 이론을 만든다는 믿음은 가질 수 있었다. 처음의 기획 의도는 소설을 소개하고 거기에 부합하는 서양 철학의 이론을 제시하는 것이었는데, 쓰면서 거꾸로 되었다.

  연재로써 마치고 책을 내는 것에는 소극적이었으나 기획을 제안하신 [인간과문학]의 유한근 주간님께서 출판까지 추진하셨기에 책으로 나올 수 있었다. 깊은 감사를 드린다. 마감일 안에 한 번도 원고를 건넨 적이 없었음에도 순조롭게 진행한 이노나 편집장과 책 이름을 근사하게 지은 한복용 선생에게도 감사의 마음을 빠뜨릴 수 없다.

2019년 5월
김은중

차례

고르기아스
김훈 · 이윤기 · 정영문
없지만 있다고 해도 우리는 그것을 알 수 없다   9

플라톤
이청준 · 최인호 · 최인훈
삶은 어둠 속에서 빛을 구하는 훈련의 연속이다   33

아리스토텔레스
김인숙 · 공선옥 · 윤대녕 · 이보라
개인의 생존을 말하다   59

플로티노스
김동리 · 선우휘 · 황순원 · 백도기 · 박영준 · 김원일 · 이문열
신의 존재를 드러내다   85

아우구스티누스
김은국 · 이철용 · 이승우
인간과 신에 대해 묻다   109

홉스
황순원 · 박완서 · 이문열
투쟁하는 인간   131

데카르트
장용학 · 조해일
신으로부터의 독립   155

흄
천승세 · 한무숙 · 김연수
감정의 재구성   173

헤겔
이병주 · 조정래
전체주의 철학과 국가에 예속된 인간   193

니체
박태원 · 김성한 · 오정희 · 박상륭
애당초 질서와 도덕은 없었다   213

하이데거
김동리 · 윤후명
묻기만 한 철학자   237

비트겐슈타인
박형서
그의 철학도 그의 삶도 인간에겐 불가능하다   263

고르기아스
없지만, 있다고 해도 우리는 그것을 알 수 없다
김훈 · 이윤기 · 정영문

지금부터 약 3천 년 전에서 2천3백 년 전 사이, 고대 그리스에는 '현자'로 불리는 이들이 있었다. 이들은 신과 인간과 사회에 대해 지식을 갖고 있었는데, 호메로스와 헤시오도스를 포함한 시인들, 음악가와 음유시인들, 성직자와 예언자들, 탈레스 · 비아스 · 피타코라스 · 클레오브로스 · 솔론 · 킬론 · 페리안드로스 같은 일곱 현인들, 소크라테스 이전의 철학자들, 프로메테우스처럼 신비한 힘을 가진 인물들이었다. 그리스인들은 이들을 소피스트sophist라고 존경하며 불렀다.

기원전 5세기가 되자 스스로를 소피스트라고 부르는, 자신을 선전하며 다니는 이들이 출현했다. 프로타고라스를 비롯해 고르기아스 · 프로디코스 · 히피아스 같은 이들이었다. 이들은 자신이 공부한 논변술을 사람들에게 가르치기 위해 그리스 전역을 돌아다녔으며, 강연료와 교습비를 받아서 생활했다. 이들을 우리는 궤변론자라고 부르고 따라서 소피스트라는 개념도 궤변이라는 뜻이 들어가 있지만 그들이 활동하던 시기에 이 말에는 이런 경멸의 뜻이 들어가 있지 않았다.

오늘 이야기할 인물은 이들 소피스트들 가운데 대표적인 인물 중 하나인 고르기아스(기원전 483?-376)이다. 그의 주장을 전하기 위해서 두 가지 사실을 먼저 전해야 한다. 하나는 왜 기원전 5세기에 자칭 현인이라는 사람들이 등장했는가 이며, 다른 하나는 그와 함께 소피스트의 거두인 프로타고라스(기원전 485-414)의 주장이다.

소피스트의 출현은 그리스 민주정의 산물

고대 그리스는 왕정과 귀족정, 과두정을 거쳐 기원전 461년경 순수 민주정이라고 할 만한 정치 체제를 만들었다. 왕정·귀족정·과두정에서는 행정의 수행이 1인 또는 소수에게 맡겨진다. 왕이나 귀족, 참주정을 이끈 이들은 왕이나 귀족처럼 세습에 의해 권력을 쥔 이들이거나 또는 참주처럼 권력을 선점한 이들이다. 그러나 기원전 462년에 시작된 정치체제의 개혁을 통한 민주정의 출범은 행정의 수행을 다수에게 맡기기 시작했다.

민주정은 두 가지 원리를 지향했는데 첫째 원리는 권력이 전체 민중에게 있어야지 시민 가운데 소수의 한 분파에 있어서는 안 된다는 것이며 다른 하나는 민중을 대신해 행동할 권리를 갖는 고위

직들은 그런 기능을 수행하기에 가장 능력 있고 적합한 사람들이어야 한다는 것이었다. 이 원리에 따라 행정의 고위직들은 광장에서 언어의 경연을 통해 선출되었다.

두 번째의 원리는 민주정이 소피스트의 역할에 대한 수요를 만들었다는 것이다. 광장의 연단에서 경쟁을 펼치는 사람들이 상대를 제압하고 자신의 주장을 정당화하는 기술이 논변술이다. 이것은 설득력 있게 말하는 기술의 훈련이다.

소피스트들은 이런 사회적이고 정치적인 수요에 응답했다. 특히 아테네는 어떤 시민이든 다른 시민을 제소할 수 있었으니 이로 인해 앙심을 품은 재판이 자주 열렸다. 이 재판에서 패소하지 않으려면 논변의 기술을 익혀야 했다. 게다가 귀족들은 민주정의 출현으로 피투성이가 되었으니 평민들이 귀족을 제소하기라도 하면 법정에 출석해 자신을 변호해야 했고 이런 상황에서 이야기하는 요령을 가르치는 소피스트들의 인기는 높을 수밖에 없었다. 민주정에서의 고위직은 급여를 받았기 때문에 소피스트들이 고위직을 원하는 이들로부터 교육의 대가로 돈을 받는 것은 당연시되었다.

소피스트들은 상대주의자라고 묘사되었는데 이런 것이다. 디오게네스 라에르티오스라는 철학자가 프로타고라스에 대해 기록한 것을 보면, "그는 모든 것에 대해 각기 서로 반대되는 두 가지 논변들이 있다고 말한 최초의 사람이었다"[1] 라고 되어 있다. 이것은 한

---

1 혜월선사(1861-1937)가 사람을 죽일 수도 있고, 살릴 수도 있는 천하의 명검을 갖고 있다는 소문을 듣고 그 지역의 헌병대장이 찾아오자 혜월은 칼을 보여

사람이 어떤 질문에 대해 반대되는 두 입장을 모두 취할 수 있으며, 두 입장 모두 똑같이 논쟁의 승자가 될 수 있다는 뜻이다. 때로는 반대되는 입장을 동시에 취하면서 논쟁할 수도 있다.

복잡하게 설명할 필요 없이 국회에서 벌어지는 정당 사이의 격돌을 보면 쉽게 알 수 있다. 이때 핵심은 반대되는 논변들이 한 사람에 의해 마치 단일한 복합적인 논변 안에 모순되지 않은 채 있는 것처럼 표현된다는 사실이다. 사람들은 단지 논쟁하기 위해 상대의 말을 반박하는데 이 과정에서 자기가 한 말들 사이에서도 모순을 드러내는 경우가 적지 않다.

여기에 프로타고라스가 등장한다. 플라톤에 따르면 프로타고라스는 소피스트라는 이름을 선택한, 자신이 제공하는 교육에 대한 보수를 요구한 처음 사람이었다. 기원전 485년에 태어났으니 소크라테스보다 열다섯 살 많다. 그의 진술은 우리 모두 알다시피 "인간은 만물의 척도이다. -인 것들에 대해서는 그것들이 어떻게 그러한가에 대해서, -이지 않은 것들은 그것이 어떻게 그러하지 않은가에 대해"이다.

이 진술은 두 가지를 드러낸다. 첫째, 척도인 인간은 개별적인 사람이며 따라서 세상에는 수많은 척도가 있다. 둘째, 사물들에 관해 측정되는 것은 그것들의 존재성이나 비존재성이 아니라, 그것들이

주겠다면서 자신을 따라오던 헌병대장의 뺨을 후려쳐 쓰러뜨린다. 그리고 헌병대장을 부축해 일으키며 이렇게 말한다. "내가 당신을 때려 계단 아래로 떨어뜨린 손은 당신을 죽이는 칼이며, 당신을 부축해 일으켜 세운 손은 당신은 살리는 칼이오"(최인호, [할]).

그런 방식과 그렇지 않은 방식이다. 예를 들면 꿀이 어떤 사람에게는 달게 느껴지고 다른 사람에게는 쓰게 느껴진다면, 꿀은 달게 나타나는 사람에게는 달고 쓰게 나타나는 사람에게는 쓰다.

그렇다면 꿀 자체는 달까, 아니면 쓸까? 세 가지 가능성이 있다. (1) 두 개의 사적인 꿀, 곧 단 꿀과 쓴 꿀이 있다. (2) 하나의 꿀이 있지만 그것은 달지도 쓰지도 않다. 사람이 그렇게 따로 느낀다. (3) 하나의 꿀이 달기도 하고 쓰기도 하다. 나는 달게 느끼고 너는 쓰게 느낀다. 철학자들에 따라, 마치 프로타고라스의 충실한 제자들처럼, 세 가지 입장을 골고루 지지한다. 가장 광범위한 지지를 받는 것은 (2)이다. 이 문제에 대해 서술을 하자면 끝이 없으니 여기서 줄인다.

수사학 - 나 스스로의 오락

고르기아스는 그리스 수사학의 창건자 또는 전파자이다. 그는 기원전 483년경에 시칠리아 레온티노이Leontinoi에서 태어났다. 태어난 해에 '경'을 붙인 까닭은 정확하지 않아서이다. 레온티노이는, 오늘날에는 렌티니Lentini라고 불리는데, 시칠리아 섬 시라쿠사 서쪽에 있으며 기원전 7백 년대에 건설된 역사 깊은 도시이다. 그가 태어날 때에는 그리스의 부속령이었다.

고르기아스가 젊어서부터 아테네에서 활동한 것은 아니다. 그의 삶이나 이력에 대해 알려진 것은 별로 없다. 시라쿠사가 레온티노이를 공격하자 도움을 요청하기 위해 아테네를 방문했는데 이때가 기원전 427년이니 그의 나이 50대 중반이었다. 그는 아테네에서 현란한 웅변으로 인기를 얻었고 공연과 수사학 강의에서 수입이 생기자 아테네에 정착했다. 그는 기원전 376년에 사망한 것으로 기록돼 있으니 백 살도 더 살았다.

그의 문체는 매우 정교했다는데 안타깝게도 직접 전해지는 것들은 없다. 그의 수사학 교본은 남아있지 않으나 연설 사본은 약간 남아 있는데 가장 유명한 것은 <헬레네 찬사>이다. <헬레네 찬사>에서 고르기아스는 트로이의 멸망이 그녀 탓이 아니라고 주장한다.

"그녀가 그런 행동을 한 이유는, 신의 결정이거나, 강제로 끌려 간 것이거나, 유혹에 넘어간 것이거나, 사랑에 눈이 멀어서였을 것이다."

그리고는 각각의 이유에 대해 설명한다. 여기서 마지막 이유만을 적으면 이렇다.

"사랑의 신도 신이다. 그들은 영묘한 힘을 지니고 있다. 하물며 신보다 미천한 존재인 인간이 어떻게 사랑의 신을 거스를 수 있겠는가? 또한 사랑이 인간 본연의 병이고 정신의 결점이라면 그녀의 사랑을 죄라고 비난할 일이 아니라 고뇌로 봐줘야 한다."[1]

당시 아테네 사람들은 트로이의 멸망에 헬레네의 잘못이 있다

---

[1] 이런 서술은 완곡법의 한 형태이다. 즉 간단하게 말할 수 있는 것을 이리저리 돌려 말하는 것이다. 소피스트들은 이리저리 돌려 말하면서 청중의 경계심을 허물어뜨린다. 완곡법은 소피스트 웅변술이 지닌 하나의 특징이다.

고 생각했다. 그럼에도 고르기아스가 이런 찬사를 쓴 까닭은 수사학 교사로서 자신의 기량과 수사의 힘을 자랑하기 위해서였다. 그는 수사학을 '나 스스로의 오락'이라고 불렀는데, 훌륭한 수사는 연설가에게나 청중에게나 즐거움을 준다고 여겼다.

그의 논변은 '고르기아스식 수사'라는 이름이 붙었고 플라톤·크세노폰·이소크라테스·데모스테네스 등이 그의 방식을 종종 사용했다. 그의 문체는 [신약성서]에도 부분적으로 나타난다.

"보라, 지금은 은혜 받을 만한 때요. 보라, 지금이 구원의 날이로다. 우리가 이 직책이 훼방을 받지 않게 하려고 무엇에든지 아무에게도 거리끼지 않게 하고 오직 모든 일에 하나님의 일꾼으로 자천하여 많이 견디는 것과 환난과 궁핍과 고난과 매 맞음과 갇힘과 요란한 것과 수고로움과 자지 못함과 먹지 못함과 깨끗함과 지식과 오래 참음과 자비함과 성령의 감화와 거짓이 없는 사람과 진리의 말씀과 하나님의 능력 안에 있어 의의 병기로 좌우하고……"[1]

이 유려한 문장은 고르기아스를 모방한 것이라고 한다.[2] <헬레나 찬사>와 <고린도 후서>는 생각할 수 있는 것을 모두 적고 그 위

---

1 <고린도후서> 6장2절.
2 경허선사가 인명 스님의 요청으로 월정사에서 석 달 동안 <화엄경>을 강의하면서 "대들보도 대요, 댓돌도 대요, 대가리도 대요, 세숫대야도 대요, 담뱃대도 대이니라"로 시작한 것은 '일체에 걸림이 없는 사람은 대번에 생사를 벗어난다'라는 <화엄경>의 요체를 '나만의 오락'으로 설명하기 위한 수사학적 표현이다. 그것은 <대방광불화엄경>에서 '대','방','경','불','화','엄','경'을 모두 그렇게 서술해 아무 데도 걸지 말라는 것을 말한 것이다 (이 장면은 최인호의 소설 [할]에 나온다).

에서 논박하거나 메시지를 축약해 가는 것을 보여준다.

양보하는 듯 양보하지 않는 논변의 기술

존재와 인식에 대한 그의 언명은 오늘날에도 해석이 분분하다. 이것은 섹스투스 엠피리쿠스라는 철학자가 [-이지 않은 것에 대해, 또는 자연에 대해]라는 제목으로 기록했다. 여기에 기록된 그의 언명은 세 가지이다.

(1) 아무 것도 있지 않다 (또는 아무 것도 -인 것은 없다).[1]
(2) 있더라도 사람이 알 수 없다 (또는 -이더라도 사람이 알 수 없다).
(3) 알더라도 다른 사람에게 언어로 전달되거나 해석되지 않는다.

고르기아스의 이 언명들은 무턱대고 내뱉은 말이 아니라 당시의 철학에 대한 면밀한 분석과 시대에 대한 통찰 속에서 만들어낸 것이다. (1)·(2)·(3)으로 갈수록 논리적인 후퇴 또는 양보가 일어나는데, 따라서 이것은 존재와 인식에 대한 서술이면서 동시에 수사학의 기법이 된다. 수사학의 기법인 까닭은 다음의 문답으로 설명된다.

X : 어떤 것이 존재한다.

---

[1] 그리스어에서 be(einai) 동사는 '있다'라는 존재의 의미와 '이다'라는 술어의 의미를 동시에 가진다. 한국에서는 '있다'와 '이다'가 분리되므로 고르기아스건 프로타고라스건 설명하기가 복잡하다.

고르기아스 : 아무 것도 존재하지 않는다.

X : 어떤 것이 존재하며, 이 어떤 것은 파악될 수 있다.

고르기아스 : 어떤 것이 존재한다 해도 이 어떤 것은 파악될 수 없다.

X : 존재하고 파악될 수 있는 이 어떤 것은 다른 이에게 전달될 수 있다.

고르기아스 : 그것은 다른 이에게 말로 전달될 수 없다.[1]

고르기아스는 이 세 단계의 논쟁에서 양보하는 것처럼 보이지만 실제로는 상대의 발언을 전면적으로 부정한다.[2] 이 논변은 정과 반

---

1 프로이트는 이것을 패러디해서 주전자에 대한 궤변술을 꾸몄다. 그것은 다음과 같다.
X : 빌려주었다.
고르기아스 : 빌리지 않았다.
X : 멀쩡한 것을 빌려주었다.
고르기아스 : 이미 구멍이 난 것을 빌렸다.
X : 멀쩡한 것을 빌려주었는데, 구멍이 난 것을 돌려받았다.
고르기아스 : 멀쩡한 것을 돌려주었다.
프로이트의 저서 [농담과 무의식의 관계]에 나오는 이 구절은 유대인의 농담 가운데 하나인데, 유대인의 농담은 고르기아스에 의해 말해진 것이고 X는 고르기아스를 논박하기 위해 프로이트가 붙인 것이다.
2 이외수의 〈고수〉에 이런 형태의 구절이 있다.
여자 : 댁은 형사 끄나풀이지요?
나 : 생사람 잡지 마쇼.
여자 : 시침 떼지 말아요. 경찰서에서 본 적이 있어요.
나 : 맘대로 생각하쇼.
여자 : 경찰서에서가 아니라면 또 어디서 보았을까...... 뱀고기 좋아하세요?
나 : 뱀고기라뇨?
여자 : 뱀 말이에요. 정력에 좋다는.
나 : 네, 더러 먹어본 적이 있습니다만.
여자 : 맞군요. 경찰서에서가 아니라 거기서 봤을 거예요. 우리 옆집이 바로 뱀을 파는 집이었어요. 불로원 집 아시죠.
나 : 아, 저도 부인을 한번 본 기억이 납니다. 그런데 부인께선 왜 거길 드나드셨던가요? 곗돈 때문이었나요?

으로 구성되는 변증법의 형태를 띠고 있으나 합이 보이지 않는다는 점에서 합을 지향하는 일반적인 변증법과 다르다.

먼저 첫 번째 서술인 '아무 것도 있지 않다'는 파르메니데스(기원전 510-450)에 대한 철학적 학설에 대해 주의 깊게 조율된 공격이다. 파르메니데스는 "그것은 있다, 그것은 있지 않을 수 없다, 그것이란 바로 존재자요, 그것에로의 길이 진리에 따르는 설득의 길이다"라고 말해 존재가 존재한다는, 어찌 보면 동어반복 같은 말을 한다. 여기에 더해 "사유는 존재와 동일하다"라고 해서 사유의 대상이 존재임을 분명히 한다. 이에 반해 고르기아스는 아무 것도 존재하지 않는다고 주장한다. 그의 서술은 "존재하는 것도 존재하지 않는 것도 가능하지 않다"는 것이다.

한편으로 프로타고라스를 존중해서, 세상 모든 사태의 척도가 인간이고 하나의 사태 안에 또는 한 인간의 서술 안에 서로 모순되는 것들이 양립하는데 어떻게 하나의 불변의 존재가 가능할 수 있냐는 것으로 해석될 수도 있다. 파르메니데스에 대한 논박이든 프로타고

이 구절에서 '나'는 단 한 번도 여자의 말에 동의하지 않지만, 그 여자의 계속되는 질문에 양보한다. 그러나 이 양보는 소설 결말에서 "부인, 저는 불로원 집이 어느 도시에 있는지조차 모릅니다. 아깐 거짓말을 했던 거예요"에서 반전된다. 따라서 '나'는 양보하거나 동의하지 않았다.

짓고땡 노름판은 언어의 경연을 벌어지는 아고라와 매우 닮았다. 언어의 경연장에서 수단이 말이라면 짓고땡 노름판에서의 수단은 화투이다. 말의 경연장이 민주주의의 상징이라면 짓고땡 노름판은 자본주의의 상징이다. 민주주의와 자본주의는 형제와 같다. 짓고땡 노름판이든 말의 경연장이든 물고 물리는, 속고 속이는 장면들이 이어진다. 페어하면서 페어하지 않은 말의 경연장처럼 짓고땡 노름판도 페어하면서 페어하지 않다. 그리고 두 장소 모두 비정하다.

라스에 대한 추종이든, 존재도 비존재도 없고 그런 것은 존재하지 않는다. -인 것은 없다는 뜻은 자기정체성 또는 지속성을 가진 사물은 없다는 것이다. 사물은 그 스스로 모순의 사태를 이리저리 왔다 갔다 한다.

두 번째 서술은 앎이 가능하지 않다는 뜻이다. 우리가 어떤 것에 대해 그것이 있다(-이다)고 말하려 해도, 그것은 어떤 사람에 의해서도 알려질 수 없고 생각될 수도 없다. 사물이라는 대상과 그 대상을 지각하는 사람들 사이에는 다름이 있다.

노자가 말한 '도가도비상도道可道非常道'를 보자. 도는 편의상 우리가 그렇게 이름을 붙인 것이다. 그래서 이 구절은 이렇게 해석된다. "( )를 도라고 하면 그것은 이미 ( )가 아니다." 우리가 아는, 또는 우리에게 알려진 도는 이미 그 자체가 가진 무엇이 아니다.

세 번째 서술은 어떤 것을 다른 사람에게 전할 수 없음을 말한다. 고르기아스에서 의사소통의 유일한 방법은 말, 곧 로고스이다. 로고스를 한 사람에서 다른 사람으로 옮기는 방법은 목소리나 발화에 의한다. 로고스가 동원되는 까닭은 로고스가 객관적인 정의를 가지고 있기 때문이다. 그러나 아무 것도 있지 않거나 -이지 않거나 하면 로고스의 실재성과 자기동일성이 부정된다. 설령 내가 갖고 있는 로고스가 있다고 해도 그 로고스는 -이지 않으므로, 곧 지속적이지 않으므로 다른 사람의 로고스와 다르다.

고르기아스의 이 논변이 가지는 의미는 상대주의적 입장을 견지하면서도 그의 추론 방식이 이성적 논변의 힘에 대해 신뢰하고 있다는 사실이다. 여기에는 어떤 감정도 개입돼 있지 않으며 막무가내식 억지도 없다. 그런 점에서 고르기아스 역시 이성을 추구하는 그리스의 사상사 안에 있다.

플라톤이 소피스트들을 부정적으로 서술하면서 이후의 철학사는 소피스트들에 대해 그리스를 도덕적으로 타락시켰다고 보았다. 한국에서도 중·고등학교 교과서에 소피스트들을 그저 궤변론자라고만 적어 놓았다. 그런데 앞에서도 얘기했듯이 소피스트들은 오늘날 변호사가 하는 일과 비슷한 일을 했다. 당시는 변호사 제도가 없었으므로 소송에 걸린 사람들은 소피스트를 찾아 변론하는 법을 배웠다.

요지는 재판에서 이기는 법이다. 재판에서 승소를 목표로 할 때, 소피스트가 궤변론자들이라면 오늘날의 변호사들 역시 궤변론자일 가능성이 짙다. 오히려 소피스트들은 윤리규범의 사회적 성격을 규정하고 아테네 민주주의에서 시민들이 어떻게 자신을 합리화할 수 있는지를 알려준 인물들로 볼 필요가 있다.

개인이 가진 신념들의 충돌 _ 김훈

고르기아스의 논변을 정형화해 쓰인 소설은 아직까지는 없다. 고르기아스는 현실의 논쟁에서 승리하는 것에만 관심이 있었지만 많은 소설들은 메시지를 주려고 하기에 글쓰기 또는 말하기의 목적이 다르다. 하지만 고르기아스의 논변을 연상할 수 있는 소설, 말하기를 거쳐 알 수 없음의 불가지론으로 결부되는 소설들은 있다. 먼저 소개할 소설은 김훈[1]의 [남한산성]이다.

역사소설의 힘은 주인공들이 펼치는 말의 경연에 있다. 스토리와 결말이 이미 드러나 있으므로 역사소설이 참신한 결말을 새로 만들거나 짜릿한 반전을 만들기는 쉽지 않다. 그럼에도 독자들이 역사소설을 읽는 까닭은 인물들이 펼치는 말의 경연, 그리고 그 말을 하도록 하는 심리 묘사에 관심이 있어서이다.

김훈의 [남한산성]은 이 점에서 매우 빼어나다. 청의 군대를 피해 어쩌다가 남한산성으로 피신한 조선의 조정에서는 명에 대한 '대의를 지켜야 한다'는 주장과 청을 섬겨 '실리를 추구해야 한다'는 신념이 충돌한다. 두 진영의 충돌은 김상헌으로 대표되는 척화파와 최명길로 대표되는 주화파의 대립으로 나타난다. 이 소설에는 수사학의 핵심인 반박, 고르기아스의 논변술 등이 들어 있다.

"전하, 적의 문서가 비록 무도하나 신들을 성 밖으로 청하고 있으니 아마도 화친할 뜻이 있을 것이옵니다. 적병이 성을 멀리서 둘러싸고 서둘러 취하려 하지 않음도 화친의 뜻일 것으로 헤아리옵니다."-최명길

---

1 1948-. 대학을 중퇴하고 한국일보에 입사해 기자생활을 시작, 시사저널과 한겨레를 거쳤다. 기자를 그만둔 뒤 1995년 불혹을 넘긴 나이에 본격적으로 소설을 쓰기 시작했다. [빗살무늬토기의 추억], [칼의 노래], [현의 노래], [강산무진], [남한산성] 등의 작품이 있다. 2001년 [칼의 노래]로 동인문학상, 2004년 [화장]으로 이상문학상, 2005년 [언니의 폐경]으로 황순원문학상, 2007년 [남한산성]으로 대산문학상을 수상했다. 탐미적 허무주의의 세계관과 놀라울 만치 뛰어난 문체 미학을 보여주는 소설가로 평가 받는다. (이 책에서 소개하는 소설가들은 2004년에 출판된 권영민의 [한국현대문학대사전] (서울대학교출판부)을 바탕으로 했다.)

"화친이라 함은 국경을 사이에 두고 논할 수 있는 것이온데, 지금 적들이 대병을 몰아 이처럼 깊이 들어왔으니 화친은 가당치 않사옵니다. 심양에서 예까지 내려온 적이 빈손으로 돌아갈 리도 없으니 화친은 곧 투항일 것이옵니다."-김상헌

'화친'이라는 개념에 대한 두 사람의 해석에는 결코 수렴할 수 없는 차이가 있다. 이들이 당한 것은 하나의 사태이지만 그것을 해석하는 데에서 보편적인 '-이다'는 없다. 따라서 두 사람에게는 상대에 대한 반박이 가능하다.

"싸울 자리에서 싸우고, 지킬 자리에서 지키고, 물러설 자리에서 물러서는 것이 사리일진대 여기가 대체 어느 자리이겠습니까?"-최명길

"이거 보시오, 이판. 싸울 수 없는 자리에서 싸우는 것이 전이고 지킬 수 없는 자리에서 지키는 것이 수이며, 화해할 수 없는 때 화해하는 것은 화가 아니라 항降이오."-김상헌

최명길이 화和라고 주장하는 행동이 김상헌에게는 항降으로 여겨진다. 두 사람이 이렇게 다른 정의를 가지는 까닭은 그들의 목적이 다르기 때문이다. 명분을 지키고자 했던 김상헌과 실리를 추구하고자 했던 최명길은 서로 다른 목적에 따라 서로 다른 정의를 내린다. 사실 당시 상황에서 전戰과 화和 어느 것도 위험하기는 마찬

가지였을 테다.

"상헌은 말을 중히 여기고 생을 가벼이 여기는 자이옵니다. 갇힌 성안에서 어찌 말의 길을 따라가오리까."-최명길

"명길이 말하는 생이란 곧 죽음입니다. 명길은 삶과 죽음을 구분하지 못하고, 삶을 죽음과 뒤섞어 삶을 욕되게 하는 자이옵니다."-김상헌

최명길은 김상헌이 생을 가벼이 여긴다고 주장한다. 이에 대해 김상헌은 최명길이 삶과 죽음을 구분하지 못한다고 논박한다.

최명길 : 상헌은 생을 가벼이 여긴다. (나는 생을 중히 여긴다.)
김상헌 : 명길은 삶과 죽음을 구분하지 못한다. (명길은 생을 중시한다지만, 생과 사를 같다고 여긴다.)

최명길과 김상헌 뿐 아니라 영의정인 김류, 대장장이 서날쇠, 수어사 이시백 등 모두는 병자호란을 자신의 입장에서 해석한다. 최명길과 김상헌 같은 식자는 로고스를 동원해 논파하고 주장하는 반면, 서날쇠 같은 무식쟁이는 명분이 필요 없기에 매우 현실적이다.

[남한산성]의 서사화 전략은 등장인물들에 대한 파노라마식 서술, 내부 논쟁에 초점을 맞춘 서사 진행, 생존을 향한 말의 성찬 등이다. 정사正史가 조정의 일만을 기록한 반면에 이 소설은 백성과

적군의 말도 기록해 역사를 보는 프레임을 바꾼다. 이것은 병자호란을 평민의 눈으로 본다는 의미를 추가하는 것인데, 소피스트가 아테네 민주정과 함께 출현한 것처럼 [남한산성]도 한국사회의 변화와 함께 역사에 대한 의식과 서술의 방식이 진화한 것이다.

소피스트가 각자 도생해야 하는 민주정에서 구성원의 살길을 모색하는 것을 목표로 한다면 [남한산성]은 절망적 상황 속에서 부딪치는 삶의 냉혹한 현실에 개인이 어떻게 적응할 것인가를 반영한다. 그래서 작가는 대의명분이 아니라 구체적인 생존의 문제에 초점을 맞추는데 그 결과 이 소설은 최명길에 기울어져 있다.[1] 누구에게 기울어도 정당하고 또 정당하지 않다.

고르기아스를 소설에 투영하다 _ 이윤기

이윤기[2]의 단편소설들에서는 '논증적인 담론'의 성격이 강하게

---

[1] 그는 텔레비전 인터뷰에서 서날쇠를 좋아한다고 말했다.
[2] 1947-2010. 1977년 중앙일보 신춘문예에 단편 <하얀 헬리콥터>가 당선되어 등단했다. 20년 동안 이백여 권의 역서를 출간하였다. 그의 번역은 한국 번역문학의 이정표를 제시했다는 평을 들을 만큼 창작에 버금가는 수준이다. 소설 쓰기도 부지런히 해서 창작집 [하얀 헬리콥터], [외길보기 두길보기], [나비 넥타이], 장편소설 [하늘의 문(전3권)], [햇빛과 달빛], [사랑의 종자], [나무가 기도하는 집] 등이 있으며 번역서로는 [장미의 이름], [푸코의 진자], [전날의 섬] (이상 움베르토 에코), [샤머니즘] (엘리아데), [변신 이야기] (오비디우스), [인간과 상징] (융) 등이 있다. 그는 번역작업을 통해 언어의 정확한 의미에 천착했고 그것이 소설에도 적용되어 가장 우리말다운 표현을 구사하는 것으로 평가받았다. 신화에 정통해 그의 소설들 역시 한국적이라기보다는 서구적 원형을 많이 갖고 있다.

나타난다. 그의 소설들은 인간 존재의 근원에 대한 보편적 문제를 소설의 주제로 삼아 일상체험에서 문헌 텍스트까지 주제 전달에 필요한 '권위적 논거'를 끌어와 설득력을 높인다.[1]

그의 서사에는 파토스보다 로고스가 더 많으며, 스토리텔링보다는 논리적인 예증과 추론이 더 많다. 이래서 그의 소설은 개성 없는 문어체 소설처럼 읽힌다. 이런 특징으로 인해 그의 소설은 로고스적이라는 점에서 고르기아스의 논변술에 가깝고 현란하지 않다는 점에서 고르기아스의 수사학과는 거리가 있다.

<나비넥타이>는 자신의 정체성으로써 일상을 유지하는 사람과 부분만 알면서도 전체를 아는 양 하는 사람들을 비교한다. 이 소설은 '본질이 아닌 다른 것에 한눈을 팔게 하는 미끼' 때문에 사람의 본모습을 알지 못하는 일이 있다는 명제를 증명하는 논증이다. 이를 위해 질문-대답의 변증 구조로 서사를 전개한다.

<나비넥타이>는 대학 다닐 때까지만 해도 어눌하기 짝이 없었던 박노수라는 친구가 미국 유학을 마치고 돌아올 때는 이름도 '노오스 파아크'로 바꾸고 도전적인 콧수염을 기른 채 나타난 것을 보고는 그것에 대해 물음을 던지면서 시작된다. 주인공인 '나'는 그를 여러 번 만나고 예전에 경험한 그의 가족 내력과 기억을 되살리면서 질문에 대한 답을 찾아나간다.

"노수 : 수염 때문에?

---

1 이상진, <설득의 기술, 로고스의 수사학 - 이윤기 단편소설의 수사학적 특성>.

나 : 어째 좀 그렇다.
노수 : 사람들 염두에 서서 사는 거 그거 부질없다.
나 : 너는 내 시선을 염두에 두고 있는데도?
노수 : 너 우리 아버지의 '보타이' 수수께끼 풀었냐?
나 : 풀 것이 있었어?
노수 : 암, '루어'더라고.
나 : 가짜 미끼 말이냐?
노수 : 조금 다르다. 미사일이 날아오면 전투기 조종사가 가짜 미끼 뿌리는 거 아냐?
나 : 몰라.
노수 : 멀었다, 멀었어.
나 : 멀었다고 치고…… 그래서 너도 코밑에다 루어라는 걸 하나 찬 것이냐?
노수 : 저만치 지나온 줄 알았는데 바로 우리 아버지 나비넥타이 밑이더라고.
나 : 그나저나 너 정신없이 변했다.
노수 : 사흘이면 괄목상대刮目相對하더라고…… 5년인데.
나 : 그래, 여기 자리는 잡았냐?
노수 : 정치를 좀 해볼거나.
나 : 네가? 정치를? 그것도 루어냐?
노수 : 농담이다. 나 이제 말 안 더듬는다는 뜻이다. 훌륭한 웅변가 중에는 말더듬이 경험이 있는 사람이 많다. 말더듬이 중에 훌륭한 지도자 경험이 있는 말더듬이는 없지만서도……"

이 구절은 질문과 대답의 구조로 이루어진다. 문답은 이윤기 소설에서 종종 드러나는 형식이다. 동시에 이 구절의 특징은 완곡법이다. 나와 노수는 변죽을 치거나 돌려서 말하며 대화를 이어간다. 이남호는 <이윤기 소설을 읽는 아홉 가지 이유>[1]에서 이 완곡법을 여덟 번째에 두었는데, 그의 소설에서 완곡법은 설명·대화·주제 구현 방식 등에서 골고루 작용한다. 이 글에서 이남호는 설명하기를 문학은 "간단히 말해버릴 수도 있는 것을 이리저리 돌려 말하고 바꿔 말하고 또 암시적으로 말한다. 문학은 이러한 완곡법을 통하여 사물과 세상의 모습을 낯설게 드러내고 나아가 보다 명징하고 새로운 인식에 이르게 한다"라고 했다.

그는 일상의 에피소드를 그대로 두는 것이 아니라 면밀한 논증을 통해 하나의 의미로 수렴한다. 이것은 고르기아스의 수사학 기술이다. 그러나 고르기아스는 소설가가 아니다. 고르기아스의 논변의 방식이 그대로 소설에 투영될 때 소설은 재미가 없어진다. 특히 한국에서는 더욱 그렇다. 그래서 그는 한국에서 인기가 많지 않았던 소설가였다.

무의미로 무의미를 논박하다 _ 정영문

---

1 이 글은 이윤기 소설집 [나비넥타이]에 실려 있다.

고르기아스

정영문[1]의 [어떤 작위의 세계]는 그가 두 계절 동안 샌프란시스코에 머물면서 쓴 '표류기'이다. '표류기'라는 표현은 정영문이 직접 쓴 것인데, 그의 소설이 지향하는 바가 없음을 드러내기에 알맞다. 지향한다 함은 가야 할 곳이 있음이며, 지향점은 행동의 준거가 된다.

그것은 소크라테스가 말한 보편적인 것의 상정이며 보편적인 것에 따른 행동이다. 이렇게 해서 사유와 행동이 일치한다. 무지향성은 보편적인 것이 있지 않음이다. 따라서 행동의 준거도 없게 된다. 고르기아스가 말하는 '아무 것도 없다'에서 '아무 것'은 보편적인 것이다.

무지향성과 더불어 "자신의 표류기가 소설이 되어 비허구와 허구의 경계선에 걸쳐 있는 반半사실적-반半허구적 텍스트가 탄생한다. 이런 혼성 장르적 텍스트는 사실인 동시에 허구이며 사실이 아니면서 동시에 허구가 아니기도 하다."[2] 하나의 사태가 '-이다'와 '-이 아니다'를 동시에 취한다. 그럴 수 있는 원인은 '아무 것도 있거나 -이지 않기' 때문이다.

이것은 텍스트의 부존재, 곧 말의 부존재이다. 고르기아스가 수많은 연설을 하고 남을 논박하는 기술을 아테네 시민들에게 가르쳤고

---

1 1965-. 소설가이자 번역가이다. 1996년 [작가세계] 겨울호에 장편소설 [겨우 존재하는 인간]을 발표하면서 등단했다. 1999년 제12회 동서문학상, 2012년 [어떤 작위의 세계]로 제17회 한무숙문학상, 제43회 동인문학상, 제20회 대산문학상을 수상했다. 그의 작품들은 실험적 서사로 가득하며 역설과 통념을 깨는 의식의 변화가 수려하다. 그러다 보니 그의 소설을 비평하는 것은 쉽지 않은 듯하다.
2 김태환, <미의 무의미>. 정영문 소설 [어떤 작위의 세계]에 실려 있다.

그것은 언어로써 이루어졌지만 그가 전개한 세 가지 논변은 언어가 불가능함을, 언어로써 알 수 있는 것은 없음을, 언어로써 전할 수 있는 것은 없음을 전제한다. 하지만 고르기아스는 여기까지는 말하지 않는다. 그것은 그럼에도 여전히 쓰는 정영문도 마찬가지이다.

[어떤 작위의 세계]는 일인칭 화법으로 쓰였는데, 일인칭으로 쓴 것은 그가 "언젠가 이후로 삼인칭 소설을 쓰는 것이 어렵게" 되었고 그가 "쓰는 소설이 거의 일기처럼 바뀌고" 있기 때문이다. 삼인칭 소설은 남의 이야기를 전한다. 김훈이 김상헌과 최명길의 이야기를, 이윤기가 박노수의 이야기를 전한다.

그는 "시대를 반영하는 소설, 상처와 위안과 치유에 대해 얘기하는 소설, 등장인물의 생각보다 행위가 많은 비중을 차지하는 소설, 거창한 소설, 감동을 주는 소설" 등을 싫어한다. 정영문은 남의 이야기를 전하는 것이 무의미하거나 불가능하다. 그래서 어떤 외적인 행위와 사건보다 더 큰 비중을 차지하는 것이 자신의 머릿속에서 일어났다가 사라지는 생각들이다. 그런데 그것들은 마치 뜬구름 같은 것들이다.

"(나는 이 마지막 장은 오직 구름에 대해서만 이야기를 할 생각이었지만 어떻게 하다가 결국에는 딴 이야기를 하게 되었다. 하지만 이 장도, 이 소설 전체도 사실은 구름에 관한 이야기이기도 한데, 그것은 이 소설이 뜬구름 잡는 것에 관한 뜬구름 잡는 이야기이기 때문이다. 이 소설에는 뜬구름이라는 제목을 붙일 수도 있을 것 같은데, 그것은 내 생각에 자연계의 모든 것 중에서도 그 안에 핵심이 없다는 것을 잘 보여주는 것이 뜬구름이기 때문이며, 동시에 생각과 말의 어지러운 장난에 지나지 않는 이 소설이 뜬구름처럼 아무런 핵심이 없는 것이기 때문이다)"

아무 것도 없기에 세상에는 핵심도 없고 필연도 없다. 그가 2017년에 낸 소설집 [오리무중에 이르다]에는 "이 세상에는 반드시 일어나야 하는 일 같은 것은 없었다"라고 적혀 있다. 그래서 그는 [어떤 작위의 세계]에서 무의미한 이야기, 안 해도 그만인 이야기를 나열하며 자신도 그것들이 무의미하다는 것을 잘 안다.

"하지만 그것은 말이 안 되는 생각이었고, 결국 나는 내가 일부러 하지 않아도, 근거가 없거나 부족한 생각을 얼마나 부족하지 않게 하는지, 그 때문에 나 자신이 하는 생각과 말을 얼마나 잘 믿지 않고 곧이 듣지 않는지를 생각했고, 그날따라 평소에 비해 근거 없는 생각을 더 많이 하지는 않은 것 같다는 생각을 하며 잠이 들었고,"

결국 "그는 무의미하고 근거 없는 생각과 소설을 가지고 존재의 무의미함과 근거 없음에 대한, 또는 무의미하고 근거 없는 소설과 이 세계에 대한 복수를 시도"[1]한다. 그는 무의미한 것으로 무의미한 것을 공격한다. 있지 않은 것으로 있지 않은 것을 논박한 고르기아스처럼.

---

1 김태환, 앞의 글.

무의미한 논변으로 세상을 가르친 이들이 소피스트들이다. 그렇다면 의미 있는 논변들은 있을까? 프로타고라스이건 고르기아스이건 소크라테스이건 플라톤이건 모두 자기 논변의 정당화에 관심이 있었다.

플라톤
삶은 어둠 속에서 빛을 구하는 훈련의 연속이다
이청준 · 최인호 · 최인훈

세상을 지식인이 다스려야 하는가?

그는 지방의 명문고등학교를 졸업하고 서울의 세칭 명문대학 철학과에 입학했다. 그는 지금 국립대학에 몸담고 있는데 한국사회에 대해 매우 못마땅하다. 그런 못마땅함이 꼭 무슨 거창한 주제 때문만은 아니다. 어찌 보면 절실하고 어찌 보면 사소한 것인데, 그 가운데 하나는 고교 시절 자기보다 '시험'을 못 보았던 동창들이 고향에 있는 의대를 졸업하고는 개업을 해서 자기보다 돈을 더 잘 버는 현실이다. 그것도 고향에서만이 아니라 서울에까지 원정을 와서 돈 잘 버는 의사들이 되었으니 그의 눈으로 볼 때는 썩 못마땅하다. "어찌 나보다 '공부'도 못한 자들이 나보다 돈을 더 잘 벌 수 있는가?" 그래서 그는 나이 예순이 넘은 지금까지도 동창회에는 발을 끊고 지낸다.

대학교수인 그것도 철학 담당 교수인 그가 이렇게 발칙하고도 귀여운 주장을 펼치는 것의 책임을 그에게 돌릴 수는 없다. 그가 스스로 한 거라고는 고등학교 때에는 열심히 대학 입학을 위한 시험공부를 했고 대학에 들어와서는 열심히 철학 공부를 한 것 밖에 없다. 대학에서 선배들로부터 "철학은 '만학의 왕'"이라고 귀에 못이 박히도록 들은 것밖에는 없고 그것을 절대화했으니 잘못이라면 철학적 비판 없이 수용하고 인생의 좌우명으로 삼은 것이 전부이다. 착각한 게 있다면 '만학'을 세상의 모든 것으로 오해한 것이다.

누가 권력이나 권한을 가져야 하는지에 대해서는 정설이 없다. 고대사회에서는 무력으로 나라를 세운 이가 왕으로 등극하면서 절대권력을 행사했고 그 밑에서 귀족들이 세로 질서를 형성했다. 고대 그리스에서 왕권이 몰락하면서 귀족정이 등장했고 이내 참주정을 거쳐 민주정으로 이행됐는데 이 때 권력을 쥔 이들은 말을 잘 하는 이들이었다.

말을 잘 한다는 것이 일견 머리가 좋은 것이니 머리가 좋은 이들이 권력을 쥐기 시작했다. 그래서 민주정의 지도자들은 말을 잘 하는 이들이다. 이것은 무력으로부터 지식으로의 이행이다. 오늘날 한국 사회를 보면 말 잘 하는 이들, 머리가 좋은 이들, 시험을 잘 본 이들, 외모가 출중한 이들, 손기술이 좋은 이들 등등 다양한 집단들이 사회적 권력을 나눠 갖고 있다. 또 하나 빠뜨릴 수 없는 집단이 무력을 쓰는 집단이다.

지식사회로의 이행이 방향을 잘못 잡았다고 주장한 두 명의 철학자가 있으니 소크라테스와 플라톤이다. 그러니까 지식사회로 가는 것은 맞는데 무조건 말을 잘 한다고 지식이 출중한 것은 아님을 소크라테스와 플라톤은 강조한다. 피상적으로 이해할 때는 지식의 패러다임을 세우고 가장 지식이 뛰어난 자가 국가를 통치해야 한다고 정연하게 주장한 이가 플라톤이니 지식을 가진 자가 모든 것을 다 가져야 한다고 착각할 수도 있을 것 같다.

플라톤 철학의 핵심이 머리 좋은 사람이 돈도 잘 벌어야 한다는 것은 아니었으나, 머리 좋은 사람이 국가를 통치해야 한다는 그의 주장은 시간이 흐르고 또 그를 피상적으로 이해함으로써 오해된 면이 있을 것이다. 플라톤은 오히려 통치자 집단은 사유재산을 가지면 안 된다고 주장했다. 세상은 자주 그 반대로 간다.

세상에는 세 종류의 인간형이 있다

플라톤은 세상 사람에 대해 분류하기를 욕망을 가진 사람, 기개를 가진 사람, 그리고 머리를 가진 사람으로 분류했다. 생산자는 욕망이, 군인은 기개가, 통치자는 머리가 뛰어난 사람들이다. 이 사람들은 폴리스를 구성하는 시민들이다. 임금을 받고 일하는 노동자는 포함되지 않았는데, 고대 그리스에서 임금노동자는 시민 계급에 포함되지 않았다. 이들은 폴리스에서 없어서는 안 될 사람들이지만 폴리스를 운영하는 주체들은 아니었다.

지혜 · 기개 · 욕망은 인간의 영혼이 갖고 있는 세 가지 요소이다.

이성은 본질적인 요소로 신적인 것이며, 용기와 욕망은 감각적인 세계이다. 이것을 우리는 영혼삼분설이라고 부르는데, 세 부류의 시민들이 각자의 개인적 덕을 발휘할 때 폴리스는 조화를 성취한다. 조화는 정의를 뜻하는데 조화로운 상태가 가장 정의로운 상태이다. 그것은 인격과 지혜를 갖춘 철인왕 통치 아래 모든 부류의 사람들이 각자의 덕을 발휘해 조화를 이룬 정의로운 국가를 말한다.

이성은 수호자 또는 통치자의 덕이다. 인간의 몸 가운데 머리를 상징하는데, 이성에 따라 분별 있게 행위하는 것이다. 덕은 수호자, 지성 또는 이성으로 불린다. 마부가 마차를 목적지까지 사고 없이 잘 끌고 가기 위해서는 두 말(용기 및 욕망)을 현명하게 잘 다루어야 하는 것과 같이, 이성이 갖춰야 할 것은 현명함이다.

용기는 전사의 덕으로 몸 가운데 가슴을 상징한다. 고대 그리스에서는 폴리스들 간에 늘 전쟁이 일어났기에, 그리고 오리엔트 지방의 아랍이 그리스를 공격했기에 폴리스를 수호하는 것은 매우 중요한 일이었다. 사람들 중에는 용기를 갖춘 이들이 있는데, 군인이 그들이다. 동시에 이들은 이성의 명령을 적극적으로 따라야 하며, 이성을 뒷받침하고 옳은 것을 실천해야 한다. 그러지 못하면 무모한 용기가 된다.

욕망은 생산자가 가진 덕이며 몸 가운데 하체를 상징한다. 흥미로운 사실은 욕망은 이중적이라는 점이다. 욕망이 있어서 개인에게 동기가 생긴다. 욕망이 지나치면 모든 선한 것을 수단으로 이용한다. 이를 적절히 제어하려면 절제가 있어야 한다. 따라서 생산자는 욕망과 절제를 함께 가져야 한다. 이를 통제하는 것이 이성인데, 욕망은 정신없이 날뛰는 말이지만 이성의 지시에 따라 중용의 길을 가야 한다.

세 가지 덕 가운데 가장 얻기 어려운 것은 이성이다. 그 다음이 용기이다. 욕망은 대부분의 사람들이 갖추고 있다. 따라서 인간은 욕망의 단계와 용기의 단계를 거쳐서 이성의 단계로 나아가는데 이것은 훈련이나 교육에 의해 실현된다. 훈련과 교육을 수행하는 인간의 요소는 영혼 안에 들어 있는 정신이다.

플라톤은 개인을 폴리스로 확대했다. 지혜의 덕·용기의 덕·절제의 덕은 개인적인 덕이지만 정의는 사회의 덕이다. 각 집단이 마땅히 해야 할 본분을 다하면 정의의 덕이 모습을 드러낸다. 정의는 조화를 뜻하는데, 세 가지 요소가 조화를 이룸은 욕망과 감정에서 생기는 여러 가지 복잡한 일들이 지성에 의해 다스려지는 것을 뜻한다.

이때 영혼은 아름다움을 얻고 성숙한 모습을 갖추면서 정의가 실제로 나타난다. 정의가 실현되도록 폴리스의 지성은, 이것은 법률과 같은 것들이다, 역할을 충실히 해야 한다. 그렇지 못하면 이성은 고삐 풀린 망아지처럼 물질적이고 순간적인 육체의 쾌락에 영혼을 깊숙이 가둔다. 즐거움은 늘 이성에 의해 통제돼야 하며, 달콤한 쾌락과 차가운 이성으로 밝히고 살펴서 하나로 균형을 이룰 때 폴리스는 정의를 얻는다. 이렇게 해서 플라톤은 개인과 폴리스를 일치시킨다.

플라톤이 강조하려는 것은 폴리스를 구성하는 시민들 가운데에는 각각 욕망·기개·지혜가 뛰어난 사람들이 있는데 덕이라고 불리는 이것들을 잘 발휘할 수 있도록 시민들이 알맞은 직업에 투입돼야 한다는 것이다. 욕망을 가진 생산자가 지혜를 가진 통치자보다 폴리스적으로 열등한 것은 아니다. 플라톤이 지향하는 것이 교육을 통한 영혼의 정화이므로 생산자의 영혼보다는 통치자의 영혼에 더 높은 경제적 가치를 매길 수 있는 것은 아니다. 오히려 경제적 가치로 따지자면 생산자의 영혼이 통치자의 영혼보다 더 비쌀 것이고 철학적 가치로 따지자면 통치자의 영혼이 유의미할 것이다.

인간은 어둠 속에서 빛을 구한다

플라톤이 왜 이성이 충만한 사람이 국가를 통치해야 한다고 주장했는지를 이해하려면 기원전 12세기부터 일어난 정치적 변화와 그 와중에서 태어난 민주정에 대한 이해가 필요하다. 이성이 뛰어난 사람, 더 정확히 말하자면 논쟁의 승자가 정치의 승자로 등극하는 규칙은, 고대 그리스에서 기원전 12세기 경 도리아족의 남하로 미노스 문명과 미케네 문명이 멸망하고 기원전 8세기까지의 암흑기를 거친 뒤, 등장한 기원전 750년경 폴리스 시대부터 시작된다.

미노스와 미케네가 멸망하면서 왕들은 사라졌으며 그 자리를 귀족들이 대신했다. 귀족들은 생활의 편의를 위해 기원전 8세기부터 도시로 모였는데 우리가 도시국가라고 부르는 폴리스는 이때부터 시작됐다. 폴리스를 자신들의 영지라고 생각한 귀족들에게 방위가 대두됐다. 이 시대에는 중무장을 한 1대1의 전투 방식이 있었고 말이 끄는 전차가 전투에 매우 요긴했다. 그러나 말의 사육이나 중무장에는 많은 비용이 들었다. 이즈음에 수공업과 상업으로 부를 축적한 평민들과 자유롭고 독립적인 자영 농민들이 출현했는데, 귀족들은 이들에게 말을 사육하도록 하거나 중무장을 위한 무기를 직접 갖춘 채 입대하도록 하고 그에 상응하는 정치적 권리를 주기 시작했다.

왕권의 붕괴는 법을 제정하는 주체의 사라짐을 의미했는데 귀족들은 법을 제정할 만큼 강력한 권위를 갖지 못했다. 이로써 폴리스 권력의 일부는 부르주아라고 불리는 평민에게 넘어가기 시작했다. 이들은 시장이나 아고라에 모여 폴리스의 여러 현안에 대해 토론이나 논쟁을 즐겼고 그곳에 모인 사람들을 누가 더 설득하느냐에 따라 말을 동원한 경쟁의 성패가 좌우됐다. 청중은 판단의 주체가 되었고 폴리스의 법규는 평민인 시민들에 의해 제정되기 시작했다. 동시에 논쟁에서 승리한 이에게는 시민들에 의해 정치적 권력의 집행이 허용되기 시작했다. 이것이 그리스 폴리스에서의 민주정의 기원이다.

그리스를 대표하는 아테네의 민주정은 그리스가 다리우스 1세와 그의 아들 크세르크세스 1세가 지휘한 페르시아와의 전쟁에서 승리한 470년부터 황금기를 맞이한다. 이 시기를 이끈 인물이 기원전 461년에 등장해 429년까지 아테네를 통치했던 페리클레스였다.

플라톤

동시에 출현한 이들이 소피스트들이다. 소피스트들은 야망이 있는 아테네 시민들로부터 돈을 받고 논쟁에서 승리하는 법을 가르쳤다. 소피스트들은 폭넓은 사유를 포기하고 논쟁에서 승리하는 수사학과 같은 실용적인 기술을 가르치는 데 여념이 없었다. 그들은 기술을 가르치면서 피교육자로부터 막대한 돈을 받기도 했다. 지식과 돈이 결부된 것이다.

그 결과 보편적 지식이 사회를 주도하지 못하고 궤변이 활개를 띠기 시작했다. 보편적 가치를 상실하기 시작한 아테네는 해체되기 시작했다. 플라톤의 스승인 소크라테스가 민주정파들에 의해 죽임을 당한 때는 이 시기였다. 이런 현상을 간명하게 보여주는 소설이 있으니 이문열[1]의 <칼레파 타 칼라>이다. '칼레파 타 칼라'는 고대 그리스의 격언인데 '아름다운 것은 이루어지기 어렵다'는 뜻이다.

유언비어의 확산으로 무너지는 정권붕괴 뒤에 노회한 야당 정치가와 무지한 대중이 불행한 결합을 하는 과정을 그린 이 소설에 대

---

[1] 1948-. 1977년 대구매일신문에 단편 <나자레를 아십니까>가 입선해 등단. 이문열의 작품 경향은 크게 두 가지로 나눌 수 있다. 하나는 <황제를 위하여>, <우리가 행복해지기까지>, <우리들의 일그러진 영웅> 등과 같이 사회 현실을 대상으로 부조리한 삶과 그 문제의식을 우화적으로 재구성하면서 새로운 대안의 가능성을 추구하는 성향의 작품군이고, 다른 하나는 <젊은 날의 초상>, <그대 다시는 고향에 가지 못하리> 등과 같이 작가의 자전적 경험을 바탕으로 삶의 문제에 대한 실존적 번민을 자아의 상실과 공동체의 붕괴라는 현실 문제와 연결시켜 형상화한 작품들이다. 따라서 그의 작품세계는 '관념론적인 편향'과 '능란한 이야기꾼으로서의 면모'라는 두 가지의 특징을 드러낸다. 작가 스스로 '순정純正한 문학의 입장'으로 요약하기도 한 그의 작품세계는, 다소 현학적인 고급스런 지식의 전달과 동시에 읽는 재미를 마련한다는 점에서 나름의 개성을 다지고 있다.

해 '역사의식이 결여되었고 민중을 모독하는 소설'이라는 비판도 붙어 있지만 그보다는 이성적 훈련을 상실한 사회가 어디로 가는지를 상징적으로 보여준다고 해석하는 것이 더 어울린다. 이성적 훈련을 받은 민중은 더욱 강해질 수 있기 때문이며 정의가 강자의 이익이라는 트라시마코스의 한탄을 해소할 수 있기 때문이다. 인간은 어둠 속에 사는 존재인데, 어둠 속에서 빛을 구하지 않는다면 몰락의 길을 걸을 수밖에 없음을 <칼레파 타 칼라>는 보여준다. 바로 이 지점이 플라톤이 강조하는 지점이다. 동시에 서양의 역사는 이성의 끊임없는 훈련의 역사였다.

개인의 주장이 타당하다는 법칙이 민주주의 사회에서 형성되는 것은 불가피하다. 당시 아테네에는 백가쟁명이 들끓었고, 설득술을 가진 시민들은 빠른 출세를 했다. 사람이 많이 모인 집회에서 뛰어난 웅변가는 사람들의 감정을 재빨리 장악했다. 결단은 즉흥적으로 빨리 이루어졌지만 아테네가 쇠락하기 시작했다.

페리클레스는 아테네의 황금기를 열었지만 동시에 스파르타와 펠로폰네소스 전쟁을 시작해서 아테네가 쇠락하기 시작하도록 했다. 그 과정에서 아테네 사람들의 영혼을 흔든 것은 히브리스, 곧 자만이었다. 집단 사이의 상충하는 이익을 조정하지 못해 아테네가 해체되는 단초가 그의 재임 중에 시작되었다.

플라톤은, 독단이 그 자체가 진실된 지혜를 결여하므로 사람들을 혼란으로 몰아넣는다는 것을 파악했다. 그는 아테네의 민주주의가 종말을 고하고 아테네가 스파르타로부터 지배당하는 것을 목격했다. 기원전 431년에 시작돼 404년에 끝난 펠로폰네소스 전쟁은 기원전 428년에 태어난 플라톤의 유년기와 청년기를 관통했다.

그 전쟁이 마무리되면서 권력을 장악한 민주정파들은 자신의 스승인 소크라테스가 젊은이를 타락시킨다는 죄목을 걸어 기원전 399년에 사형에 처했다. 그는 독단을 형성하는 상대주의를 거부할 수밖에 없었다. 그래서 그는 인간과는 분리된 진리가 존재한다고 주장했다. 사람은 수시로 마음을 바꾸며 잘못을 범한다. 참된 지식은 사람의 믿음에 의해서가 아니라 사물의 본성에 의거해야 하며 어떤 방식으로든 그것과 연계돼야 한다.

민주주의가 최선의 정치체제가 아니었던 까닭은 그것이 대중의 변덕스런 믿음에 좌우되기 때문이다. 그는 통치자라면 본질에 대한 지식을 소유해야 한다고 믿었으며, 플라톤은 [폴리테이아]에서 '철인왕'이라는 교육 프로그램을 제시했다. 철인왕만이 본질을 알고 올바른 기준에 의해 모든 일을 판단할 수 있기 때문에 그들은 보편적 관심을 갖고 통치한다. "철학자들이 그들이 사는 국가의 왕이 되거나, 현실 세계의 왕과 왕자들이 철학적 정신과 권력을 동시에 가질 때까지……국가는 재앙에서 완전히 벗어날 수 없을 것이다……우리가 여기서 말하는 이상국가만이 생명을 가질 수 있고 광명을 보존할 것이다."[1]

따라서 플라톤이 추구하는 인간형은 어둠 속에서 빛을 찾는, 빛을 찾아 떠나는 인간이다. 플라톤의 동굴의 비유가 이를 잘 보여준

---

1 플라톤, [폴리테이아], 475C.

다. 인간은 동굴 속에 있다. 그 안에서 태어날 때부터 손과 발에 쇠사슬을 차고, 이데아의 그림자에 지나지 않는 감각적 경험을 실재라고 생각하는 죄수와 같다. 플라톤은 이런 인간들이 지닌 잘못되고 부족한 지식을 지적하고 그 인간들을 동굴 밖에 있는 이데아로 지향하도록 가르쳐야 한다고 주장한다. 이것은 개인이 변증법적 자기 발전을 통해 절대적 경지에 오르는 방법론이다. 그래서 철학은 이념을 말하면서 동시에 방법을 말하는 것이 되었는데, 이념은 원래적 의미에서는 지향이다. 그것은 인간을 지배하는 것이 아니라 인간이 추구하는 현재 시간 안에서의 정신이다. 이것을 우리는 시대정신이라고 부른다. 그러나 이런 시대정신은 플라톤 전후로부터 시작되는 서양철학에서 가능하다. 왜냐하면 동아시아적 사유에서 정신이 무엇을 포착하는 것은 가능하지 않기 때문이다.

앞에서도 언급했듯이 "도가도비상도 명가명비상명 道可道非常道 名可名非常名(도를 도라고 말할 때 그것은 원래의 그 도가 아니다. 대상에 이름을 지어 부르면 그것은 원래의 그 이름이 아니다)이라면서 '도(진리)는 말로써 한정할 수 있는 성질의 것이 아님'을 일컫는 노자나 인仁이 무엇이냐는 제자들의 물음에 인에 대한 정의를 내리지 않고 인의 보기들을 나열하는 공자가 대세인 중국 사상에서 보편자는 우리의 정신이나 이성 안에 포착되지 않는다.

따라서 지향이나 철학적 시대정신은 존재할 수 없다. 동아시아적 사고와 서구적 사고의 이런 근본적 차이로 인해 한국문학은 서구문학과 다르다. 서구 소설에서는 흔하게 드러나는 플라톤적 사유로서의 지향을 한국소설에서 찾는 것은 여의치 않다. 물론 모든 소설들이 플라톤이 추구했던 가치를 담고 있지만 그 범주는 너무 넓고 지나치게 일반적이다.

가장 현실적인 것은 초월의 길이 아니라 중간의 길이다 _ 이청준

플라톤적 사유가 담긴 한국소설 가운데 하나는 이청준[1]의 [당신들의 천국]이다. [당신들의 천국]은 표면적으로는 독재와 민주, 개인과 집단, 자아와 세계의 갈등을 보여준다. 이청준은 제도권 세계에서 내버려진 자들마저 이 제도권의 질서에 통합시키려는 조백헌의 시도를 회의적이고 비판적으로 바라보며, 그런 비판을 하는 자기 자신의 입장에 대해서도 다시 회의한다. 이것은 끝없는 부정을 통해 대 긍정을 얻고자 하는 변증법적 시도인데, 이청준은 이 소설에서 세계의 질서와 그것을 작동하게 하는 권력에 대해 회의하며, 그 회의를 한 번 더 회의한다.

이것은 겉으로는 독재정 또는 철인정과 민주정의 갈등이다. 이청준은 민주정의 입장에서 철인정에 대해 회의하나, 이어서 민주정에

---

[1] 1939-2008. 1965년에 [사상계] 신인상에 <퇴원>이 당선돼 등단했다. 경험적 현실을 관념적으로 해석하고 상징적으로 표현하는 경향이 강하다. 초기 작품들인 <병신과 머저리>, <굴레>, <석화촌>, <매잡이> 등에서는 현실과 관념, 허무와 의지 등의 대응 관계를 구조적으로 파악했으며, 1970년대 이후 작품들인 <소문의 벽>, <조율사>, <떠도는 말들>, <당신들의 천국>, <이어도>, <자서전들 쓰십시다>, <잔인한 도시>, <살아 있는 늪> 등에서는 정치적 사회적인 메커니즘과 그 횡포에 대한 인간정신의 대결관계에 주목했다.

대해서도 회의한다. 그가 플라톤적임은 철인정과 민주정을 경험하고 지향했으며 그것의 완성이 불가능함을 깨달았기 때문이다. 이념을 지향해서 플라톤적임이 아니라 그것이 가능하지 않음을 보여주는 것도 플라톤적이다.

소설의 무대는 소록도 한센병 마을이다. 이곳에 현역 대령인 조백헌이 병원장으로 부임하면서부터 소설은 시작된다. 조백헌은 '나환자'들에게 새로운 희망을 만들어주려고 노력한다. 그래서 그의 목표는 소록도를 천국으로 만드는 것이다. 그는 이 목표를 실현하기 위해 적극적으로 행동한다. 그는 한센인들에게 새로운 천국을 만들어 주겠다는 일념으로 득량만 매몰 공사를 시작하고 감독한다. 공사 기간 동안 조백헌은 한센인들과 힘겨운 싸움을 벌인다. 득량만 매몰 공사는 한센인들보다 지적이고 이성적인 조백헌이 선한 목표를 위해 시작한 것이다. 그러나 이것은 소설에서 현실과는 동떨어진, 조백헌의 개인적 의지로 치부된다. 그는 자신의 선한 의지가 현실적으로 주민들에게 소통되지 않는 상황에 갈등한다.

병원 보건과장인 이상욱은 조백헌을 좋은 감정으로 바라보지 않는다. 그는 원장을 의심하고 비판하는데, 그것은 그가 지금까지 이 병원을 거쳐간 여러 병원들에게서 경험한 사건들 때문이다. 병원장들은 모두 소록도에 천국을 만든다는 미명 아래 나환자들을 착취하고 자신들의 동상 세우기에 급급했다. 그래서 이상욱은 조백헌도 자신의 명예욕이나 과시욕을 충족하기 위해 천국을 운운하는 것이라고 여긴다.

조백헌을 비판하는 또 한 사람은 한센인들을 대변하는 황희백 장로이다. 그는 사람과 사람 사이에서 수평적인 사랑이 이루어지고 자유로운 의지가 교감되는 가운데 공동체의 일반 의사에 어울리는 힘이 행사될 때, 비로소 진실하고 정당한 힘의 질서와 윤리가 탄생되고 실현될 수 있다고 믿는다. 황 장로는 민주정주의자이다.

방법은 다르나 이상욱과 황 장로는 소록도의 천국이 소록도 밖의 천국과 구별된다면, 그것은 결코 '우리들의 천국'이 아니며, 오로지 권력을 행사하는 병원장들의 천국, 즉 '당신들의 천국'에 불과하다고 생각한다. 자유의지와 사랑의 교감에 기초한 실천적 힘, 위나 밖으로부터가 아닌 안으로부터의 자생적 의지나 운명에 기초한 천국을 그들은 원한다. 조백헌은 추호도 명예나 보답을 바라지 않으며, 동상도 만들지 않을 것임을 강조했으나, 누가 만드는 천국이냐의 문제에 직면하고서는 결국 천국 만들기를 중단한 채 섬을 떠난다.

5년 뒤 원장이 아닌 평범한 사람으로 소록도로 돌아온 조백헌은 소록도 사람들이 외쳤던 '우리들의 천국'도 실현 난망하다는 사실을 깨닫는다. 우리들의 천국은 구성원 모두가 이성적 존재일 때 가능하며 이성은 훈련을 통해서만 얻을 수 있다. 이청준이 명시적으로 드러내지 않지만 이성의 훈련이 가능한 사회가 아니었다. 이청준은 여기에서 두 가지 길 모두가 무의미하거나 실현 불가능함을 발견하고 결말을 지상의 중간 지대로 이끌고 간다. 그것은 음성병력자인 윤해원과 건강한 서미연의 결혼이다.

이청준은 1984년 개판본 서문에서 이렇게 적었다. "소설의 제목 '당신들의 천국'은 당시 우리의 묵시적 현실 상황과 인간의 기본적 존재 조건들에 상도한 역설적 우의성에 근거한 말이었다. 그러면서 나는 어느 땐가 그것이 '우리들의 천국'으로 바뀌어 불릴 때가 오기를 소망했고, 필경은 그때가 오게 될 것을 확신했다. 그리고 아마도 그때가 오게 되면 '당신들의 천국'이라는 시사적 표현이나 그 책의 존재는 무용지물이 될 것이었다. 그렇다면 과연 이제 우리에겐 한 작은 섬의 이름으로 대신해 불렸던 그 '당신들의 천국'을 '우리들의 천국'으로 거침없이 행복하게 바꿔 불러도 좋은 때가 온 것인가."
그 섬을 떠나 우리 사는 이곳에 아직 우리들의 천국은 오지 않았는데, 플라톤의 눈으로 볼 때 그렇다.

이청준이 이 소설을 통해 드러내고자 한 것은 사회는 건강한 시민들의 자율적 의지에 의해 움직여야 한다는 것이다. 조백천이 아무리 능력이 출중하고 청렴해도 그는 독재적 인물이고 따라서 그가 건설하려는 소록도는 그의 천국일 수밖에 없다. 반대로 이상욱이나 황희백은 주민들의 결정과 의지에 따라 섬이 개발되고 발전해야 한다는 생각을 갖고 있다. 따라서 이는 단순히 보자면 독재 대 민주의 구도이다. 독재는 나쁘고 민주는 좋다. 그러나 이 소설은 이런 표피적 관점에서 더 깊거나 높게 나아간다.

조백천은 현역 대령으로서 능력도 있을 뿐 아니라 사적인 욕심도 명예욕도 없다. 명예욕과 관련해 말하자면 호메로스의 작품 속에 등장하는 영웅들에게 명예는 중요하다. 그들은 명예가 손상되는 것을 견디지 못한다. 그러나 플라톤에게 명예는 하나의 욕심이다. 따라서 명예는 통치자들에게서 지양돼야 한다. 명예를 추구하면 사욕에 빠지기 때문이다. 조백천은 사욕을 배격한다. 하지만 조백천이 철인에 가까운 인물이라 해도 이청준은 그런 인물형이 다스려야 한다는 사실에 동의하지 않는다. 우리들의 천국을 만드는 주체들에게 요구되는 것은, 감성이 일부 있기는 하지만, 변증법적 자기 발전을 통해 이성의 빛을 향해 가는 운동이다. 이청준이 마을 주민과 한센인에게 원하는 것은 이것이다. 이 꿈은 실현되지 않는다.

조백헌은 섬으로 돌아와서 철인이 이끄는 공동체가 아니라 공동체의 구성원들 모두가 주체가 되어 공동체를 만드는 시도를 하지만 실패한다. 자유나 사랑의 '실현성이나 실천성의 근거'인 힘이 없었기 때문이다. "같은 운명을 삶으로 하여 서로의 믿음을 구하고, 그 믿음 속에 자유나 사랑으로 어떤 일을 행해 나가고 있다 해도 그 믿음이나 공동 운명 의식은, 그리고 그 자유나 사랑은 어떤 실천적인 힘의 질서 속에 자리를 잡고 설 때라야 비로소 제 값을 찾아 지니고, 값을 실현해 나갈 수 있다." 하지만 섬사람들에게는 그게 없다. 구성원 전체가 이성의 훈련을 받아야 그것이 가능한데 실제로 구성원 전체가 이성의 훈련을 받는 것도 불가능하고 훈련을 받는다고 해도 모두가 이성적이 되는 것은 더욱 불가능하기 때문이다.

다시 섬을 찾아온 이정태 기자에게 조백헌은 이렇게 말한다. "운명을 같이 하지 않는 한에서의 어떤 힘의 질서는 무서운 힘의 우상을 낳을 뿐이겠지요. 하지만 운명을 같이 하려는 작정이 있은 다음엔 내게 그 원장의 권능이 필요했어요. 그래서 그 허심탄회한 힘의 질서 속에서 섬의 자유와 사랑이 행해져 나가야 했었어요. 하지만 난 이미 이 섬 병원의 원장이 아니었어요." 그런 그가 선택할 수 있는 것은 철인정과 민주정 모두를 포기하고 그 중간 지대에 머무는 현실과의 인간적인 타협이다. 당신들의 천국도 우리들의 천국도 공히 이성의 훈련을 전제로 함을 이 소설은 보여준다.

동굴에서 나왔다고 모두 태양을 볼 수 있는 것은 아니다 _ 최인호

1982년에 발표된 최인호[1]의 중편소설 <깊고 푸른 밤>은 사회 상황에 절망한 두 젊은이가 낯선 땅 미국으로 건너가 망명 아닌 망명생활을 하는, 정치적인 이유로 망명한 것이 아니다, 모습을 그리고 있다. 이 소설은 주인공인 '그'와 준호가 겪고 있는 패배감과 절망감을 통해 현대 사회에 대한 절망, 패배와 싸우는 개인의 절실한 의식을 다룬다.

유명한 가수인 준호는 대마초 사건으로 가수 활동이 정지 당하자 미국으로 왔다. 그는 한참 이름을 날리는 작가인데 '알 수 없는 모든

---

1 1945-2013. 1967년 [조선일보] 신춘문예에 소설 <견습환자>가 당선되었다. 초기소설은 산업화의 과정에 접어들기 시작한 한국사회의 변동 속에서 왜곡된 개인의 삶을 묘사하는 작품들이 주류를 이루었다. 물신주의의 팽배, 인간 가치의 타락 등을 풍자하고, 비인간화되고 있는 삶의 공간에서 개인의 존재와 그 삶의 양태를 다양한 기법으로 묘사했는데, 그의 작품들은 퇴폐주의 또는 상업주의 작가라는 비판을 받으면서 평단으로부터는 평가 받지 못했다. 1980년대 이후에는 장편역사소설들을 통해 대중적인 주목을 받았는데, [잃어버린 왕국], [왕도의 비밀(제왕의 문)], [상도], [해신], [유림] 등의 작품을 발표했다. 그는 독실한 천주교 신자이면서도 [길없는 길], [할]과 같은 불교소설도 발표했다.

것에 대한 분노' 때문에 일상으로부터 도피해 미국으로 왔다. '그'는 준호를 로스앤젤레스에서 우연히 만나 함께 여행을 한다. 준호는 여행으로 왔지만 미국에 눌러 살려는 생각이고 '그' 역시 여행을 왔으나 미국에서 살지는 결정하지 않았다. '그'는 술과 마리화나 냄새가 지독한 샌프란시스코의 어느 방에서 눈을 뜬다. 어지러운 머리를 정리하며, 준호를 깨워 차에 오른다.

모든 것에 대한 관심을 잃어버린 '그'는 철저한 불감증 환자이다. 미국은 스스로 택한 유배지이다. 준호는 차를 운전하면서도 버릇처럼 대마초를 피워대며 고독의 심연으로 가라앉아 있다. 차가 얼어붙은 급커브의 요세미티 절벽길을 달릴 때 '그'는 준호의 파이프를 차창 밖으로 털어버린다. 정신없이 차를 몰면서 깊은 침묵에 잠겨 있던 준호는 아내가 보내준 테이프를 튼다. 전속력으로 질주하던 자동차가 쇠난간에 충돌하여 멈추자, 준호는 뜻밖에도 돌아가고 싶다며 흐느낀다.

'그'는 두려움에 떠는 준호에게 한줌의 마리화나를 내민다. 불가사의한 표정으로 준호가 그를 보자, 그는 대마초를 깊이 들이마시고 해변으로 내려간다. 무릎을 꿇고 돌 위에 주저앉은 그는 그제야 자신의 패배를 자각하고, 지금까지 알 수 없던 '모든 것에 대한 분노'도 사라진다. 그는 자신을 굴복시킨 모든 승리자에게 용서를 빌며, 이젠 돌아가야 한다고 다짐한다.

<깊고 푸른 밤>은 여러 병리적 상황이 포개져 있는 현대 사회에서의 인간의 의식과 삶의 조건을 상징적으로 묘사했다. 한국이라는

공간에서 패배한 '그'의 의식은 자신을 둘러싼 상황에 대해 끝없는 갈등과 치열한 싸움을 전개한다. 그리고 미국행을 결정한다. 이런 견지에서 깊고 푸른 밤은 우리가 살았던 그리고 살고 있는 현실의 단면을 서술하고 그것보다 더 나은 삶을 추구하려는 소설이다.

'그'와 준호에게 미국은 도피처이자 자신들의 꿈을 이룰 수 있는 이상세계이다. 하지만 미국에서도 준호는 대마초를 끊지 못한다. 그들에게는 패배감과 절망감이 누적되고 결국은 현대사회를 헤쳐 나가지 못하는 좌절과 소외감만이 쌓인다. 그렇게 된 까닭은 미국행이 이상을 실현하고자 온 것 같지만 실제로는 목적성이 없기 때문이다. 그래서 미국에서의 생활은 탈출구를 찾을 수 없고 대마초 연기로 자욱한 깊고 푸른 밤의 연속이다.

'그'와 준호에게 한국은 동굴이다. 미국으로 감은 그 동굴을 기어올라가 마침내 밖으로 나가서 태양을 바라보는 기쁨이기를 그들은 소망했다. 그들은 동굴 밖으로 나아가 눈부신 태양에 눈을 뜨지 못했다. 그래서 전속력으로 질주한 차는 쇠난간을 들이받는다. 그때 그의 머리 속을 채우는 것은 '비진리'의 한국을 떠나 '진리'의 미국으로 가면 그곳에서는 자신의 정체성을 발견할 수 있을 거라는 막연한 기대에 대한 찬물이다.

그들은 태양을 보기 위해 미국을 온 것이 아니라 비진리의 세계를 벗어나고자 지향 없이 미국으로 왔다. 미국으로 온 것도 하나의 일탈이다. 병리적 사회에서 인간이 건강하기 위해서는 그 병리적 상황에 자신을 내맡길 것이 아니라 자신의 의식을 훈련시키고 삶의 조건을 성찰해야 한다. 이것이 어둠 속에서 빛을 구하는 인간이 취해야 하는 이성의 훈련이다. 플라톤이 동굴의 비유에서 기도한 것은 영혼 상승의 과정과 그 과정에서 겪는 고통이다. 이것은 무교육에서 교육으로의 이행, 또는 무훈련에서 훈련으로의 이행이다. 하지만 공허한 고통에서 영혼의 상승은 실현되지 않는다.

결국 그들이 찾던 이상세계는 지도에 없는 무의 공간이며 끝내는 찾지 못하기 때문에 이 소설은 비극이다. 이를 두고 이상 세계가 없다고 말하기에는 성급하다. 그것은 이 소설을 전혀 다른 곳으로 내모는 일이다. 꼼짝하지 못하는 차안에서 좌절하는 그의 모습은 결국엔 좌초에 걸린 인간이 초인적 용기와 위엄 없이는 얻을 수 있는 것이 없음을 보여준다.

이상을 발견하지 못한 이명준 _ 최인훈

개인과 사회, 개인과 집단 사이의 진실이 조화를 이룰 수 있기를 소망한 것은 인간이 사회를 구성하면서부터였다. 그것을 철학적으로 풀어낸 이는 플라톤이다. 인류의 오랜 지혜와 상상력의 역사는, 플라톤의 이데아론도 하나의 상상력인데, 바로 이 소망을 실현하려는 의지였을지도 모른다. 소망은 지금도 현재 진행형이다. 소망이 지속된다는 것은 소망의 실현이 그만큼 어려운 문제이기 때문이다. 그래서 플라톤은 인간이 이성을 완성하는 때는 죽음과 함께 찾아온다면서 철학은 죽음의 연습이라고 말했다.

1960년에 발표된 최인훈[1]의 중편소설 <광장>의 이명준도 소망 때문에 갈등하고 고난을 겪었으며 급기야 소망을 죽음과 바꾸었다. 소설의 기본 구조는 '광장'과 '밀실'로 상징되는 대립의 해소, 부연하면 '광장' 대 '밀실'의 변증법적 상승을 통한 제3의 공간을 발견하려는 의지이다. 제3의 공간은 지금까지 출현한 이념이 아니라 새로운 이념이다. 최인훈은 이 길을 발견하리라는 희망의 끈을 놓지 않는다. 그러나 소망은 이명준의 삶 위에서는 실현되지 않았다.

　이명준의 어머니는 죽고 공산주의자 아버지는 월북했다. 그는 홀로 서울에 남아 대학 철학과를 다닌다. 아버지와 달리 이데올로기에 무관심한 그는 어느 날 아버지가 대남 방송에 나오는 이유로 경찰서에 불려가 고문을 당한다. 이 사건으로 그는 자신의 밀실을 빼앗겼다고 생각하고 이상적인 사회를 기대하며 북으로 간다. 아버지는 그에게 노동신문 편집부 기자 자리를 구해주었다.

　그러나 이명준은 혁명은 없고 혁명의 화석만 남은 북한 상황에 크게 실망한다. 그가 본 북한은 개인의 밀실은 없고 사회적 광장만 있는 곳이었다. 그가 기대한 것은 푸른 광장이었으나 그가 맞닥뜨린 것은 붉은 광장이었다. 6.25가 발발하고 그는 군관 신분으로 서

---

[1] 1936-2018. 1959년, [자유문학]에 <GREY 구락부 전말기>, <라울전>이 안수길에 의해 추천됨으로써 문단에 등단했다. 1960년대 전 기간과 1970년대의 일부 기간을 합해서 질적,양적인 면에서 독보적인 업적을 남겨 김현과 김윤식의 [한국문학사](1973)에서 '전후 최대의 작가'라는 평가를 얻었다. 그의 관념적 사유의 진폭은 흔히 우리의 분단 현실에 초점이 맞추어진 것으로 이해되고 있다. 하지만 그의 진면목은 한국 문화사 전체와 20세기 세계사의 진폭, 그리고 인간 존재의 본질 규명을 둘러싼 존재와 사회, 역사, 문명 전반을 아우르는, 마치 종합철학의 포괄성에 상응하는 것 같은, 어떤 사색의 여정에 부합한다.

울로 온다. 하지만 자신의 아이를 잉태한 연인 은혜는 낙동강 전투에서 죽고, 그는 포로가 된다. 전쟁이 중단되고 포로가 해방될 때, 명준은 제3국을 택해 중립국으로 가는 타고르 호를 타고 동지나해를 항해한다. 그 바다에서 발견한 것은 지상에서 볼 수 없었던 푸른 광장이었다. 그는 갈매기의 환각 속에서 투신자살한다.

  이 소설의 기본 골격은 희망의 원리와 현실적 좌절이다. 광장이 집단적 삶, 사회적 삶을 상징한다면, 밀실은 개인적 삶, 실존적 삶을 상징한다. 최인훈이 추구하는 것은 전체적 삶과 개인적 삶의 조화이다. 이것은 아테네의 참주 페이시스트라토스가 디오니소스 제전에서 비극을 상연케 했는데, 그 비극을 진행하는 독창과 합창이 개인적 삶과 집단적 삶을 절묘하게 조화시킨 것과 같은 맥락이다. 그래서 광장처럼 개방된 밀실, 밀실처럼 개인이 존중되는 광장이 최인훈에게는 필요하다. 그러나 그의 눈으로 볼 때 밀실과 광장은 모두 타락했다. 그래서 이명준은 남과 북, 어디에도 발을 붙일 수가 없다. 사실 이명준에게 필요한 것은 사실 광장보다 밀실이다.

  "자기라는 낱말 속에는 밥이며, 신발, 양말, 옷, 이불, 잠자리, 납부금, 담배, 우산…… 그런 물건이 들어 있지 않았다. 오히려 어떤 물건에서 그것들 모두를 빼버리고 남는 게 자기였다. 모든 것을 드러낸 다음까지, 덩그렇게 남는 의심할 수 없는 마지막 것. 관념 철학자의 달걀 이명준에게 뜻있고, 실속 있는 자기란 그런 것이다."

그가 양보할 수 없었던 것은 자신의 정체성이다. 그러나 밀실의 사회에서 그 정체성을 얻을 수 없었다. 이것은 그가 보편자를 추구하되 그것의 발견에 실패했음을 보여준다. 그것을 관계 속에서 찾고자 그는 월북한다. 그것은 동굴에서 나와 태양을 바라볼 수 있는 밝은 곳으로 나아가는 것과 닮았다. 그러나 그곳에는 아예 정체성이 없었다. 그때 인간이 선택할 수 있는 것은 집단성에 소극적으로 참여하는 것이다. 그것이 군관으로 내려온 이명준의 모습이다.

정치적 맥락을 제외하면 광장과 밀실은 불완전한 현실이다. 어느 것이 테제이고 어느 것이 안티테제인지 모르겠으나, 실상 언제나 인간에게는 자신이 갖고 있는 것이 테제이고 상대가 갖고 있는 것이 안티테제이다, 이명준은 밀실에서는 광장을 찾았고, 광장에서는 밀실을 찾았다. 그러나 그의 변증법은 실패했는데 그것은 그의 잘못이나 능력의 부침이 아니라 그 변증법이 불가능한 그 당시 사회의 모습이다. 그것이 불가능함을 안 이명준이 선택한 것은 <깊고 푸른 밤>의 '그'가 선택한 돌아감이 아니라 더 나은 세상을 찾아 나아감이다.

그것은 아마도 이명준이 철학 훈련을 받았기에 가능할지도 모른다. 이명준이 찾고자 하는 제3국은 [당신들의 천국]에서 조백천이 타협했던 제3의 중간적 길이 아니라 광장과 밀실을 넘어선 이상적 세계이다. 그러나 이명준은 자살을 선택한다. 이것은 두 가지 사실 가운데 하나이다. 하나는 철학은 죽음의 연습이라는 것이다. 이상은 몸과 결부된 영혼이 몸으로부터 분리됨으로써 얻어질 수 있다.

이것은 플라톤적이다. 다른 하나는 이상은 신기루에 불과하다는 것이다. 이명준이 바다에 투신함은 이상이 실제로는 없음을 함축했다고 할 수 있다.

"큰 새와 꼬마 새는 바다를 향하여 미끄러지듯 내려오고 있다. 바다. 그녀들이 마음껏 날아다니는 광장을 명준은 처음 알아본다. 부채꼴 사북까지 뒷걸음질친 그는 지금 핑그르 뒤로 돌아선다. 제 정신이 든 눈에 비친 푸른 광장이 거기 있다."

최인훈은 플라톤과는 달리 후자의 길을 간 것 같다. 이상은 요청이고 희망이다. 때로 그것은 의도적으로 배제된다.

플라톤을 긍정하든 부정하든

소설은 시대를 살면서 개인이 체험한 것을 소재로 삼기에 우주를 관통하듯이 보편적이지는 못하다. 철학도 그러한데 다만 소설가는 개인에 머무는 것을 선택하고 철학자는 개인을 떠나는 것을 선택하기에 소재의 보편성과 관련해서는 소설보다 철학이 좀 더 보편적이다. 그러나 이보다 더 핵심적인 사실은 소설은 이성의 훈련장이 아니라는 사실이다.

그런 연유로 소설에서 플라톤의 생각을 찾기는 여의치 않다. 세상에 보편자가 없다는 지식을 유전적으로 갖고 있는 동아시아인에게는 더욱 그렇다. 그래서 플라톤에 대해 긍정하든 부정하든 플라톤적인 요소를 담고 있는 소설가들은 최인훈,이청준,최인호 같은 이들이다. 최인호는 평단에서는 소외되었지만 그가 1970년대에 추구한 것도 1980년대 이후에 추구한 것도 모두 그 시대에 대한 성찰의 결과물이다.

아리스토텔레스
개인의 생존을 말하다
김인숙, 공선옥, 윤대녕, 이보라

세상의 중심은 하늘인가, 아니면 땅인가?

산치오 라파엘로(Sanzio Raffaello)가 교황 율리우스 2세의 주문을 받아 바티칸 박물관 베드로 대성당에 있는 세냐투라의 방에 그린 <아테네 학당>에는 쉰 네 명의 고대 철학자들이 등장한다. 그림의 중심에 있는 두 명의 철학자는 플라톤과 그의 제자 아리스토텔레스. 플라톤의 손가락은 하늘을 가리키며, 자신의 저서 [윤리학]을 왼손에 들고 있는 아리스토텔레스의 오른손은 땅을 가리킨다. 여기서 하려는 이야기는 아리스토텔레스가 왜 땅을 가리켰는지에 대한 것인데, 그가 땅을 가리킨 까닭은 대단한 이념에서 나온 것이 아니라 삶을 지배했던 현실에 대한 반성에서 나왔다. 철학은 모르고 보면 대단하지만 알고 보면 소박하다.

철학적으로 볼 때 플라톤은 보편자인 영원의 이데아를 중시했

아리스토텔레스

고, 아리스토텔레스는 개별자가 운동하는 현실을 중요시했다. 플라톤은 기원전 428년에 태어나 348년에 사망한 것으로 알려져 있다. 아리스토텔레스는 기원전 384년에 태어나 322년에 사망했다. 아리스토텔레스가 열일곱 살 때 아테네에 진출, 플라톤이 세운 학원인 아카데메이아에 들어가 수학했으니 둘은 사제 관계이다. 그러나 아리스토텔레스는 아카데메이아에서 이방인이었다. 그는 아테네 출신이 아니라 당시에는 고대 마케도니아에 속했던 트라키아의 스타게이로스[1] 출신이다.

　두 사람의 철학이 다른 까닭은 두 사람이 살았던 사회 문제와 관련해 두 사람이 추구했던 가치가 달랐기 때문이다. 철학이 다르다고 말하지만 궁극적으로 두 사람의 철학은 대동소이하다. 서양의 철학자들에게 다르다는 의미는 소이이지 대동이 아니다. 궁극적으로 서양의 모든 철학사상은 보편자를 탐구하며 보편자와 인간이 어떻게 관계 맺고 있으며 인간이 어떤 운동을 통해 보편자의 지위에 오르는지를 논증한다. 그래서 서양의 철학사에는 소이의 문제를 두고 수많은 철학자들이 출현한다. 두 사람의 가치를 다르게 만든 것은 그들이 살았던, 솟음과 부침을 반복했던 시대였다.

　이른바 아테네의 황금기는 기원전 480년경부터 시작되었다. 특히 페리클레스[2]가 일인 참주로서 통치하기 시작한 461년부터는 독

---

[1] 오늘날의 그리스 북동부 스타기라.
[2] 우리는 아테네의 민주주의를 말할 때 으례 페리클레스를 대표인양 말하는데 실제로 그는 아테네의 흥興을 이끈 지도자라기보다는 아테네가 망亡으로 몰락하는 데 일조한 정치가이다. 사실 역사적으로 볼 때 국가의 흥성을 이루면서 민주

60

재정과 민주정이 교묘히 결합한 초절정의 전성기를 구가했다. 그러나 기원전 431년 펠로폰네소스 전쟁이 일어나면서 아테네는 쇠락하기 시작한다. 페리클레스는 429년에 사망했다. 펠로폰네소스 전쟁은 404년까지 계속됐는데, 이 전쟁으로 인해 아테네는 쇠락하기 시작했고 그 과정에서 일어난 정치적 격변들로 인해 민주주의의 정신을 잃어버렸다.

정치적 격변들은 한국으로 치면, 물론 인간은 하나하나가 모두 하나의 우주일 정도로 소중한데, 1980년 광주의 비극이 비교가 불가할 정도로 수많은 이들을 죽음으로 내몰았다. 당시 아테네 인구가 최대 20만이었고 시민들은 5만에 불과했는데 피살된 시민이 무려 1천6백 명이었다. 민주정을 대변하는 정치인들은 소피스트들로부터 영향을 받은 이들이었다. 플라톤의 스승인 소크라테스는 바로 그 민주정을 대변하는 정치인들에 의해 죽임을 당했다.

펠로폰네소스 전쟁 종식 이후 아테네는 해체의 길을 걷기 시작했고 이 시기에 활동한 플라톤은 어떻게 해서든지 아테네의 해체를 막으려고 했다. 그래서 그는 세계에는 초월적 보편자가 있으며 이를 우리는 이데아라고 부르는데 개별자인 인간은 늘 이데아가 정의하는 대로 생각하고 행동해야 한다고 주장했다. 그는 민주주의자들이 아테네의 공동체를 파괴했다고 생각했는데 이것은 어느 정도 사실이었고 플라톤이 볼 때 무지한 민중들이 이에 동조했다. 당시 아

주의를 동시에 구현한 지도자는 없는 것 같다. 거기다가 자신의 엄격한 도덕률까지 고려한다면 더욱 난감한 상황에 직면한다.

테네를 지배했던 풍조는 경건함이 아니라 만용이었으니 말이다.

플라톤은 당면했던 현실 정치의 문제를 '올바름'과 '보편자'에 대한 성찰로 극복하고자 했다. "현존하는 모든 폴리스들을 두고 볼 때 모두가 한결같이 나쁘게 통치되고 있다는 사실을 깨닫기에 이르렀다……그래서 나는 바른 철학을 찬양하면서 국사든 사사로운 일이든 간에 모든 것들이 올바르게 되는 것은 바른 철학으로부터 기대할 수 있을 것이라고 단언하지 않을 수 없게 되었다."[1] 이를 위해 그가 추구한 것은 보편자인 이데아의 탐구였다. "참으로 학문을 사랑하는 사람은 존재를 얻으려고 천성적으로 전진할 뿐 존재자라고 믿어지는 개별적인 것들에는 머물지 않는다."[2]

전체를 생각하는 플라톤 대 개체를 생각하는 아리스토텔레스

형이상학을 논할 때 가장 중요한 것은 "존재란 무엇인가?"이다. 그러나, 아리스토텔레스는 "개별자란 무엇인가?"라는 문제도 국한시켜 개별자를 존재보다 더욱 중시한다. 개별자는 인간과 관련해서는 각각의 고유한 사람이다. 아리스토텔레스는 사물의 바깥에 있다는 플라톤의 이데아들을 인정하지 않으며, 형상이 사물 속에 있고 사물을 그 사물이게끔 하는 개별적인 본질 내지는 본성이 있다고 파악한다. 아리스토텔레스에 따르면 본질은 우선 "'그 자체 안에'

---

1 플라톤, [서간문], Z 326a.
2 플라톤, [폴리테이아], 490a.

있는 것이다."¹ 그럼으로써 그는 사물의 바깥에 있다는 이데아와는 다른 실체를 언급한다. 이 주장은 개별자는 바깥의 힘이 아니라 그 자체의 힘으로써 목적을 지향하며 운동할 수 있다는 뜻이다.

아리스토텔레스는 실체를 제일실체와 제이실체로 구분한다. 제일실체는 "어떤 주체에 대해 서술적인 것도 아니고, 그 주체를 나타내려는데 있는 것도 아니라, 예를 들면 어떤 특정한 인간 또는 말(馬)이다."² 제일실체는 가장 우월하며, 본래적 의미를 내포하고 있는 개별자를 말한다. 제이실체는 "일차적 의미에서의 실체를 그 안에 내포하고 있는 종種 개념(다양한 개체들에서 공통적인 것)이고, 다시 종 개념을 그 안에서 포섭하고 있는 유類 개념(여러 가지 종들에게 특수화되어 있는 보편성)이다."³ 각설하고 "우리는 인간이다, 또는 송혜교는 인기 탤런트이다"라고 말할 때 인간, 탤런트 같은 개념은 제이실체이며 송혜교는 제일실체이다. 제일실체가 참된 실체이며 제이실체는 개념이다. 따라서 일차적으로 중요한 것은 개인이 된다.

이런 주장은 정치학에서도 이어진다. 아리스토텔레스가 생각할 때 최선의 폴리스는 "개인들의 최선의 삶을 보장하는 폴리스"이다.⁴ 그는 개인의 행복을 중시한다. 폴리스 안에서 인간이 존재하는 목적은 행복을 추구하기 위해서이다. 그는 행복은 다른 어떤 것보

---

1 아리스토텔레스, [형이상학], 1029b13.
2 아리스토텔레스, [범주론], 2a11-13.
3 아리스토텔레스, [분석론], 2a14-18.
4 아리스토텔레스, [정치학], 1280b.

다도 궁극적인 것이며[1] 개인이 열심히 노력해서 도달해야 할 가치이다.[2]

집을 짓는 것을 예로 들면 플라톤과 아리스토텔레스의 차이가 잘 드러난다. 플라톤은 집의 이데아를 머리에 그리면서 디자인을 할 것이다. 그에게 도구나 재료들은 별 의미가 없다. 반면에 아리스토텔레스에게 우선 필요한 것은 집의 재료들,나무,벽돌,흙,여러 가지 연장들이다. 이것들은 질료라고 불리며 현실 세계에서 구해진다. 질료가 없으면 집을 짓는 것은 불가능하다. 마치 개인이 없으면 국가가 없듯이 말이다. 그 다음에는 머릿속에 떠오르는 집에 대한 생각인데 이것은 플라톤이 말하는 이데아이다. 그렇게 해서 지은 집은 질료와 형상이 통일된 것이다. 이데아가 있다는 점에서 플라톤과 아리스토텔레스는 대동하며, 이데아보다 질료가 우선시된다는 점에서 두 사람은 소이하다. 플라톤에서는 전체를 위해 개체의 이익이 지양되나 아리스토텔레스에서는 개체의 이익이 전체에 앞선다.

아리스토텔레스, 자신의 삶을 철학에 투영하다

아리스토텔레스가 이렇게 개체를 우선시한 데에는 자신의 생애,

---

1 아리스토텔레스, [니코마코스 윤리학], 1097a.
2 이 점에서는 아리스토텔레스와 진화심리학자들의 주장이 다른데, 진화심리학자들은 인간의 이성적 사고와 동물적 본능 가운데 진짜 모습은 동물적 본능이며 따라서 진화심리학자들은 행복이 목적이 아니라 일상의 과정이라고 주장한다. 따라서 진화심리학자들의 주장대로면 열심히 공부해서 명문대에 가는 학생이 행복한 게 아니라 즐겁게 놀면서 중위권 대학에 가는 학생이 훨씬 행복하다.

그리고 당시의 정치적 상황이 영향을 주었을 것이다. 철학자의 철학은 그가 산 과정을 철학사의 틀 안에서 형상화한 것이다. 플라톤이 죽은 뒤, 가장 뛰어났지만 이방인이라는 이유로 아카데메이아의 원장이 되지 못한 아리스토텔레스는 아카데메이아를 떠났다. 자신이 유년기를 보낸 아타르네우스 지역[1]의 통치자인 헤르미아스의 초청을 받아 친구인 크세노크라테스와 함께 그곳에서 3년 동안 제자들을 가르치면서 저술도 했다. 아리스토텔레스는 조국 마케도니아로 돌아가 필리포스 2세의 아들인 왕세자 시절의 알렉산드로스 3세를 가르쳤다. 쇠락한 그리스가 마케도니아에 종속될 즈음이었다. 기원전 336년 필리포스 2세가 죽고 알렉산드로스가 왕이 되자 아리스토텔레스는 다시 아테네로 간다. 그러나 그는 아카데메이아로 가지 못하는데, 335년 뤼케이온을 세우고 323년까지 학생들을 가르쳤다.

   기원전 323년 알렉산드로스가 인도 원정길에서 요절한 뒤 마케도니아는 분열되었다. 아리스토텔레스는 아테네의 시민들로부터 핍박을 받기 시작했다. 마치 일제가 패망했는데 일본으로 돌아가지 못한 일본인 신세 같은 것이 되었다. 자신들을 정복한 마케도니아 출신인데다가 정복자인 왕의 스승이었으니 말이다. 아리스토텔레스는 아테네의 신을 모독했다는 누명을 쓰고 체포될 위기에 처했다. 그는 소크라테스 재판을 상기하며 "아테네인들에게 철학에게 두 번이나 죄를 짓게 하고 싶지 않다"라고 말하고는 어머니의 고향

---

[1] 오늘날 터키 서북부로서 트로이 인근.

인 에우보이아 섬 칼키스로 도망가서 살다가 다음해에 지병인 위장병으로 생을 마감했다.

 스타게이로스에서 출생, 유년기에 외국인 아타르네우스로 이주, 열일곱 살에 다시 외국인 아테네로 유학, 플라톤이 죽자 다시 아타르네우스로 이주, 대제국의 중심이 된 고국으로의 귀향, 이제는 조국의 속령이 된 아테네로 이주, 다시 외가가 있는 칼키스로 이주 등이 아리스토텔레스의 인생이자 삶이었다. 그가 고향에 살았던 기간은 아주 어릴 때와 알렉산드로스의 스승으로 살았던 약 십 년 해서 십오 년 정도가 전부였다. 일생의 대부분을 이방인으로 살았다. 얼핏 보면 화려해보이지만 그에게 숙명은 이방인으로서 잘 사는 것이었다.

 쇠락한 그리스를 점령한 마케도니아 왕국은 서쪽은 이집트에서 동쪽은 인도의 인더스 강 유역까지 지배했던 거대한 제국이었다. 이런 제국의 왕의 스승이었으나 그가 아테네에서 받은 대접은 오히려 질시와 배척이었으니 그런 현실 속에서 아리스토텔레스가 현실적으로 택한 것은 어떻게 하면 '내가 살아남느냐'의 문제였다. 인간을 둘러싸고 있는 인간관계에는 지인, 친구, 친척, 부모, 형제, 가족 등이 있다. 사람은 어려움에 처하거나 이해관계가 대립하면 이런 순서로 포기한다. 그랬을 때 궁극적으로 남는 존재는 바로 자기 자신이다.

 작은 국가에서는 결속력도 강하고 공동체 정신도 강하다. 그러나 국가가 확장되면 중앙과 주변 사이의 결속력도 약해지고 개인이 국가와 동일한 정체성을 가지는 것이 힘들다. 아리스토텔레스가 처한 개인적 상황, 그리고 마케도니아라는 대제국의 일원으로서 그가 느낀 것은 고립감이었다. 국가는 공인된 폭력 조직인데 규모가 커질수록 공인된 폭력의 수위는 더욱 높아진다. 규모가 커질수록 공동체 의식은 작아지며 법률과 경찰력 등에 의해 개인의 삶이 규제된다. 거대한 조직을 유지하기 위해 개인의 권리나 인권에 대해서는 소홀해진다. 따라서 거대한 국가에 사는 이들에게 가장 중요한 것은 국가와 사회로부터 개체를 보호하는 일이 된다.

이방인으로서 사는 지혜, 거대한 제국에서 개체가 살아가는 지혜. 그가 택한 지혜는 하늘의 진리가 아니라 땅의 지혜였다. 그는 이러한 땅의 진리를 스승인 플라톤으로부터 차용한 여러 진리와 자신이 탐닉했던 생물학과 식물학 등의 과학적 사실과 잘 버무려서 설명했다. 지금 남아 있는 그의 저작들은 그가 다시 아테네로 돌아와 뤼케이온을 세우고 학생들에게 했던 강의록이다. 그러니 인생 50년을 살면서 터득한 지혜들이 저서와 이론에 스며들어 있는 셈이다.

보호받지 못하는 이들이 가는 길

이제 한반도로 돌아오자. 중심으로부터 보호, 통제, 관리 등을 받지 않는 개인의 모습은 철학은 다르지만 한반도에서도 낯선 현상은 아니다. 우리는 그런 모습을 조선에서 발견할 수 있다. 이 점과 관련해서는 조윤민이 쓴 [두 얼굴의 조선사]가 조선의 민낯을 드러낸다고 생각하고 동감하며 이 책의 핵심 요지만을 여기서 정리한다.

"조선은 '지혜와 덕을 논하며 학문을 업으로 삼은 선비'들이 다스린 매우 도덕적인 나라였다. 그러나 실제로는 양반의 기득권을 유지하고 확대하기 위해 존재하는 법과 제도, 관료의 부패와 뇌물의 일상화, 끔찍한 가난에 빠진 농민들과 군역을 피해 차라리 노비가 되기를 택하는 양인들이 조선의 감추어진 모습이었다. 지배층의 계급 정치 유지를 위해 민간에게는 끊임 없이 규제로 옭아매었고 그것을 호도하기 위해 도덕 정치 이념을 전략적으로 활용했다. 그래서 조선은 양반 지배층의 탐욕과 위선으로 얼룩진 사회였다."

우리 조상이 조선시대 때 어떤 벼슬을 했고 우리 가문이 얼마나 명문가였음을 자랑하는 것은 달리 말하면 민중에 대해 대역죄를 저질렀음을 실토하는 것이다. 민중은 허울 좋은 '도덕 정치'를 피부로 느끼며 반감을 가진다. 그래서 조선 시대에 민중들은 병역을 기피하는 것이고 세금을 내지 않는 것이다. 조선시대에 병역은 기피하면서 임진왜란이나 구한말에 의병에는 열렬했던 것은 두 가지 의미를 함축한다. 하나는 나라는 지키지 않아도 내 고장은 지킨다는 뜻이며 다른 하나는 중앙 정부에 대한 울분과 저항의 표출이다. 이런 모습은 오늘날의 대한민국이라고 해서 크게 달라진 것은 없다. 오늘날의 한국도 착취하는 사람과 착취당하는 사람의 연쇄적인 먹이사슬로 구성돼 있다.

그래서 아리스토텔레스가 살았던 마케도니아 시대, 우리 조상들이 살았던 조선시대, 또는 지금 우리가 살고 있는 대한민국 사이의 공통점은 개체가 자신의 생존을 위해 기대야 하는 곳은 바로 자기 자신이라는 사실이다. 고대 그리스 폴리스에서 열심히 경제활동을 하고 군대에도 갔다 온 시민들이 나이 마흔이 넘고 쉰 줄에 접어들면서 '나는 누구인가?'라는 물음을 던졌다면, 한국에서 국가가 시키는 대로 열심히 살고 일한 이들이 이제 와서 국가로부터 버림을 받았다고 느끼는, 또는 국가로부터 존중받지 못하고 있다고 느끼는, 몸의 저 밑에 깔려 있는 어떤 응어리 같은 것이 있다.

그런 것이, 한국과는 어울리지 않은 개념이었지만, 포스트모더니즘과 해체라는 이름으로 등장했으며, 1990년대 이후 한국소설에서도 맥을 형성하고 있다. 1987년 6월이 무엇을 선물할 것 같았던 기대, 그러나 냉전이 해체되면서 자본주의는 완전한 승리를 거두었고 자본주의를 초월하는 어떤 가치가 필요했던 이들은 이제 기대감을 접었는데 기대감만을 접은 게 아니라 1997년 찾아온 IMF는 한국사회를 더욱 야멸찬 먹이사슬로 재편했다. 그런 과정에서 태어난 소설들은 개인의 생존 방식을 더욱 세밀하게 그린다. 황석영이 편집한 [황석영의 명단편 101] 8권에는 이런 유의 작품들이 담겨 있기에 이 책에 실린 소설 세 편과 다른 소설 한 편으로 개체의 생존 방식을 소개한다.

사람은 누구나 자신의 공간을 가진다 _ 김인숙

김인숙[1]의 <빈집>은 이십칠 년동안 한 집에 산 남편에 대한 이야기이다. 아내는 소설의 대부분을 남편을 경멸하는 데 사용하며 서투른 주변머리와 재주없는 생활능력을 까발린다. 독서가 취미이고 주민도서관의 작가 낭독회에도 참석하는 아내는 남편과의 결혼이 애초에 잘못된 결혼이고 그를 한 번도 존중할 수 없었다는 마음을 숨기지 않는다. 불가사의한 일은 이 정도이면 남편이 자신보다 한참 처지는 것인데 어떻게 결혼을 했는지가 궁금하다. 여자가 남자를 고르는 데에는 다 그만한 이유가 있는 법인데 그 남자에게 시집을 갈 때에는 자신이 생존하기 위해 선택한 어떤 이유가 있었을 것이다. 개체의 생존을 위해 선택했는데 결혼식을 올리기도 전부터 마음에 들지 않는 것은 전형적인 부부의 모습이다.

남편은 직장에서 은퇴한 뒤 이삿짐과 화물 운송으로 가족을 부양한다. 근육질이나 대머리인 오십대의 남자. 헐리웃 영화에 나오는 그렇고 그런 남자의 모습이 연상된다. 술 담배는 하지 않고 다른 여자에게 한 눈도 팔지 않으며, 돈은 조금 벌지만 쓰지도 않는 지극히

---

1 1963-. 1983년 [조선일보] 신춘문예에 <상실의 계절>이 당선되었다. 1980년대에는 불안한 사회 현실 속에서 삶의 지표를 상실한 채 방황하는 개인의 모습, 폐쇄된 시대 상황에 대응하면서 온몸을 던져 싸우는 젊은이들을 많이 그렸다. 1990년대 중반 이후부터는 현실 사회를 향해 있던 관점에서 떠나 개인의 일상 공간으로 들어가면서 개인의 존재와 가치를 추구했다. 그러면서 삶의 주변에서 주목받지 못했던 평범한 인물들의 존재 방식과 그 특징적인 삶의 양상에 주목하는 작품들을 많이 발표하고 있다.

평범하고 수줍은 남편은 변변한 친구도 없어 세상과 이어지는 어떤 끈도 없다.

남편의 고객들은 거의 다가 젊은 여자애들인데 남편은 친절하다기보다는 공손했고, 공손하다기보다는 때때로 비굴할 정도였다. 늘 웃는 남편을 향해 어린 여자가 돌아서며 '병신 아냐'라고 욕을 해도 여전히 웃으며 모른 척한다. 남편이 난생처음으로 뭔가를 얻었는데, 시골에 살던 고모부가 남긴 폐가였다.

어느 날 이삿짐에 묻어 들어온 잡종 개를 남편이 애지중지 키웠는데 그 개가 차에 치여 죽었을 때 개의 피로 온몸이 젖은 남편은 사체를 쓰레기자루에 넣겠다고 현관으로 안고 왔고, 아내는 들이지 말라고 악을 쓰며 당장 꺼내서 묻어주라고 신경질적 반응을 보이자 남편은 말없이 그녀의 손목을 거머쥐었다. 손목이 부서질 듯한 손아귀 힘이었고, 더 이상 비명을 지를 수도, 악을 쓸 수도 없이 공포감이 엄습한다. 쓰레기장에 개의 사체를 버린 남편은 일상적으로 중얼거린다. "여기 묻을 데가 어디 있다고 그래."

소설의 마지막 두 쪽. 아내의 수다스러운 팔자타령이 툭 끊어지고 이제까지 침묵했던 남편이 화자로 등장하면서 그의 시점에서 새로운 장면이 시작된다. 그가 시골집에 들른 것이다. 그가 시골집에 가는 것은 열쇠를 하나씩 가져다 던져놓기 위해서다. 열쇠를 던져놓을 때마다 원룸들이 제각기 번성하고 어린 여자아이들이 소리 죽여 몸을 씻고 잠을 자고 생글생글 웃기도 했다. 그가 키우는 것은 세계였고 공간이다. 그곳에서는 평생을 혼자 살며 가난하게 늙어죽은 고모부도 만날 수 있다. "뭐, 이만하면 잘 죽은 거 아니냐." 남편은 세상에서 가장 풍성한 고독을 가진 남자이다.

　남편의 시골집 공간과 아내의 서울집 공간. 이 소설에서 부부는 섬처럼 떨어져 있다. 인간 사이의 여러 모순적인 관계를 가장 상징적으로 보여주는 사이인 부부. 남편은 남편대로 아내는 아내대로 각자 도생의 방법을 갖고 산다. 각자 도생의 길이 부부라는 인연 안으로 결코 융해되지 않고 불량 참기름 병 안에 든 물과 기름처럼 경계막을 형성하고 있다. 겉으로는 그저 일상적인 일만 일어나는 인간 세상이, 그 안으로 들어가 보면 개체로서의 인간이 처한 적막한 고독이 드러난다.

　남편은 자신 바깥의 무엇과도 관계맺음 없이 살았다. 순진한 웃음은 자신을 지키고 감추기 위해 세상에 보인 도구이다. 세상에서 누구도 관심을 기울이지 않으며 자신의 힘으로 벌고 자신의 돈으로 개인화물업을 시작했을 것이며, 아내는 있지만 실제로는 홀로 살아갔을 것이다. 그것은 아내도 마찬가지이다. 그래서 스스로 만든 그 빈집은 일상의 남편이 자신의 존재를 확인하기 위해 찾아가는 형상의 공간이며 자신의 존재를 확인하는 유일한 거처이다. 소설 속의 부부 뿐 아니라 세상의 모든 사람들은 황석영의 말처럼 "섬처럼 떨어져 있다." 각각의 섬은 자신의 힘으로 산다.

텃세와 뒤끝의 세상에서 살아남는 법 _ 공선옥

서구에서 이성의 해체를 말할 때 한국에서는 농촌이 해체되고 있었다. 사람 없는 집이 오지 않는 새로운 사람을 기다렸고 외진 곳에 있는 초등학교에서는 더 이상 아이들의 모습을 찾을 수 없었다. 지난 이십여 년 농촌은 고령화 사회의 상징처럼 변해갔다. 농촌에서 돈을 버는 곳은 병원과 약국 두 군데 뿐이었다. 최근 들어서는 농업 법인이나 대규모 자영농이 생겨나면서 해체 이후가 모색되고 있다.

공선옥[1]의 <타관 사람>은 그런 시골이 무대이다. 시골에서 서울로 갔다가 가족만 해체된 채 다시 시골로 간 갑철의 며칠을 그리고 있다. 살기 위해 서울로 갔다가 살지 못하고 그래도 살기 위해 다시 시골로 간다. 갑철이 빈집을 찾아 지리산 외진 마을에 온 것은 산동-남원 간 도로 공사장에서 만난 진갑이라는 사내 '덕분'이었다. 진갑은 농촌에서 살다가 가정이 파탄나고 떠돌이가 되었다.

갑철은 진갑이 살던 빈집에서 겨울을 나고 고아원에 있던 조카를 데려온다. 그는 시골에서 정착할 준비를 한다. 여기서 만나는 사람들은 회도 팔고 술도 파는 가겟집의 혼자 사는 여자 순임, 노인 몇 사람, 폐교에서 아이들 셋과 사는 여자 등 삶의 바닥을 보았거나 벗어날 곳이 없는 이들이다. 조카가 들어간 초등학교는 전체 아이들이 쉰 명쯤 되고 교사도 몇 명뿐인, 내일 당장 사라진다 해도 이상

---

[1] 1964-. 1991년 [창작과비평]에 중편소설 <씨앗불>로 등단했다. 여성의 운명적인 삶과 모성애를 뛰어난 구성력으로 생생히 그려낸 작품이 주를 이룬다. 그의 소설의 주인공들은 여성 이외에도 소외된 사람들이 있는데, 그들의 모습과 가난의 문제를 깊은 애정을 가지고 힘겨운 삶을 생동감 넘치는 활달한 문체로 적고 있다.

할 리 없을 정도이다. 사람들이나 상황들은 빈 밥그릇만 남은 밥상 위의 생선 가시처럼 앙상하다. 그래도 아직까지 두메산골의 두레 정신은 희미하게 남아 있다.

갑철은 노망 든 어머니, 말기 암 환자였던 형, 파출부 형수, 외동 아들 조카와 더불어 도시에서 산 도시빈민이었다. 어머니가 별세한 뒤 갑철이 일감을 찾아 집을 나선 듯하다. 형은 객사했고 형수는 집을 나가 조카는 고아원에 맡겨졌다. 시골의 해체와 근대화가 이들을 도시빈민으로 만들었고 도시는 그 가족을 해체했다. 7,80년대 시골에서 도시로 올라가면 가족 모두가 일할 수 있어서 가계 소득이 늘고 살림은 시골에서보다 윤택해진다. 그러나 그 소득이라는 것은 맨날 제자리 걸음이거나 굼벵이 걸음이다. 처음 몇 해는 좋았으나 가진 게 저임금 노동력뿐이니 소득이 정체되고 오르는 것은 집값뿐이다. 허리가 휘게 일해도 내집은 장만되지 않는다. 그래서 도시 이주 가족은 점차 변두리로 내몰리고 누군가가 병이라도 들면 급격히 무너져 내렸다.

다행히 갑철은 유일한 피붙이인 조카 홍기를 데리고 지리산 섬 진강 기슭으로 왔고 홍기는 그곳에서 학교에 들어갔다. 이 점은 상징하는 것이 큰데, 사람에게 가장 기본적인 두 가지가 생존과 개체의 지속임을 고려할 때 갑철에게는 가장 기본적인 두 가지만 남았다. 홍기는 갑철이 나은 자식이 아니라 조카이지만 그래도 피가 섞여 있다. 봄비를 맞고 또 난생 처음 학교생활로 몸이 고돼 몸살이 든 홍기로 인해 가겟집 여자의 도움을 얻었으나 취기가 올라 그 집에서 자는 바람에 갑철은 못내 언짢은 기분이 된다. 봄비에 무너진 담을 동네 사람들이 쌓았는데 빵이며 콜라며 돼지고기며 술을 사고 또 저녁까지 내는 바람에 인부 사서 쓰는 것보다 더 많이 들어갔다. 뜯어내는 기술은 우리 땅에서 지위고하를 가리지 않는다.

 아마도 그러면서 몇 천 년을 살았는지 모르는데, 뜯어내는 기술조차 빈곤하게 살면서 터득한 삶의 지혜이다. 급기야 마을 사람들은 갑철을 끌고 순임의 노래방으로 간다. 노래방에서 노래를 부르는 학교 선생들 가운데에는 오늘 낮 홍기의 머리카락을 잡아당긴 교감도 있다. 동네에 정을 붙이지 못한 갑철은 떠날 것인가 말 것인가로 고민하고, 떠나더라도 그 교감의 귀밑머리를 한번 들었다 놓고 떠나겠다고 결심을 하는데, 아마도 그것을 실행에 옮길 찰나 어느새 달려온 가겟집 여주인의 커다란 젖가슴이 갑철의 머리를 감싸 안으며 그의 객기를 막는다.

 <타관 사람>에는 세상에 그저 던져진 갑철의 가족이 생존을 위해 시골에서 도시로, 다시 조카와 함께 시골로 간 갑철의 삶이 함축적으로 묘사돼 있다. 이 소설의 제목이 <타관 사람>임에 흥미를 느끼는데 해석은 제각각이겠으나 세상의 많은 사람들은 '타관 사람'으로 살아간다. 그래서 더욱 필요한 게 타관에서 살아가는 지혜이다. 그런 지혜에 도덕이나 윤리, 정의 등의 잣대를 들이대는 것은 어리석은 일이다. 담장을 고치는데 인부를 사는 것보다 돈이 더 든다고 해도 마을사람들에게 뜯기는 것이 타관 사람의 지혜이다. 가장 지혜롭게 사는 이는 모든 것을 수용하는 가겟집 여자 순임일 것이다.

순임은 텃세와 뒤끝이 있는 시골에서 개체가 갖춰야 할 덕목들을 갖추고 있다.

좌절되는 시원 찾기와 상승 욕구 _ 윤대녕

반야심경의 핵심, '조견오온개공'照見五蘊皆空, '오온이 모두 다 공함을 비추어 보고,' '도일체고액'度一切苦厄 '온갖 괴로움과 재앙을 멸했다.' 오온은 '색色·수受·상想·행行·식識'을 가리키고 우리가 생각하는 자아도 잠정적으로 결합된 '색·수·상·행·식'의 다섯 가지 요소에 다름 아니다. 그래서 삶은 오온이 순간적으로 모였다가 흩어지고 다시 모였다가 흩어지는 과정의 연속일 뿐이다.

'도일체고액'을 지나니, 색色은 공空이고 공은 색이어서, 현실에 사는 색으로서의 나는 현실 안에서도 늘 공한 존재이다. 이렇게 될 때 인간은 자신의 정체성을 찾기가 어려워지고 우리의 자아가 그 자체로는 독립적 실체를 가질 수 없다는 귀결에 이르게 된다. 이 길은 아리스토텔레스가 제시했던 제일실체가 제이실체를 향해 나아가는 운동을 불가능하게 만든다.

석가모니는 이를 해결하기 위해 '연기'緣起를 말하는데 '이것이 있기에 저것이 있'으니 세상의 모든 개체가 예외 없이 다른 무엇에 의해 생겨난다. 다른 무엇은 아리스토텔레스가 말하는 종 개념이나 유 개념이 아니라 나와 수평의 질서 위에 있는 무엇이다. 아리스토텔레스는 제일실체를 말하면서도 그 제일실체가 '돌아갈' 궁극적인 제이실체로서의 제일원인이 있으나 연기에서는 그저 색이 멸해서 공으로 가면 그만이니 허무의 절정이다. 인간은 고독 속에 있으면서도 의탁할 곳을 찾는다. 그런 점에서 아리스토텔레스는 매우 현실적인 철학인 반면에 석가모니의 가르침은 사람이 쉬이 받아들이기 어려운 철학이다. 이를 설파하듯 윤대녕[1]의 <지나가는 자의 초상> 속 인물들은 정체성을 찾아 헤맨다.

<지나가는 자의 초상>은 도서관 사서라는 조용한 직업을 가진 황동우 청년의 연애담이다. 청년이 여자들과 만나고 헤어졌다가 다시 만나는 인과 관계들은 별다른 결실이나 의미도 없이 허망하다. 허망한 만남과 헤어짐 속에서 인물들은 방향을 잃고 헤맨다. 그 인물들은 지극히 개인적이면서 가족으로부터 뛰쳐나와 살고 있다. 김인숙의 <빈집>이 부부의 관계를 포기하지 않았고, 공선옥의 <타관사람>이 해체된 가족에서 그나마 유일한 혈육으로 조카를 건졌으나 윤대녕의 소설에서는 그런 혈연관계가 보이지 않는다.

사람의 인연은 그저 흘러왔다 흘러간다. 한 여자가 낙태하고 사라진 뒤에, 몇 년의 시간이 지나서 자신을 좋아했던 또 다른 여자와 황동우는 거리에서 우연히 마주친다. 어색하게 서로의 안부를 묻고 그녀가 핸드백에서 명함을 꺼내주려다 만다. 그리고 별다른 약속도 없이 각자의 길을 간다.

---

[1] 1962–. 1988년 대전일보 신춘문예에 <圓>이 당선되어 등단했다. 1995년 소설집 [은어낚시통신]이 큰 반향을 일으키면서 90년대를 대표하는 작가로 분류됐다. 정치·사회 쟁점에 무관심, 도시다운 감수성, 수공업다운 정성이 느껴지는 미문美文 등이 돋보인다.

윤대녕 소설들의 인물들은 정체성을 잃은 채 방황한다. 그것은 살아가는 지혜를 터득하지 못한 삶이다. 그들의 걸음에는 백팔번뇌가 배어 있다.

"어쩐지 저는 누구의 상대도 될 자격이 없다는 생각이 들어요. 우선 그런 마음에서 헤어나야잖아요. 제가 지금 어디에 있는지조차 저 자신도 모르고 있는 상태 알아요? 어느 날 문득 저는 저 자신을 잃어버렸단 생각이 든단 말이에요. 늘 전생을 복습만 하고 있단 느낌이 든단 말이에요. 그래서 끔찍한 권태에 시달리고 있단 거예요."

그렇게 허물어질 수 없는 그들은 시간을 거슬러 올라가는 일에 몰입하는데, 그 몰입은 여행으로 이루어진다. 시간을 거스름은 시원으로 돌아가고자 하는 욕망이다. 하지만 그 여행은 종종 수포로 돌아간다. 마치 주인공이 가을비 속에서 술을 마시다가 즉흥적으로 상행을 결심하지만 일이 꼬이는 바람에 차를 놓치고 마는 것처럼 말이다.

욕망의 실패는 시원을 찾지 못하는 것인데 상승하지 못한 채 번뇌만 쌓은 업이다. 윤대녕의 소설에서는 여행이 자주 등장하는데 그것은 현실에 발을 붙이지 못하는 이들이 발붙일 곳을 찾아 나서는 시원 찾기와 상승 욕구의 방편이다.

윤대녕은 소설의 처음과 끝에 동물을 넣어두었다. 몇해의 시간이 흘렀으나 자연은 바뀐 게 없으니 황동우, 그리고 그 여자들은 그져 그 시간들을 지나갔을 뿐이다. 인간은 끊임없이 상승하려 하고 시원을 찾으려 하나 그것이 여의치 않다. 그저 고독한 개체로서 살다가 갈 뿐이다. 그것이 정보사회와 신자유주의 시대를 사는 인간들의 실존일 것이다. 아무 것에도 의존하지 못한 채 도서관 서고에 웅크리고 있는 황동우처럼 우리들은 모두 자신의 공간 속에서 그렇게 웅크리고 있다. 개체는 살기 위해 끊임없는 시도와 운동을 하지만 늘 제자리에 머물러 있다.

포장하고 살아야 하는 SNS의 공간 _ 이보라

개인적 경험인데 몇 해 전 전기설비 자영업을 30년 동안 경영했다는 이가 이런 말을 했다.

"요즘 경기가 아무래도 좋지 않아 예전보다 물량은 줄었지만 그래도 나는 죽는 소리는 안합니다. 물량이 줄었어도 사람들에게는 늘 바쁘다고 말하지요. 그래야 사람들이 일감을 줘요. 일감 달라고 하면 저 사람 일이 없구나 해서 일을 더 안준다니까요."

그런 생활이 SNS족의 삶 속에 배어 있어서인지 SNS 시대에 인간은 한없이 행복해 보인다. 블로그 · 페이스북 · 밴드 · 카카오톡 · 트위터 등 이곳저곳에는 아주 좋은 개인 발신들만 있다. 그러나 이 스마트한 시대에 인간은 스마트하지도 않고 행복하지도 않다. SNS

의 많은 글들이 마치 고도자본주의의 거품처럼 부풀려져 있고 그 글을 올린 사람들은 그 뒤에서 삶에 힘들어하고 있다.

이보라[1]의 단편소설 〈바깥에서〉는 그의 단편소설집 [바깥에서]에 실린 것인데, SNS 시대를 사는 개체의 모습이 담겨 있다. 사람들은 SNS의 사이버 공간에 탐닉한다. 그 공간은 어머니의 자궁 같기도 하고 플라톤이 말하는 형상계 같기도 하며 천국 같기도 하고 극락 같기도 하다. 현실의 공간에서 그다지 성공적이지 못한 개체들은 증명서를 제출하지 않아도 되는 그 공간에서 자신을 포장한다. 그 포장은 늘 과대포장이지만 과대광고라고 제재를 받는 일은 없다. 사람들은 SNS에서 사진과 단문을 도구 삼아 최선을 다해 살아간다.

이 소설은 그렇게 페이스북에서 만난 노마드와 내가 '세상 바깥'에서 만나는 이야기이다. SNS에서 볼 때 이 세상은 '세상바깥'이다. 노마드의 정보란에 실린 가족은 아버지밖에 없다. 노마드의 말로는 가출한 어머니와 출가한 누나, 그리고 의사인 아버지가 있다. 세상바깥은 실로 무수한 비밀과 의혹의 사각지대이다.

나와 노마드는 한달에 한번씩 페이스북 동호회 '거꾸로 가는 시계'에서 만났는데 그 모임에 오는 사람들은 명함을 꺼내거나 말로써 자기를 소개하지 않았지만 이미 재력 있는 CEO이거나 실력 있

---

[1] 1974-. 1997 [현대문학]에 단편 〈과메기〉로 등단했다. 소설집 [내가 아는 당신] (2005), [바깥에서] (2014), [사람꽃 연화] (2015), [흰여울길] (2017)을 냈다.

는 아티스트였다. 그러나 모임 참석자들은 페이스북의 정보란과 사실이 다르다는 것을 확인하고 돌아가면 물갈이하듯 친구관계를 정리했다. 친구를 맺는 것도 클릭 한번으로 되듯이 친구를 끊은 것도 클릭 한번으로 족했다. 그런 점에서 노마드는 늘 우세했다. 나는 가끔 친구 수가 줄지 않는 그를 부러워하거나 질투 했지만, 지금 그가 나와 연애 중이라는 사실로 충분하다고 생각했다. 그러나 어느 날 노마드는 잠든 채 석모도 해변으로 밀려왔다.

"나는 그 누구의 것인지 알 수 없는 시원을 찾기 위해 그를 찾아 다녔다. 우선 노마드가 근무하는(아니다 한다고 들었던) 갤러리로 갔다. 그런 사람 없습니다. 그 다음에 노마드가 졸업한(아니다 했다고 보았던) 대학교로 갔다. 우리 학교 졸업생이 아닙니다. 그에 대한 정보가 세상 바깥으로 바닷물처럼 끌려가는 대로 사실이 갯벌처럼 드러났다. 세상 바깥에서 맺었던 그와 나의 관계는 갈매기 다리 같은 것이었나. 죽을힘을 다해 배를 쫓으며 그네들이 만드는 하얀 그것처럼, 관계는 순식간에 허물어졌다."

그 다음 찾아오는 것은 배신감이다. 몇 해 동안 믿으며 다녔던 단골 주유소가 실은 가짜 휘발유를 팔았다는 것을 알았을 때 느끼는 심정 같은 것이 남는다.
노마드의 모습은 SNS 시대를 사는 사람들의 민낯이다. 그래도 우리는 SNS에 올리는 과대포장에 대해 부도덕함을 느끼지 못한다.

부도덕도 지혜가 되면 윤리적인 것이 된다. 마치 거짓말을 정당화 하는 상황논리처럼 말이다. 그래서 이 소설에서 노마드는 나쁜 사람으로 그려지지 않는다. 우리 모두가 SNS라는 같은 배에서 각자 포장을 한 채 살아가는데 남의 뜯겨진 포장지 안에 든 내용물이 부실하다고 그것을 질책할 수는 없는 일이기 때문이다. 그러면 나의 포장지도 뜯어야 한다. 모든 사람은 나만 빼고 위선자인 게 아니라, 나도 모든 사람에 들어간다.

개체가 누려야 하는 것은 오늘의 행복이다

소설은 시대를 초월해 늘 개체가 살아남아야 하는 현실에 천착했다. 철학은 그렇지 않은 것 같지만 철학의 출발도 개인의 문제의식이다. 플라톤이나 아리스토텔레스나 마찬가지이다. 그런데 세상에 던져진 사람들은 지금 마케도니아 대제국 시대를 사는 시민이나 노예의 처지이다. 어느 시대도 플라톤이 그린 이상적인 폴리스가 되지 못했다. 그런 점에서 플라톤보다는 아리스토텔레스가 훨씬 더 현실적이다.

그런데 아리스토텔레스는 개체가 운동을 하는 목적을 행복을 잡기 위해서라고 하는데 삶을 걱정해야 하는 개체는 아무리 운동을 열심히 해도 행복을 잡지 못한다. 그래서 사람들은 아리스토텔레스의 행복론을 따를 것이냐, 아니면 진화심리학자들의 행복론을 따를 것이냐를 두고 고민한다. 철학은 아리스토텔레스의 행복론을 강요하는 것 같다.

　소설은 그렇지 않다. 우리는 오늘 하루 행복하면 그만이다. 사람은 누구나 이기적인 유전자를 갖고 있는데 이기적 유전자가 개체의 생존을 담보한다. 유전자 안에 전체에 대한 관념은 들어 있지 않다. 다만 오도된 철학의 학습이 마치 이상적인 무엇이 있는 것처럼 그려 놓았다.

플로티노스
신의 존재를 드러내다
김동리 · 선우휘 · 황순원 · 백도기
· 박영준 · 김원일 · 이문열

    내가 의식적으로 철학을 하든지 하지 않든지 관계없이, 나는 지금 철학을 하고 있다. 이것은 모든 사람에게 공통이다. 철학사에 소개된 철학자들, 그리고 소개되지 않은 철학자들까지 포함해서 모든 철학자들은 나를 중심으로 그려진 원의 원주圓周 위에 있는 점들이다. 어떤 점을 선택할지는 나의 주관에 달려 있다.

    사람들은 플로티노스(204-270)를 중요한 인물이라고 생각하지 않는 경향이 있다. 특히 한국에서는 서양보다 더 그렇다. 그럴 수밖에 없는 것이 그가 살았던 때는 서기 3세기였으니 그리스는 이미 사라졌고 로마는 언제 몰락할지 모를 정도로 엉망진창인 모습을 보일 때였다. 벨기에의 종교역사가이자 고전문헌연구가인 프란츠 쿠몽(1868-1947)이 "로마 제국 안에서 3세기만큼 적은 정보를 가진 경우는 없었을 것이다"라고 말할 만큼 3세기의 로마는 암울하고 비관적인 분위기였다.

그리스 로마 철학에 그리스인과 로마인들조차 관심이 없을 때, 그리스 철학에 대한 주석을 아랍인들이 열심히 달 때, 플라톤을 열심히 탐구한 이가 있었으니 이집트에서 태어난 플로티노스이다. 그는 탐구에 그치지 않고 플라톤 철학을 계승해 신플라톤 철학을 창시했다. 플로티노스는 플라톤의 가르침을 명료하게 설명했고 플라톤이 제시한 이론들을 일관되게 발전시켰다.

그가 유물론에 반대해 펼친 논증은 매우 훌륭하며, 영혼과 육체의 관계에 대한 개념은 스승으로 여긴 플라톤이나 아리스토텔레스보다 훨씬 명료하다고 러셀은 말한다. 그의 철학은 중세에서 시작된 신학의 확고한 이론적 토대가 되었고 그것들은 현대신학에까지 그대로 이어진다. 그를 나의 철학의 준거로서 선택할 필요는 없을지 몰라도 그의 텍스트를 살피는 일은 필요하다. 플로티노스를 제대로 안다는 것은 플라톤에서 시작해 아리스토텔레스와 아우구스티누스를 거쳐 아퀴나스(1225-1274)까지 안다는 것이므로 실로 천오백년의 서양 철학사를 아는 것이 된다. 그는 같으면서 다른 네 철학자의 한 가운데에 있다.

삶 자체가 신비한 사람

플로티노스는 이집트의 리코폴리스에서 태어났다. 지금은 아시유트라고 불리는 이곳은, 역사가 5천년 이상 된 도시인데, 나일 강

서쪽의 비옥한 농경지로 둘러싸여 있으며 아프리카의 남과 북을 잇는 교역로의 중심이었다. 지금도 그 전통이 있어 같은 이름인 아시유트 주의 주도이며 이집트 콥트 정교회의 본산이기도 하다.

콥트 정교회는 동방 기독교의 한 교파인 오리엔트 정교회[1]에 속하는데, 이집트와 북동 아프리카 및 중동에 기반을 두고 있다.[2] 플로티노스 역시 콥트 정교회의 영향을 받지 않았을까 추측할 수 있겠으나 증거는 없다. 다만 콥트 정교회, 그러니까 동방 기독교의 본산에서 태어나고 자랐으므로 그의 성장기에 어떤 형태로든 기독교가 영향을 주었을 것이다.

그는 스물여덟 살에 고향을 떠나 알렉산드리아로 갔다. 그곳에서 만난 이가 암모니우스 삭카스[3]였고 232년부터 243년까지 11년 동안 그로부터 플라톤 철학을 배웠다. 플로티노스는 암모니우스 삭

---

[1] 로마 기독교가 아니라 동방 기독교는 동방 정교회, 오리엔트 정교회, 아시리아 동방교회, 동방 가톨릭교회 등 네 교파로 나누어진다. 이 동방 기독교는 지금의 이슬람교가 있는 자리에 있던 교파들이다. 그러나 이슬람교가 등장하면서 자리를 내어주었는데, 그럼에도 아시유트처럼 이슬람교와 기독교가 공존하고 있는 지역들도 많다. 다만 지금은 기독교와 이슬람교가 사력을 다한 전쟁을 벌이는 여파로 인해 종교에서도 점차 이런 지역의 기독교는 쇠락해 가고 있다.
[2] 콥트 정교회에는 세계적으로 약 1천 8백만 명에서 2천 2백만 명의 신자가 있으며, 그 중 이집트에는 약 1천만 명에서 1천 5백만 명의 신자가 있다. 이집트에서는 가장 교세가 큰 기독교 종파이다.
[3] 암모니우스 삭카스(Ammonius Saccas)는 알렉산드리아 출신의 그리스 철학자이다. 암모니우스는 고대 철학사에서 가장 신비로운 인물인데 전통적인 플라톤주의와 비슷한 사상을 갖고 있었다고 한다. 그는 그리스도교 신학자인 오리게네스에게 철학을 가르쳤다. 후대 기독교 작가들은 그를 성경 본문을 쓴 알렉산드리아의 암모니우스(Ammonius of Alexandria)와 같은 인물이라고 생각해 기독교인이라고 주장했지만 객관적인 증거는 없다. 오히려 인도의 힌두교 수도승이거나 플라톤주의를 추종하던 교사라고 추정되기도 한다.

카스의 강의를 듣고는 이렇게 외쳤다고 한다. "이 사람이 바로 내가 찾던 사람이다!" 플로티노스는 플라톤의 사상에 크게 감동해 플라톤 철학 해석자의 길을 선택했다.

플로티노스의 삶에 대한 기록은 제자인 포르피리오스가 스승의 글을 편집한 책 [엔네아데스]에 서문으로 붙인 <플로티노스의 생애>가 유일하다. 포르피리오스는 플로티노스의 생애 마지막 6년 동안 그와 함께 로마에 살았다. 따라서 플로티노스의 생애를 포르피리오스도 제대로 알지 못한다. 플로티노스의 작품들은 자신에 대한 어떤 정보도 담고 있지 않으며 젊은 시절의 정신이나 성격을 엿볼 수 있는 간접적인 정보도 없다. 포르피리오스도 말하길 플로티노스는 자신의 부모나 동족, 조국에 대해 말한 적이 없다고 한다. 그가 리코폴리스에서 태어났다고 하나 그것이 그가 이집트인이라는 증거가 되진 않는다. 다만 분명한 것은 그가 그리스 말을 했고 그리스어로 교육을 받았다는 점이다.

플로티노스는 페르시아와 인도철학을 공부할 목적으로 고르디아누스 3세(224년 추정-244년)의 페르시아 원정(243년)에 동행했다. 그러나 고르디아누스가 메소포타미아에서 병사들에게 살해당한 뒤 간신히 도망쳤다. 이듬해인 244년 로마로 갔고 그곳에 정착했다.[1]

그가 로마로 간 것은 매우 의아한 일이다. 왜냐하면 그 당시 로

---

[1] 로마에서는 갈리에누스(218년 추정-268년) 황제와 그의 부인 솔로니나의 신임을 받아 플라톤 왕국 건설을 제안 받기도 했다.

마는 철학자들이 잘 가지 않는 곳이었다. 다만 포르피리오스의 기록에 따르면 그가 플로티노스를 만날 때 플로티노스는 원로원 귀족 출신의 많은 친구들 및 제자들에 둘러싸여 있었다고 한다.

만년의 플로티노스는 검소했고 품위가 있었으며 안락하게 살았다. 사회활동과 가르치는 일에서는 명성이 높았고 논쟁에서는 심판자의 역할을 했으나 적을 만들지 않았다. 귀족들이 플로티노스를 자손들의 후견인으로 지목하는 일도 많았다. 그는 양심적으로 로마 법률에 따라 그들의 재산을 관리하고 자손들을 가르쳤다. 그는 자신과 타인에게 똑같이 충실했으며 어떤 방식으로든 그와 알고 있는 사람들에게는 친절하고 마음 편한 사람이었다.

어지러운 사회를 떠난 철학함

플로티노스의 사유방식이나 지적·종교적 충실성은 헬레니즘의 전통 위에 있다. 이것은 그가 암모니오스 삭카스의 제자였기 때문일 수도 있고 성정이 헬레니즘적 전통과 맞았기 때문일 수도 있다.

그는 로마에 정착한 뒤 사람들을 가르치는 일에 몰두했다. 그의 강의는 플라톤이나 아리스토텔레스의 저작에 붙인 철학자들의 주석을 낭독하고 그에 대해 참석자들이 자신의 견해를 피력하는, 콜로키움 같은 것이었다. 플로티노스는 토론에 제한을 두지 않았다. 참석자들이 제기한 문제에 대해서는 결론이 날 때까지 토론했다. 뇌혈관계 질환 때문에 시력이 좋지는 않았지만, 토론을 즐겼고 한

번 문제에 몰입하면 몇날며칠을 밥 먹는 것도 잊어버릴 정도였다고 한다. 그는 성격이 부드럽고 판단력이 매우 공정해 그를 찾아오는 사람도 많았고 경제적 후원을 하는 이들도 많았다.

로마에서의 첫 십년을 가르치는 데 보낸 그는 마흔아홉 살이 되어서야 콜로키움의 참석자들을 위해 글을 쓰는 데도 힘을 쏟았다. 이것들을 모은 책이 [엔네아데스]이다. [엔네아데스]에는 교양 수준부터 전문가 수준까지 다양한 난이도의 글들이 실렸는데 아주 어려운 글들은 포르피리오스나 아멜리우스 젠틸리아누스[1], 에우스토키우, 카스트리키오스[2] 같은 전문가들을 위해 쓴 것으로 추측된다.

플로티노스의 저작에는 당시의 어지러운 사건들에 대한 언급이 전혀 없다. 그는 현실의 황폐하고 비참한 모습들에는 관심이 없었던 것 같다. 그보다는 선하고 아름답고 영원한 세계를 관조하는 쪽으로 관심을 기울였다. 그에게 가치가 있는 곳은 내세였다. 그리스도교도에게 내세는 사후에 즐겁게 지낼 천국이었다. 플라톤 학파에게 내세는 영원한 이상 세계, 곧 온갖 오류와 욕망들로 점철된 현상계와 대립하는 세계였다.

신학자이자 성공회의 성직자인 윌리엄 랄프 잉에는 이렇게 말했다. "나는 신학이 그 자신을 오랫동안 보살펴 온 유모와도 같은 플라톤 철학을 내버리는 순간, 그 같은 행위는 자신의 높은 지위를 땅

---

[1] 아멜리우스는 기독교도가 아니었는데 제물을 바치는 의식에 참석하기를 좋아했다고 한다. 기독교도인 플로티노스는 그럼에도 아멜리우스를 멀리 하거나 비난하지 않았고 허물없는 친구로 지냈다.
[2] 카스트리키오스는 로마의 명문 가문이라고 한다.

바닥에 내동댕이쳐버리고, 나아가 대중의 미신 행위를 이용하려 드는 사람들의 손에 그것을 넘겨줄 수 있는 위험천만한 일이라는 생각에 확신을 가지게 되었다."[1]

아우구스티누스는 말하기를 "오류의 구름을 말끔히 걷어내는 플라톤의 언변, 철학 전반에 걸쳐 가장 순수하고 해박한 그 능력이 유독 플로티노스에게서 빛을 발했으니, 플라톤주의 철학자로서 그는 사람들의 동시대의 인물처럼 간주하듯, 그래서 마치 그 둘 사이의 엄청난 시간적 간격[2]도 플로티노스에게서 플라톤이 다시 살아났다고 말하는 것을 막지 못한 것처럼, 그는 그의 스승과 동등하게 평판을 받았다."[3] 잉에는 또 말하기를 "내게는 적어도 토마스 아퀴나스가 실재적인 아리스토텔레스보다 플로티노스에게 훨씬 더 근접해 있다는 점이 명약관화한 사실로 보인다"[4] 라고 했다.

플로티노스는 이렇게 물었을 것이다. 플라톤주의자들에게 필연적으로 제기된 그들의 출발점이 무엇이었는가? 마침내 궁극적으로 도달하고자 했던 필연적인 목표는 무엇이었는가? 한마디로 무엇이 그들에게 궁극적인 목적이었는가?

일자는 어디에 어떻게 있는가?

---

1 윌리엄 랄프 잉에, [플로티노스의 신비철학], 조규홍 옮김, 누멘, 2017. p.47.
2 플라톤은 기원전 428년부터 348년까지 살았고, 플로티노스는 서기 204년부터 270년까지 살았으니 태어난 해를 기준으로 할 때 두 사람 사이에는 631년의 간격이 있다.
3 아우구스티누스, Against the Academics(Contra Academicos), 3, 18.
4 잉에, p.63.

이에 대해 대답하려면 플로티노스의 철학이 어떻게 플라톤을 계승해 신학에 이론적 토대를 제공했는지를 살피면 된다. 플로티노스 사상의 핵심은 '일자一者'와 '유출'이다. 먼저 플로티노스의 형이상학은 일자一者·정신·영혼의 성 삼위일체에서 시작한다.[1] '일자'가 최고 자리에 있고, 정신이 다음에 있으며, 영혼은 마지막에 있다.[2] 플로티노스는 플라톤에서 해결되지 않았던 지고한 존재의 해명을 일자를 통해 해결하려 한다.

일자는 때로는 '신'이라 불리고 때로는 '선 자체'라고 불린다. 일자는 일자에서 유출되는 최초의 필연적 결과인 존재를 초월한다. 따라서 일자는 존재 너머에 있다. 우리는 일자에 대해 속성을 부여해서는 안 된다. 우리가 일자에 대해 설명할 수 있는 유일한 말은 "일자는 존재한다"라는 것뿐이다. 일자는 때로는 '선 자체'라 말해지지만 '선'이나 '미'보다 앞선다.

이 이론은 플라톤과 유사하면서 다르다. 플라톤에서는 이데아라는 것들이 있고 그 이데아들의 최고는 '선의 이데아(형상)'이다. 플라톤은 '선의 이데아'와 '이데아' 사이의 위격에 대해 명확하게 설명하지 않는다. [폴리테이아] 509f에서 '선' 또는 '일자'를 가리키며 "존재 너머의 것"으로 표현하면서 넘어간다. 플라톤은 '선의 이데아'

---

1 정신이 지향하는 종착점은 '일자'이다. 의지(영혼)가 지향하는 종착점은 '선'이다. 열정 또는 사랑이나 탄복(감정)이 지향하는 종착점은 '아름다움'이다." '일자'는 '진眞'이므로 이것은 진과 선과 미를 가리킨다.
2 플로티노스의 삼위일체는, 하느님 아버지(성부)인 유일신은 그의 독생자(성자)를 이 세상에 보내어 성령으로써 인류를 구원한다는 그리스도교의 삼위일체와 위격이 다르다.

를 '신'이라고 부르지 않는다. "선의 이데아는 가시적인 세계 안에서 빛의 부모 또는 주인처럼 드러날 것이며, 정신적인 세계에서는 이성의 직접적인 원천이자 진리로 드러날 것이다." 플라톤은 여기까지만 말했다. 그는 그것을 '신'이라고 부를만한 열망을 갖고 있지 않았다. 그가 기원 후 시대가 아니라 기원 전 시대에 살았다는 것이 변수가 될지는 모르겠다.

일자가 '선 자체'라 함은 '선의 이데아'에서 가져온 것이다. 플로티노스는 그것을 '신'이라고 부른다. 플라톤은 선의 이데아를 두고 존재하므로 설명 또한 가능하다고 본 반면에, 플로티노스는 일자를 두고 존재하지만 설명은 불가능하다고 본다. 일자는 정의를 내릴 수 없으므로 신에 대해서는 어떤 말보다 침묵이 훨씬 더 진리와 가깝다.

일자는 존재 너머에 있으며, 따라서 현실태 너머 또는 정신 및 사유 너머에 있다.[1] 그것은 정신과 감각과 생명 너머의 완전한 현실태이다.[2] 우리는 저 일자를 첫 번째 현실태 또는 첫 번째 가능태라고 불러야 할지도 모른다. '일자' 안에 가능태와 현실태의 구별이 없는 한에서 말이다.[3] 하지만 엄격하게 말해서 가능태와 현실태는 우시아(ousia)에게나 해당된다. 따라서 절대자를 어떤 범주적 용어로 표현하는 것은 마땅하지 않다. 절대자는 한계나 경계를 가지지 않

---

1 플로티노스, [엔네아데스], 5권, 4, 2; 1권 7, 1.
2 [엔네아데스], 6권, 8, 16.
3 [엔네아데스], 2권, 9, 1.

는다.[1] 차라리 근본적으로 무한정한 것이다.[2] 그것은 진정으로 말해서 형언할 수 없는 것이다.[3] 우리는 '일자'가 무엇이 아니라고 말할 수 있지만, 그것이 무엇이라고 말할 수는 없다. 그러므로 우리가 생각할 수 있는 가장 높은 수준의 표현을 따라 '일자'에 대해 말할 때도 우리는 "아직 그런 것들이 아니라, 그보다 훨씬 더 나은 것들로" 이루어졌다고 반드시 토를 달아야 한다.[4]

일자에 대해 속성을 부여해서는 안 된다는 것이 플로티노스에게서 최초로 나온 주장은 아니다. 아낙시만드로스는 만물의 시원을 두고 무한정자라고 했는데 이것은 우리가 시원에 대해 속성을 부여할 수도 없고 따라서 알 수도 없다는 뜻이다. 유클리드는 처음으로 '선'과 '일자'를 동일시해서 '신' 또는 '지혜'라는 이름을 붙였다. 그는 모든 형상들이 독자적으로 존재하는 '일자'에게서 유래한다고 보았다. 잉에는 이런 사유가 인도철학의 공空 사상과 닿아있는 것처럼 보인다고 하는데, "일체를 포용하면서 차별화되지 않고, 단독으로 존재하는 '일자'는 그 자체 안에 나눌 수 있는 것이 전혀 남아 있지 않은 무無와 같기 때문이다."[5]

여기에서 플로티노스가 살았던 알렉산드리아의 철학자들에 대해 이야기하는 것이 좋겠다. 알렉산드리아의 철학자들은 인간이 알

---

1 [엔네아데스], 4권, 3, 8.
2 [엔네아데스], 6권, 5, 12.
3 [엔네아데스], 5권, 3, 13.
4 이 부분은 잉에가 [플로티노스의 신비철학]에서 명쾌하게 정리한 부분을 그대로 옮겼다(잉에의 책, p.p.522-3).
5 잉에, p.518.

수 없는 신성에 대해 진지하게 숙고했다. 그리스 철학과 유대인의 유일창조신 신앙과의 융합을 꾀해서 최초의 신학자라고 불린 필론(B.C.15-A.D.45)은 그 어떤 인간도 신과 얼굴을 맞대듯이 마주하거나 또 그러고도 계속 살아간다는 것은 도무지 있을 수 없다고 생각했다. 그는 말하기를 "인간이 야훼 하느님을 제대로 이해할 수 있으려면 먼저 스스로가 신이 되어야 한다"고 말했다. 티투스 플라비우스 클레멘스(150-215)는 "신은 일자 너머에 그리고 모나드 위에 있다"고 말했다. 오리게네스(185-254)는 "신은 형상이 없고 이름도 없다. 비록 우리가 때로 그분에게 이름을 붙인다고 하더라도 말이다"라고 했다.

 플로티노스에 흠뻑 젖었던 아우구스티누스(354-430)는 "우리는 신이 아닌 것에 대해 알뿐이지 신이 무엇인지는 알지 못한다"고 했다. 디오니시우스 아레오파기타(5세기-6세기)는 "초 존재적 비규정성", "모든 단일성을 포괄하는 단일성", "모든 실재하는 것을 능가하는 점에서 절대적 비실재" 등으로 그렸다. 에리우게나(810 추정-877)는 신은 "탁월함으로 인해 전혀 부당하지 않게 무로 불릴 만하다"고 했다. 이렇듯 신에 대한 각자의 설명은 다르지만 그들은 똑같은 지점을 응시했다. 그것은 '일자(신)'와 존재의 다름, 일자에 대해 설명할 수 없음이다.

 플로티노스는 '일자'를 실존 너머에 위치시켰다. 그렇게 했던 이유는 세 가지이다. 첫째, 신의 본 모습이 우리에게 확실히 알려지지 않았다. 둘째, 플로티노스는 정신세계의 영원하고 보편적인 생명과의 관계를 끊어버리지 못한다. 셋째, 플로티노스에게는 신비적인 상태에서 무형식적이고 묘사할 수 없는 것에 대한 직관 체험이 있다.

정신과 질료를 연결하는 영혼

일자·정신·영혼 가운데 플로티노스의 정신은 일자로부터 나온다. 이것은 유출설과도 관계되는데, "정신은 영혼에게 빛이 되고, 저 '일자'는 정신에게 빛이 된다."[1] 따라서 세계는 일자-정신-영혼의 존재론적 위격을 가진다.

플로티노스가 말하는 정신은 매우 복잡하고 다층적이어서, 영혼도 마찬가지인데, 이것을 풀기 시작하면 매우 지루해진다. 여기에서는 그가 정신에 대해 말한 것을 요약하는 것으로 갈음한다. 이렇게 하는 것이 상상력과 탐구력을 더욱 기를 수 있다. 정신에 대한 플로티노스의 가르침은 이렇다. '정신 안에서 벌어지는 모든 생각이 존재의 영원한 형상인만큼, 정신의 모든 생각들은 곧 이데아들이다. 정신은 모든 이데아들을 포용한다. 각각의 이데아는 정신이며 정신은 이데아들의 총체이다.'

"신을 바라보는 중에 비로소 정신은 자신을 깨닫는다. 왜냐하면 정신은 바로 그 순간 신으로부터 무엇을 받았는지, 산이 자신에게 이미 무엇을 주었고 또 무엇을 줄 수 있는지 알아볼 것이기 때문이다. 왜냐하

---

1 [엔네아데스], 6권, 7, 17.

면 정신은 신이 선사한 선물들 가운데 하나, 아니 차라리 그 선물들 전체이기 때문이다. 그리하여 만일 정신이 신을 알아보고 신의 능력을 깨닫게 된다면, 정신은 스스로 자신이 신으로부터 나왔고 신에게서 그가 할 수 있는 모든 것들을 부여받았음을 자각하게 될 것이다."[1]

플로티노스에게 영혼은 현상세계와 정신세계 사이의 중간에 있다. 영혼은 현상세계의 원리이고, 정신세계는 영혼의 원리이다. 영혼은 모든 수렴과 확산의 움직임이 만나는 접점이 된다. 영혼은 정신세계와 현상세계가 이끄는 모든 영역과 생생한 일치를 이룬다.

영혼은 정신에서 유출되었다.[2] 정신은 완전한 생명을 지닌 채 필연적으로 출산한다. 그것이 정신에게서 유출되는 에너지이다.[3] 영혼이 정신으로부터 유출된 점에서 정신과 가까이 있는 반면에 다른 한편 현상세계와도 밀접하게 붙어 있다. 개별적인 영혼들은 정신의 '로고스들'인데, 곧 정신으로부터 수많은 영혼들이 유출된다. 이는 정신이 영혼보다 좀 더 펼쳐진 존재임을, 영혼은 정신보다 덜 펼쳐진 존재임을 말한다. 영혼이 현상세계 속에 존재함으로써, 영혼은 채워지지 않는 욕망을 드러낸다. 정신은 모든 욕망으로부터 자유롭다. 정신으로부터 유출된 움직임으로서 영혼은 그가 정신 안에서 보았던 원형을 좇아서 창조하려 애쓴다. 이런 욕망이 영혼으로 하여금 세상 전체에 제 모습을 갖추도록 한다. 영혼에는 세계영혼

---

1 [엔네아데스], 5권 3, 7.
2 [엔네아데스], 5권 1, 7.
3 [엔네아데스], 5권 2, 1.

과 개별영혼이 있는데 세계영혼은 정신과 가까우며 개별영혼은 인간 안에 들어 있다.

내 안의 신적인 어떤 것

일자·정신·영혼에 대한 설명은 플로티노스 철학의 또 다른 핵심인 유출설로 자연스럽게 이어진다. 앞에서 설명했듯이 일자로부터 정신이, 정신으로부터 영혼이 나오는 것이 유출설이다. 유출설에 따르면 모든 창조물은 무한하고 불멸하고 불변하는 근원적인 실체로부터 유출된 비의지적이고 필연적이고 자연발생적인 우연한 존재이다. 일자가 볼 때 정신은, 정신이 볼 때 영혼은 우연적 존재이다.

고대철학에서는 일반적으로 유출설을 설명할 때 빛을 이용한다. 플로티노스에게서 빛의 최고 원천은 일자이다. 우리는 그 빛으로써 이 세상에서 모든 참되고 선하고 아름다운 것을 알아본다. 플라톤은 "우리는 선이라는 형상(좋음의 이데아)의 빛 아래에서 그 밖의 모든 형상들을 알아보아야 한다"라고 말한다. 빛은 끊임없이[1] 자신을 발산하면서도 변화하지 않는다. 대상의 거리에 비례해 밝음을 나누는데 이를 통해 존재하는 것들의 존재의 등급을 나눌 수 있다.

유출설에서 가장 핵심적인 요소는 영혼이다. 영혼은 정신과 물질의 중간적인 존재이며 플라톤의 이분법적 존재론에서는 포함되지

---

[1] [폴리테이아], 505-509.

않는 요소이다. 플라톤에서 정신으로서의 형상과 질료로서의 물질이라는 두 단절된 것이 어떻게 결합이 가능한가라는 문제가 제기되는데 이에 대해 플라톤은 설명하지 않았다. 플로티노스는 영혼이라는, 정신도 물질도 아닌 제3의 것을 상정하고 이를 통해 물질과 정신을 연결하는 유출설을 구상했다. 그렇게 해서 플로티노스는 세상 만물에 일자의 고유함이 깃들어 있음을 일관성 있게 설명했다.

플로티노스의 유출설은 중세의 예술과 신학에 많은 영향을 주었다. 빛의 비유는 서양 예술에서 빛이라는 개념이 중요한 사상사적 의미를 갖도록 했다. 중세의 신학자들은 일자를 '신'으로 바꾸었는데, 이는 '신'에게서 모든 존재가 나왔다는 신학적 설명의 토대가 되었다. 아우구스티누스는 바울·필론·플로티노스 등의 이론을 통합해, 헬레니즘적 그리스도교로부터 로마 가톨릭으로의 전이를 주도했다.

플로티노스는 기력이 쇠해지자 로마를 떠나 캄파니아로 옮겼다. 그는 죽기 전 자신을 찾아온 친구이자 의사였던 에스토키우스 프테올리에게 이렇게 말했다.

"내 안에 있는 신적인 어떤 것이 저 우주의 신적인 존재와 하나가 되기 위해 나를 떠나기 전에 자네를 보려고 기다렸네."

다른 동료와 제자들은 없었다. 아멜리우스는 시리아에 있었고, 포르피리오스는 시칠리아에서 휴양하고 있었으며, 카스트리키오스

플로티노스

는 로마에 있었다.

플로티노스의 철학사상은 도덕적이며 지성적이고 미학적인 가치들의 존재-형이상학이다. 이 가치들은 단순히 이데아적인 것이 아니다. 이것들은 실재를 구성하는 요소들이자 사람들에게 알려지게 된 신의 형식들이다.

신을 다양하게 서술하다

플로티노스가 말한 것들은 이런 것이다. '일자가 있으나, 우리는 일자에 대해 설명할 수 없다'(일자설). '일자는 정신을, 정신은 영혼을 낳았다'(유출설). '영혼은 정신과 물질을 잇는다'(인식 근거).

인간에 의해 알려질 수 없는 또는 규정할 수 없는 존재로서의 일자는 불교에서의 공空, 노자가 말하는 도道와 상통한다. 플로티노스의 예지에도 불구하고 중세의 신학은 신을 인식하는 방법을 연구하느라 그들의 소중한 인생을 투자했고 결실을 맺지는 못했다. 오히려 '공'이나 '도'에 친숙한 우리가 플로티노스를 이해하는 데 더 적격일지 모른다.

한국은 자발적으로 가톨릭과 기독교를 수용한, 전 세계에서 드문 국가이다. 적극적 수용의 역사와 연관되는지 모르겠으나 한국의 많은 소설들에서 성서나 그리스도교, 또는 신학이 재현된다. 그러나 한국에서의 기독교와 소설들은 플로티노스의 주장으로부터는 많이 벗어나 있다. 한국에서는 신(일자)에 대해 확신에 차 설명하는 경향이 있는데, 그 설명들은 플로티노스로부터 또는 그리스도교 신학으로부터 벗어나 있다.

철학적 명제는 진리이고 문학적 명제는 비진리라는 말은 성립하지 않는다. 다만 철학과 문학이 이렇게 다를 수 있다든지, 철학은 논리이고 문학은 상상이라는 사실을 확인할 수 있다든지 또는 그리스도교가 근대를 거치면서 '세속화'되었다는 것만 확인할 수 있다.

모두가 플로티노스를 따를 이유도 없다. 반드시 플라톤을, 반드시 아리스토텔레스를 따를 필요도 없다. 나와 같은 거리에 있는 철학자들 가운데 누구를 선택하든 그것은 나의 자유의지이다. 그러나 우리 소설에서 신에 대한 이해와 해석이 어떻게 표현되고 있으며 이것이 플로티노스나 중세 신학의 관점에서 어떻게 다른지를 보는 것은 문학적 상상력을 확인하는 데 도움이 된다. 이제부터 소설에 나타나는 신에 대한 대표적인 설명들을 보여주겠다.

"사람이여 들으라, 그대는 나에게 청하여 왕이 되라 했으니 나는 이미 저 높은 하늘나라에 영원히 쓰러지지 않을 새로운 왕국을 세웠느니라. 사람이 만약 그 생명을 나의 왕국에 맺는다면 그는 나와 더불어 영원한 복락을 누리게 될지니라"(김동리, [사반의 십자가]).

플로티노스의 삼위일체는 일자 · 정신 · 영혼이며, 신학에서의 삼위일체는 성부 · 성자 · 성령이다. 하늘나라에 새로운 왕국을 세우는 것은 플로티노스의 이론에 부합하지 않는다. 성부와 성자를 말하는 신학에서는 부합할 수 있으나, 그렇다면 예수가 새로운 왕국을 세우기 전에 하늘나라에는 왕국이 없었는지 물을 수 있다. 예수가 비로소 새로운 왕국을 세웠다면 성부가 주재하는 하늘나라는 언제 만들어졌는지, 성부와 성자가 같은지 다른지 묻게 된다.

"하늘의 새를 보라. 씨 뿌리지도 않고 베지도 않고 창고에 모아들이지도 않는다. 그래도 너희 하늘에 계신 아버지께서는 길러주신다"(선우휘[1], [쓸쓸한 사람]).

마태복음 6장 26절에서 차용한 이 문장에서는 길러주심에 대한 정의가 대두된다. 플로티노스에서 빛의 유출은 창조이다. 길러주심은 무엇인지 설명되지 않았다. 길러주심은 창조와는 다른 개념이다.

"그런 사람들두 따지구 보면, 하나님의 진의를 받아들인 게 아니구 어떤 실리 면만을 받아들이구 있는 게 아닐까요. 이를테면 소원성취나 해주는 하나님, 혹은 천당에나 가게 해 주는 하나님, 혹은 몇 번 죄를 지어두 회개만 하면 용서해 주는 하나님으로서 말입니다"(황순원,[2] [움

---

[1] 1922-1986. 1955년 단편 <귀신>을 발표하면서 문단에 등단했다. 1957년 [문학예술] 신인특집에 당선된 <불꽃>으로 제2회 동인문학상을 수상했다. 그의 문학은 '상황문학', '행동문학'으로 불리며, 바탕은 '행동적 휴머니즘'이다. 그의 작품들은 비인간적 조직의 힘, 혹은 권력에 의한 인간성 상실에 대한 강한 부정과, 인간본성에 대한 존중을 바탕으로 한다. 1970년대 들어 휴머니즘은 인류 전반의 고뇌로 폭과 깊이를 획득하거나 행동의 문학에서 침묵의 문학으로 점차 이행했다.

[2] 1915-2000. 1931년에 시 <나의 꿈>을 [동광]에 발표했고, 1937년부터 소설

직이는 성]).

이 문장은 신에 대한 메타 해석이다. 종교 활동은 죽음이나 외로움에 대한 두려움이거나 기복적 관심이다. 사람들은 자신들에게 이익이 되는 해석을 취한다. 따라서 신에 대한 해석은 인간의 실리에 달려 있다는 것을 이 문장은 잘 보여준다.

"아아 하나님, 이런 어려운 일들은 모두 당신이 맡아주십시오 하고 기도하는 것만으로 간과될 수 없는 숱한 문제들, 그 문제의 산적들"(백도기,[1] [청동의 뱀]).

교회마저 이런 궂은일을 마다한다면 세상에 궂은일을 할 수 있는 곳은 없다. 그러나 이렇게 기도하는 순간, 교회는 궂은일을 마다하고 신에게 의탁하는 것이 된다. 작가가 말하려는 것은 한국 교회의

창작을 시작했다. 그의 작품들은 낭만주의에 입각해 간결하고 세련된 문체, 소설 미학의 전범을 보여주는 다양한 기법적 장치들, 소박하면서도 치열한 휴머니즘의 정신, 한국인의 전통적인 삶에 대한 애정 등을 고루 갖춘 것으로 평가된다. 서정적인 아름다움은 소설 문학이 추구할 수 있는 예술적 성과의 한 극치를 실현했다. 또한 역사적 차원에 대한 관심도 잘 드러냈다. 그의 작품들에서는 일제 강점기로부터 이른바 근대화가 제창되는 시기에까지 이르는 기간 동안의 한국 정신사에 대한 적절한 조명이 이루어지는 것으로 평가된다.

[1] 1939-. 1969년 [서울신문] 신춘문예에 <어떤 행렬>이 당선되어 등단했다. <골짜기의 종소리>(1970), <은제의 십자가>(1970), <벌거벗은 임금님>(1974), <청동의 뱀>(1974), <순례자를 위하여>(1985), <바벨의 소리>(1985) 등 기독교적 소재를 바탕으로 한 작품을 썼다. 현실세계의 허위와 비정을 비판하고 풍자했지만 인간 생명에 대한 존귀성, 휴머니즘적인 사랑은 끝까지 유지하고 있다

이런 의존적 또는 책임 회피적 태도인데, 신은 또는 신의 왕국은 이런 궂은일을 의탁하는 곳이 아니다.

"땡그렁!" 이렇게 종이 치기 직전 종을 우러러 보는 것은 광주에게 있어서 종이 하나님과 같은 거룩한 존재로 생각되었고, 거기서 울려 나오는 소리는 하나님의 음성처럼 거룩한 목소리로 생각되었기 때문이다"(박영준,[1] [종각]).

신은 거룩한 존재라는 것은 신을 규정하는 것이므로 플로티노스 또는 중세 신학 이론에 부합하지 않는다. 또한 중요한 것은 신의 음성인데, 음성이 들림은 상징적인 표현으로 받아들여야 한다. 서양 철학에서 말하는 목소리는 데리다가 플라톤을 비판하기 위해 본격적으로 차용된 개념인데, 박영준이 이 소설을 쓸 때 데리다의 음성 중심주의를 접했을 거라고 생각하기는 어렵다. 다만 구약에 등장하는 모세의 십계명 장면 등에서 음성이 등장하므로 그런 곳에서 영감을 얻었을 것으로 보인다.

---

[1] 1911-1976. 1934. 장편 <일년>과 콩트 <새우젓>이 신동아 창간기념 현상모집에, 단편 <모범경작생>이 조선일보 신춘문예에 당선되어 등단했다. 그의 작품은 역사적인 당대현실의 고통을 말하면서도 언제나 그것을 극복할 날에 대한, 인간적인 연대감으로서의 기원을 담았다. 1930년대 작품들은 당대 문단기류인 계몽성이나 목적성을 표방하지 않고 농민의 삶의 실상이나 집념을 다루었다는 점에서 문학사적 의의를 가진다. 광복 후에는 도시 소시민의 생활을 중심으로 인간 고독과 윤리의 파괴, 회복의 문제를 다루었다. 1950년대에는 전쟁을 겪으면서 파괴되어 버린 윤리, 물질주의와 쾌락만능의 세태 속에서 현대인의 타락상을 비판했다.

"짐승에겐 영혼이 없지만 인간은 누구나 자기 혼을 가졌대요. 인간만이 영혼을 가졌기에 죽은 후 그 혼이 갈 처소가 있지요. 천당과 지옥 말입니다"(김원일,[1] [물방울 하나 떨어지면]).

김원일은 이렇게 말한 출처를 밝히지 않았는데, 플로티노스에 따르면 인간만이 영혼을 갖고 있는 것은 아니다. 플로티노스가 인간을 중심으로 말하지만 아리스토텔레스와 플로티노스는 동물도 영혼을 갖고 있다고 인정한다.

"신이 어머니의 잠든 영혼을 찾아와 기적의 선물을 주었다고 따님이 놀라워했습니다. 어머니 평생소원을 신이 허락하셨다고 아드님도 말했습니다"(김원일, [오마니별]).

이것은 작가의 생각일 것이다. 그러나 과학적으로 이런 장면을 받아들이기는 어렵다. 꼭 그럴 필요는 없으나 플로티노스에게서도 이런 설명은 없다. 원시 그리스도교에 이런 설명이 있는지, 또한 중세 이후의 그리스도교에서 아니면 한국의 그리스도교에서 이런 생각을 하는지는 모르겠다. 일자는 인간에게 선물하지 않는다. 설령 인간이 선물을 받았다고 해도 그것이 일자로부터 온 것인지 확실하

---

1 1942-. 1966. 대구매일신문 <매일문학상>에 단편소설 <1961년 알제리아>가 당선되었고, 1967년 [현대문학] 제1회 장편소설공모에 <어둠의 축제>가 준 당선되었다. 1973년 자신의 가족사를 보편화시킨 <어둠의 혼>을 발표하면서 문단의 주목을 받기 시작했다. 한 가족의 가족사에 깊게 새겨진 분단의 상처를 깊이 있게 다루면서 대표적인 분단문학 작가로 평가받고 있다.

지 않다.

"선악의 관념이나 가치 판단에 관여하지 않는 신, 먼저 있을 존재를 뒤에 온 말씀으로 속박하지 않는 신, 우리의 모든 것을 용서하고 시인하는 신, 천국이나 지옥으로 땅위의 삶을 간섭하지 않는 신, 복종과 경배를 원하지 않고 희생과 헌신을 강요하지 않는 신, 우리의 지혜와 이성을 신뢰하며 우리를 온전히 자유케 하는 신"(이문열, [사람의 아들]).

이것은 이문열의 사람의 아들에서 민요섭과 조동팔이 규정하는 신의 모습이다. 이들이 규정한 신은 성경 속의 신에 실망한 나머지 새로운 신을 찾아 실천 신앙에 주력한 결과로서 나온 것이다. 그러나 이 신들도 인간이 만든 우상의 한 형태이다. 그것은 인본주의적 신이며 인간들에 의한 정의이다.

플로티노스의 명제는 대전제

소설에서 드러나는 신에 대한 이해가 플로티노스나 신학 이론과 다른 까닭은 가장 근본적으로는 문학은 세속의 문제를 철학은 세속 너머의 문제를 다루기 때문이다. 소설은 개별성이 우선이며 철학은 추상성에서 내려오지 않는다.

여기에 더해 한국 소설에서의 그리스도교에 대한 해석이 다양한 까닭은 근본적으로 한국의 20세기가 격동과 혼란의 시대였기 때문이다.[1] 여기에 더해 한국 소설가들의 그리스도교에 대한 독창적인 태도가 있다. 황효숙은 한국의 소설가들은 작가들이 세 가지 태도를 갖고 있다고 말한다.[2]

첫째, 그리스도교를 예술적 대상과 형식으로 창조한다. 둘째, 독자들이 생각할 수 있도록 인간 체험의 한 면을 제시한다. 셋째, 작가들이 제시하는 경험을 독창적으로 해석한다.

따라서 소설에서의 신에 대한 해석이나 서사가 플로티노스에 머무를 수는 없다. 그러나 이들 소설이 대전제로 삼고 있는 것은 비록 소설에는 드러나지 않으나 여전히 일자-정신-영혼으로 이어지는 존재의 그림일 것이다. 거기에 질료성이 더하면 우후죽순처럼 일어나는 소설이 된다.

문학은 끊임없이 새로운 세계의 질서를 꿈꾼다. 플로티노스의 신에 대한 이론이 시간과 공간을 제거한 것이라면 소설은 시간과 공간 안에서 끊임없이 일어나는 우연적 사태에 대한 결론 없는 이야기이다.[3]

---

1 기독교를 주제로 한 소설들은 몇 개의 부류로 나뉜다. 인간의 죄를 묻는 것, 급격한 변화를 겪는 한국 사회를 비판하는 것, 기독교 자체를 비판하는 것들로 이루어지는 경우가 그것이며, 시대 인식과 개인적 욕망의 갈등을 통해 그리스도교의 가치와 충돌하기도 한다.
2 황효숙, [한국 현대 기독교 소설 연구], 경원대학교 대학원, 2008.
3 신에 대한 서사 또는 그리스도교를 소재로 한 소설은 포스트모더니즘이 본격화된 1990년대 이후에는 들어가 버렸다.

아우구스티누스
인간과 신에 대해 묻다
김은국, 이철용, 이승우

인간 탐구의 전통 위에 선 아우구스티누스

보편적인 인간은 자기 자신을 탐구하고 반성한다. 서구에서 이런 전통은 꽤 오래 되었는데 철학사에 기술된 것만을 소개한다면, 그리스 철학자 헤라클레이토스는 말하기를 "나는 나 자신을 탐구한다"고 했다. 소크라테스가 말했다고 전해지나 실제로는 델포이에 있는 아폴론 신전에 새겨진 가르침은 "너 자신을 알라"이다. 소크라테스는 이 가르침을 정언명법으로 삼아 아테네 시민들에게 깨달음을 주기 위해 노력했다.

그로부터 약 천년 뒤, 아프리카의 히포 주교인 아우렐리우스 아우구스티누스는 [고백록]을 썼다. 아우구스티누스는 초대 그리스도 교회가 낳은 사상가이며 고대문화의 마지막 인물이었으며 중세의 교부철학을 탄생시킨 선구자였다. 화이트헤드가 "현대의 모든 철학은 플라톤의 주석이고, 현대의 모든 신학은 아우구스티누스의 주석"이라고 할 만큼 신학에 끼친 그의 영향은 지대하다. 널리 알려진 [고백록]은 문학적으로도 뛰어나며, [신국론]과 [삼위일체론]은 신학의 토대가 되었다.

그가 태어난 해는 354년이고 [고백록]을 쓴 해는 397년부터 398년까지이니 그의 나이 43세 때부터이다. 그는 청소년기와 청년기에 파란만장한 정신적·육체적 편력을 겪고 나서 '회심'했고 그 뒤로 그리스도의 구원을 확신하게 되었으며 이런 과정이 마치 드라마처럼 [고백록]에 고백돼 있다. 이 책에서는 자신이 저지른 '죄'를 고백하고 '신'에게 감사하며 찬미했다. [고백록]은 한 인간이 정신적으로 어떻게 진화할 수 있는지를 잘 보여준다. 그래서 그것은 사상서이며 신학서이고 동시에 자전문학이다.

그는 [고백록]에 이렇게 적었다. "주여, 당신께서는 나를 당신에게로 향하도록 만드셨습니다. 내 영혼은 당신 품에서 휴식을 취할 때까지 편안하지 못할 것입니다." 인간의 참된 행복은 신을 사랑하는 그 자체에 있다. 신을 사랑하려면 신을 알아야 하며, 신이 들어있다는 인간의 영혼도 알아야 한다. 이로써 신에 대한 인식 방법론이 등장하며 나아가 신의 존재를 증명해야 하는 과제도 생기게 되었다. 또한 신과 인간 사이에 동일성이 있다고 하여 인간의 영혼도 탐구의 대상이 된다. 그러나 아우구스티누스에서는 신을 찾기 위해 바깥으로 눈을 돌리기보다는, 왜냐하면 그것은 매우 어려운 작업이므로, 인간의 영혼 속으로 통찰의 눈을 돌렸다.

그가 태어난 곳은 오늘날의 지명으로는 아프리카 알제리 북동부의 '수크 아라스'(당시의 지명은 타가스테)이다. 그에게는 아프리카의 정신이 깃들어 있었다. 그도 그럴 것이 그의 부친인 파트리키우스는 수크 아라스 중산층에 속하는 마니교도였다. 수크 아라스는 로마제국의 지배 아래에 있었다. 파트리키우스는 속주 주민에게 부과되는 세금과 징세·부역 등 수많은 책임을 짊어져야 했다. 그는 로마 현지 정부와 수크 아라스의 주민 사이에서 샌드위치 신세가 되어 있었으나 타고난 정열과 야심으로써 어려움을 타개해 나갔다. 아버지가 마니교도였던 반면에 어머니인 모니카는 독실한 그리스도교 신자였다. 모니카는 사려가 깊고 의지가 강한 여성이었다. 그래서 아우구스티누스의 내면에는 아버지의 관능과 어머니의 신앙이 때로는 이중주처럼 화음을 내면서 또 때로는 물과 기름처럼 파열음을 내면서 자리를 잡았다. 이런 점에서 아우구스티누스는 모순적 인간이었다.

동시에 그는 어릴 때부터 천재적이었다. 고향에서 초등학교를 마친 뒤 열세 살 때 인근의 도시로 진학해 문법과 수사학을 공부했다. 그러나 그는 로마교의 신앙으로부터는 멀어져 관능적인 기쁨에 취하는 조숙한 문학청년이 되었다. 그가 쓴 [고백록]이 훌륭한 문학적 성격을 가지는 것은 그의 이런 재능 덕분이었다.

그러나 유학 2년 만에 아버지의 자금력이 바닥을 드러내 고향으로 돌아왔다. 육체적으로 성장하는 아들을 보며 어머니는 정욕에 빠지지 말 것을 호소했지만 아우구스티누스에게는 마이동풍이었다. 고향에서 일년가량 시간을 보내던 아우구스티누스는 아버지 친구 로마니아누스로부터 학비를 지원 받아 카르타고로 향했다. 그의 꿈은 웅변가였다.

반성 없는 열정의 청년기가 만든 신앙적 '회심'

그는 카르타고에서 향학열에 불탔지만 동시에 향락에도 사로잡혔다. "사랑하고 사랑받는 것은 사랑하는 사람의 육체까지 한껏 소유해 즐겼을 때 한층 감미로워진다." 그는 정사에 자신을 의탁했고 마침내 한 여성을 만나 동거하면서 열여덟 살에 한 아들의 아버지가 되었다. 그녀는 아우구스티누스와 신분이 달라 두 사람이 정식으로 결혼하는 것은 불가능했다. 아버지는 아들이 대견했지만, 어머니는 억장이 무너지는 고통을 감내했다.

아우구스티누스의 아버지는 그가 열아홉 살 때 별세했다. 아버지의 죽음으로 정신적 전환기를 맞이한 그는 키케로의 저작들을 읽다가 [철학의 권유]를 발견했다. 이 책을 읽고 그는 이렇게 말했다.

"나는 믿을 수 없을 정도로 엄청난 정열을 불태우며 불멸의 지혜를 사모하고, 당신 품으로 돌아가려고 일어나기 시작했다."

여기서 당신이 누구인지 명확하지 않은데 아우구스티누스는 키케로를 읽으면서 자신의 정신을 일깨웠다. 이 책의 내용은 키케로 이전 시대나 키케로 시대의 사람들 중 철학이라는 이름을 빙자하여 자신들의 오류를 주장하고 사람들을 현혹시킨 자들에 대한 비판이 담겨 있었다. 이 책의 내용 중 아우구스티누스에게 큰 영향을 미친 키케로의 주장은 "어떤 학파도 초월하여 진리 자체를 탐구하고 소유하고 포용하라"는 가르침이었다. 단순한 학문을 추구하며 살아가던 그에게 이런 가르침은 단순한 학문이 아닌 불멸의 지혜를 갈구하도록 변화시켰다.

이것이 그의 철학적 회심이었다. 그런데 철학에는 어머니가 가리켰던 '예수'가 없었다. 게다가 성서의 문체는 키케로의 문장에 비해 무척이나 소박했다. 이성을 바탕으로 진리를 발견하려 했던 그에게 성서는 매우 무기력했다. 성경 속에서 어떠한 해답을 찾지 못한 아우구스티누스는 마니교에 입교하게 된다.

마니교는 "인간의 죄악은 자기 책임이 아니라 실재하는 악과 그에 속한 육체 때문에 존재한다"고 주장했다. 영혼의 양심을 덜어주는 그런 가르침은 아우구스티누스가 마니교에 매료되는 기폭제가 되었다.

374년, 그러니까 그의 나이 스무 살에 학업을 마친 아우구스티누스는 아내와 아들을 데리고 고향으로 돌아왔다. 수사학 교사로 출발하면서 많은 지인들을 마니교로 끌어들였다. 이십대의 아우구스티누스는 다양한 학문들을 섭렵했다. 특히 아리스토텔레스로부터 배운 자연현상의 합리적 해설은 훗날 그가 [신국론]을 쓰는 데 좋은 밑거름이 됐다. 그러는 동안 그는 인간은 자신을 지키기 위해 '죄'를 저지른다는 마니교의 주장에 의심을 품기 시작했다. 어떤 동기에서인지 명확하지 않으나 그는 로마로 떠나는 친구를 배웅하겠다며 어머니를 속이고 로마행 배에 올라탔다.

그는 로마 장관이며 로마 전통의 수호자로 유명했던 심마쿠스의 추천을 받아 밀라노에 새로 생긴 국립학교에서 수사학 강좌를 맡았다. 심마쿠스는 382년 그리티아누스가 철거한 원로원의 '승리의 여신상'을 복원할 것을 마니교 대표로서 강력하게 요구했는데, 이 문제를 둘러싸고 그리스도교측 대표인 밀라노 주교 암브로시우스와 대립했다.

마니교에 조금씩 회의감이 들기 시작하면서 아우구스티누스의 생각에는 마니교도들보다 철학자나 천문학자들이 훨씬 더 이성적이고 합리적이며 세계에 대해 올바른 지식을 가지고 인식하고 판단하는 사람들로 보였다. 천문학자들의 연구는 실로 대단한 것들이었다. 수년 후에 일어날 일식, 월식의 날과 시간, 범위를 예상했고 그들의 계산법으로 해와 달이 어느 해, 어느 달, 어느 날, 어느 시, 어떠한 부분이 이지러지리라는 것을 정확하게 예상하였다. 정확하게 동지, 하지, 춘분, 추분, 일식, 월식을 예측하는 그들의 지혜는 사람들에게 칭송받고 자신들을 뽐내기에 충분한 것이었다.

"신은 누구인가?"라는 물음을 던진 철학자이자 신학자

하지만 신앙의 눈으로 돌아보았을 때 천문학자들은 자신을 내세우며, 자신들의 지식의 근원을 알지 못하였다. 그러한 지식은 참 진리가 아니며 참 행복이 될 수 없다. 지식을 알고 있는 자가 행복한 것이 아니라 '신'을 아는 자가 행복한 자인 것이다.

비유컨대 우주에 대한 지식을 소유하고 남이 알지 못하는 신비한 지식이 있다고 하여도 어느 별 하나도 자신의 소유가 될 수 없다. 그러나 비록 지식에는 미흡하더라도 우주를 만드신 신을 믿고 신 안에 거할 때 아무 것도 소유하지 못한 것처럼 보일지라도 우주의 왕인 신의 상속자로서 그 안의 모든 것의 소유자가 된다. '신'을 알고 그 안에 거할 때의 기쁨은 이렇게 신비하고 놀라운 것이다.

385년 아우구스티누스는 황제 발렌티니아누스 2세의 뜻에 따라 그의 공덕을 찬송하는 글을 낭독하는 역할을 맡았다. 그는 이렇게 적었다. "그것은 송사를 통해 거짓말을 잔뜩 늘어놓고, 거짓말쟁이인 내가 그게 거짓인 줄 뻔히 아는 사람들 마음에 들기 위해 하는 것이었다." 그는 이 일로 인해 마음의 병을 얻었는데 길을 걷다가 비루한 거지를 발견하고는 그 거지가 자신보다 더 행복하다고 생각하기에 이르렀다. 이 일을 계기로 아우구스티누스는 자신의 삶을 되돌아보기 시작했다.

그는 암브로시우스와 신플라톤학파인 플로티노스를 통해 '신'을 종교적으로 또 이성적으로 정립하는 새로운 정신적 지평을 열기 시작했다. 이때 그에게 도움을 준 이가 밀라노의 주교였던 암브로시우스였다. 그에게 밀라노에 정착할 수 있도록 배려한 심마쿠스를 떠나 그와 대립했던 암브로시우스에게 의지하기 시작한 것이다. 암브로시우스 주교의 설교는 아우구스티누스가 '신'을 다시 바라보게끔 하는 계기가 되었다.

암브로시우스와 플로티노스의 영향을 받으면서 아우구스티누스는 마니교의 이원론을 극복하고 '보이지 않는 세계'의 실재를 깨닫기 시작했다. "나는 그 책들에서 나 자신으로 되돌아오도록 재촉 받았으며, 당신의 인도로 마음 속 깊이 들어갔다." 여기에서 아우구스티누스의 전환이 일어나는데, 플로티노스의 일자一者로부터 발현한 그는 그 일자가 '신'이라고 제시했다.

아우구스티누스는 철학을 통해 영적 세계를 보기 시작했다. 철학서적은 인간이 자신의 내면세계로 들어가야 한다고 가르쳤는데 지금까지 눈에 보이는 물체, 감각적인 것만 알고 있었던 아우구스티누스는 이런 가르침을 통해 처음으로 내면세계를 바라보았다. 이를 통해 자신의 영혼과 정신 위에 있는 세상과는 다른 빛을 발견한다. 이 빛은 기존의 자신이 알고 있는 그 빛이 아니었고 자신을 창조한 빛이었다. 이 빛은 진리를 아는 자만이 발견할 수 있는 그런 빛이었다.

한동안 심한 내적 갈등을 겪은 아우구스티누스는 서른두 살이던 386년 여름 밀라노의 정원에서 '회심'했다. 그가 결정적으로 회심하게 된 계기는 사도 파울로스의 〈로마인들에게 보낸 편지〉를 읽었을 때라는 설도 있다. 그가 밀라노의 한 정원에서 "집어 읽으라!"라는 어린 아이의 노랫소리를 듣고, 알리피우스에게 달려가 로마서 13장 13절-14절을 읽고 나서 그리스도인이 되기로 결심했기 때문이라는 것이다.

"방탕과 술 취하지 말 것이며 음란과 호색하지 말 것이며 쟁투와 시기하지 말 것이며 오직 주 예수 그리스도로 옷 입고 정욕을 위하여 육신의 일을 도모하지 말라."

독실한 그리스도교 신도인 어머니 모니카는 자신의 평생소원, 어쩌면 유일한 소원을 이루었다. 그래서일까? 안타깝게도 아우구스티누스가 회심한 지 얼마 되지 않아 신의 곁으로 떠났고 로마교회는 그녀를 성인으로 추앙했다.

397년 히포의 주교가 된 아우구스티누스는 [고백록]을 집필했다. 그래서 이 책에는 열세 살부터 서른두 살까지 20년 동안의 방황과 고뇌, 각성 등이 들어 있다. [고백록]을 쓴 뒤에는 사목 활동은 물론이고 '삼위일체'·'은총론' 등의 신학을 연구하고, 방대한 각종 저술활동을 통해 교회를 공격하는 그노시스, 도나투스, 펠라기우스, 아리우스 등 각종 이단들을 신학적으로 논박했다. 그의 입장은 중세 초기부터 '은총론'을 둘러싼 신학 논쟁에서 아우구스티누스주의자들의 모범이 되었다.

아우구스티누스의 영향은 중세를 거쳐 근대에서 현대에 이르기까지 다양한 모습으로 이어졌다. 루터는 성서와 아우구스티누스에 이끌려 종교개혁을 시작했으며, 울리히 츠빙글리·장 칼뱅 등도 그의 은총론에 영향을 많이 받았다. 네덜란드의 얀센은 아우구스티누스의 은총론을 재발견하고 얀센파를 형성했다. 19세기 후반 그리스도교를 통렬히 비판했던 키에르케고르조차 개신교에서 실존의 황

무지로 향했는데 거기에도 아우구스티누스의 정신이 배어 있었다.

아우구스티누스가 던진 '나는 누구인가?'라는 물음은 자신에게 던진 물음이며 그것은 인간의 근본적인 모습을 발견하려는 시도였다. 그는 그리스도교적으로 '나는 죄인이라는 것'을 알아낸 것인데 그것은 인간이 불완전한 존재이기 때문이다. 인간의 이런 근본적인 모습과 더불어 그가 발견한 것은 은총인데 이것은 신이 거룩한 존재이며 따라서 신의 은총을 받는 인간 역시 거룩한 존재이다.

불완전한 인간이 '신은 누구인가?'라고 물음으로써 신의 은총 또는 은혜를 받아 거룩한 존재가 되는 것, 이것이 아우구스티누스 [고백록]의 핵심이며 인간이 '회심'해야 하는 이유이다. 그리고 '나에 대한 물음'과 '신에 대한 물음'이라는 두 가지 핵심은 그가 스무해 동안 겪으면서 얻은 진리였다. 그는 자신의 모습이 인간이 근본적으로 갖고 있는 문제임을 알려주고 그것을 자신이 어떻게 해결했는지를 보여준다.

인간의 근본적인 문제에 대한 통찰, 아우구스티누스적 문제 해결, 문제 해결 방법으로서의 성서, 사실 문학도 이런 토대 위에 있다. 그래서 [고백록]은 실화소설이면서 동시에 철학서이고 신학서이다. 이후에 그가 저술한 것들은 모두 신학서이면서 철학서이다.

신학적으로 또 철학적으로 볼 때는 [고백록]보다는 [신국론]을 비롯한 저술들이 더 큰 영향을 끼쳤다. 그는 '이해를 추구하는 신앙'이라는 입장을 취했는데, 이런 입장은 신학과 철학, 그리고 신학과 일반 학문을 함께 연구하는 중세의 스콜라 학풍에 커다란 영향을 주었다. 중요한 신학적 공헌은 은총론이다. 펠라기우스의 선행구원론을 반대하여 신의 은총을 강조했다. 그러나 그 은총은 상황에 따라 다르게 현현한다.

아우구스티누스를 말하는 이곳에서 그리스도교 문학 또는 그리스도교적 문학의 관점에서 한국 소설을 연결하지 않을 것이다. 단지 '나에 대한 물음'과 '절대자에 대한 물음'으로 논지를 고정한다.

은총을 희망으로 치환하다 _ 김은국

김은국[1]의 [순교자]는 신과 인간의 모습을 드러낸 매우 영롱한 소설이다. 처음에는 영어로 쓰였고 또 첫 출판도 미국에서 했기에 '한국계'라는 이름이 접두사로 따라다닌다. 한국계 최초로 노벨문학상 후보에 오른 작품이라고 하는데 사실 한국의 많은 소설들이 훌륭한 번역가를 만나 영어로 출판된다면 해마다 한국 작가들이 노벨상을 받아야 할지도 모를 일이다. 백 년 동안 계속된 격동은 소설의

---

1 1932-2009. 1950년 서울대 상대 경제과에 진학했으나 사흘 만에 6·25를 맞아 통역 장교로 군에 입대, 4년 동안 근무했다. 아서 트르더 장군의 도움으로 1954년 부산에서 22세 때 미국으로 건너가 1959년 미들베리 대학에서 학사 학위, 존스 홉킨스 대학·아이오와 주립 대학·하버드 대학 등에서 영문학 및 창작법을 전공했다. 6·25 동란 중 인간의 양심이 겪은 수난을 주제로 한 영문 소설 [순교자殉敎者]가 1963년 베스트셀러가 되면서 세계적 작가가 됐다. 1968년에 군사 혁명의 미화와 사상적인 갈등을 그린 제2작 [죄罪없는 사람 The Innocent]도 미국 매스컴의 평론계에서 호평을 받았다. 한국적 상황을 토대로 인간의 고난과 구원, 진리와 위선 등 인류의 보편적 문제를 깊이 있게 다룬 작가로 평가받으며 1967년 한국 출신 작가로는 처음으로 노벨문학상 후보에 올랐다.

좋은 소재이며 거기에 더해 좋은 작가들이 즐비하기 때문이다.

[순교자]는 6·25전쟁 당시 평양을 배경으로, 이념의 대립이 빚어낸 비극적 사건의 진실을 밝혀나간다. 그 과정에서 작가는 신앙과 양심의 갈등을 겪고 그것을 담담히 서술한다. 한국이 가진 비극의 역사에서 일어난 특수한 사건을 인간의 실존과 보편적 운명이라는 세계문학 주제와 연결시켰다는 평가를 받았다.

1950년 11월, 육군본부 정보처 평양 파견대 장 대령과 이 대위는 전쟁 직전에 일어난 목사 집단 처형 사건을 조사한다. 정보당국이 조사한 결과, 열네 명의 평양지역 목사들이 공산군 비밀경찰에 체포되었고, 그중 열두 명이 처형당했다.

사건 해결의 책임을 맡은 장 대령은 열두 목사들이 북한 괴뢰정권에 희생되었다는 사실에만 초점을 맞추고, 그들을 영웅적이고 성스러운 '순교자'로 규정한다. 하지만 이 대위는 "우리의 선전 목적에 맞추기 위해 진실을 비틀 수는 없다." 그는 진실은 그것이 추악하고 고통스러워도 진실이기 때문에 밝혀져야 한다고 주장한다.

진실을 아는 이는 '순교자'들과 함께 체포되었다가 살아 돌아온 신 목사. 그가 열두 목사의 처형 현장에 있었다는 것을 안 장 대령은 신 목사가 순교자들에 대한 진실을 세상에 드러낼지 관심을 보인다. 신 목사 역시 처형 현장의 진실을 감추려고 한다. 그러나 그의 의도는 장 대령의 의도와는 다르다. 진실이 진실로서 역할할 수 없기 때문이다.

신 목사를 처음 만났을 때 이 대위는 신 목사에게 묻는다. "목사님의 신, 그는 자기 백성들이 당하고 있는 이 고난을 알고 있을까요?" 이 물음은 성직자로 살아온 신 목사의 삶을 근본적으로 흔든다. 그는 신의 존재에 대해 회의하며 고뇌 속으로 침몰한다. 인간이 벌이는 전쟁을 내려다보는 신은 무기력하다. 과연 존재하고 있을까를 의심하지 않을 수 없다. 존재한다면 왜 신은 인간의 고통을 외면할까? 이런 상황에서 인간은 어떤 희망을 가져야 하며 누구로부터 구원을 얻어야 하는가? 신 목사는 이렇게 말한다.

"나는 인간이 희망을 잃을 때 어떻게 동물이 되는지, 약속을 잃었을 때 어떻게 야만이 되는지를 거기서 보았소⋯⋯희망 없이는, 그리고 정의에 대한 약속 없이는 인간은 고난을 이겨내지 못합니다. 그 희망과 약속을 이 세상에서 찾을 수 없다면, (하긴 이게 사실이지만) 다른 데서라도 찾아야 합니다."

'순교자'의 진실들은 투명하게 밝혀지지 않는다. 밝혀질 듯이 그러나 밝혀지지 않는 '난처한 진실'들 속으로 빠져드는 독자들 역시 신경숙이 표현한대로 목사를 처형한 자들과 공범이 되고 만다. 그 공범들조차 순교자들을 왜 죽였는지 알지 못한다. 이 지점에 김은국의 메시지가 있다. 그것은 인간에 대한 이해와 존중이다. 순교자의 죽음에 어떤 추함이 있는지 알 수 없으나 그 추함은 신의 피조물인 인간에게 필연적인 것이다. 그 추함을 파헤치면 신을 가치절하하게 될지도 모른다. 추함을 알게 되었을 때 인간은 만족할까? 오히려 허무를 느끼고 더 큰 죄악을 향해갈지 모른다. 헤겔의 절대타자를 알고 불안을 느껴 나치즘이라는 집단 광기를 일으킨 독일의 모습이 그렇다.

김은국은 신이 침묵하는 이유를 인간의 고귀함을 지켜주기 위해서라고 생각한다. 신이 침묵하고 있기에 인간은 늘 독백처럼 외친다. 인간은 구원받을 수 있을까? 그때 던지는 김은국의 메시지가 은총이 아니라 희망이다.

아우구스티누스의 은총은 김은국의 희망이다. 그렇게 해서 그는 인간이 가져야 하는 신앙에 보편성을 부여하고 신앙을 갈망하면서 가지게 되는 의혹과 고뇌에 대해 해답을 던진다. 예수가 십자가에 못 박혀 죽을 때 그에게 신의 은총이 내렸는지 인간은 알지 못한다. 그 물음을 풀 수 있는 것은 김은국의 시각에서는 희망이다.

희망은 은총보다 더욱 절실하다. 예수가 십자가에 매달렸을 때 그는 은총보다는 희망을 느꼈을 것이다. 자신이 못 박혀 죽음으로써 인간들이 갖게 될 의지와 그 의지가 만드는 희망, 그것은 신이 내린 은총이다. 그래서 신 목사는 이 대위에게 이렇게 말한다. "인간을 사랑하시오, 대위. 그들을 사랑해주시오. 용기를 갖고 십자가를 지시오. 절망과 싸우고 인간을 사랑하고 이 유한한 인간을 동정해줄 용기를 가지시오."

나를 변화시킨 것은 사랑이다 _ 이철용

[어둠의 자식들]은 이철용[1]이 자신의 생애를 바탕으로 쓴 실화소설이다. 아우구스티누스의 [고백록]이 개인적 방탕으로부터 회심한 것이라면 이철용의 [어둠의 자식들]은 사회적 방탕에 묻혀 사는 개인이 어떻게 회심을 통해 구원받는지에 대한 것이다. 한 개인의 '타락'의 원인이 개인에게 있는지 사회에게 있는지는 차치하고, [어둠의 자식들]은 '방탕'한 사회 속에서 살아가는 '방탕'한 개인들을 이야기한다.

[고백록]의 아우구스티누스는 [어둠의 자식들]의 동철로 오버랩된다. 아우구스티누스가 살았던 곳은 로마제국이 점령한 알제리였으며 동철이 사는 곳은 한국이다. 아우구스티누스를 회심토록 한 이가 암브로시우스라면 동철을 회심토록 한 이는 공병수 목사이다. 아우구스티누스에게 모니카라는 어머니가 있었다면, 동철에게는 그가 뭉치라고 부르는 어머니가 있다.

제때 치료 받지 못해 한쪽 다리를 저는 동철이 어려서 아버지를 여읜 뒤 초등학교를 중퇴하고 정글과도 같은 거리로 나서면서 자연스럽게 빠져든 '어둠의 세계'에서 살아남기 위해 안간힘을 쓰는 모습들이 때로는 담담하고 대부분은 과격하게 묘사돼 있다. 동철은 비슷한 처지의 다른 아이들보다도 더 많은 편견에 시달리고 고난에 노출돼 있는데 이유는 단 하나 다리를 절기 때문이다. 다행인 것은 인생에서 잘못된 길을 걸어간 사람들과는 달리 부모를 탓하지 않는

---

1 1948-. 소설가이자 정치인. <꼬방동네 사람들>, <어둠의 자식들> 등의 소설을 썼다.

다는 것이다. 그가 뭉치라 부르는 엄마는 그가 지켜야 할 성역이자 마지막 보루였다.

아우구스티누스가 세 명의 여자와 동거한 전력이 있다면, 이것이 인생의 흠이 될 리는 없지만, 동철은 인생의 흠이 될 만한 일을 저지르며 산다. 왜냐하면 동철로 인해 매춘부가 된 여자들이 많이 있으니 말이다. 동철은 그 여인들의 인생을 망가뜨린 악마와 같은 존재이다.

선과 악의 양면성을 갖고 사는 인간, 둘 가운데 어느 것을 선택할지는 오직 그 자신에게 달려 있는데, 동철에게는 선보다는 악이 훨씬 더 많이 드러난다. 사실 아우구스티누스는 이런 행동을 저지르지 않았다. 그의 회심은 단순히 그리스도교에서 볼 때 이교인 마니교를 믿고 어느 정도의 방탕한 삶을 살았다는 것으로부터 벗어났다는 것이다. 그는 스무 해 동안 진리를 향해 정진했다. 반면에 동철의 삶은 선행이라고는 볼 수 없다.

그가 선택한 것은 더욱 독해지는 것이었다. 넝마주이, 소매치기, 퍽치기와 창녀의 기둥서방 등 온갖 일들을 하다가 종국엔 금은방을 터는 도둑질에 참여했다가 검거돼 교도소로 가는 동철은 자신의 끝없는 삶의 추락에 회의를 느끼다가 새로운 인생을 살기로 결심한다. 동철의 회심인 것이다.

"이제나 저제나 본래의 인간으로 돌아올 때를 기다린 하늘개비짱께서는 참다못해 스도 형님을 이 땅 위에 내려보낸 거지. 모니 형님은 부자

로 태어나게 했지만 이번에는 지지리 가난한 사람으로 스도 형을 내려
보낸 거야."

출소 후 동철은 어렸을 때 자신이 걸었던 길을 가는 어린 어둠의
자식들을 모아 새로운 공동체를 세우기 위한 꿈을 꾼다.
순진한 처녀를 꼬셔 사창가에 팔아먹는 '탕치기'도 하고 기둥서
방 노릇도 하며 살아가던 동철은 이제 야학인 '은성학원'의 운영자
가 된다. 그가 그렇게 된 데에는 공병수 목사의 힘이 컸다. 낮은 자
와 함께 했던 예수를 따르기 위해 편안한 세속의 세계를 마다하고
스스로 어둠의 세계로 들어온 공병수 목사를 만나 동철은 어둠의
세계 속에 사는 사람들의 아픔을 어루만지는 삶을 시작한 것이다.
동철은 자기를 바꾼 것이 사랑이라고 말한다. 마치 아우구스티누스
를 바꾼 것이 사랑이듯이.

"옛날 내 고향은 똥 밟는 소리가 없는 정직한 말만 했더랬는데 먹물동
네에서 몇 년간 쪽 팔리며 살아보니까 사람 버리겠다는 생각이 든다.
나는 빵깐엘 가든, 우리 같은 범죄꾼을 만나든, 동네에서 한담을 하든,
나도 모르게 전도사 비슷하게 되어서 말이 많아지곤 한다. 먹물들 앞에
가면 입을 꾹 다물어버리는 나도, 내 친근한 형제들이다 싶으면 참지를
못하는 것이다. 내 구라는 제법 뾰족하게 그들의 가슴에 찔러 들어가는
모양이다. 왜냐하면 나는 진심으로 그런 자들을 사랑한다고 믿기 때문
이다. 사랑 없이 어떻게 변하리라고 생각하는가. 공 목사가 나를 변화

시킨 것도 바로 그것, 사랑인 것이다."

신에 대한 탐구에서 인간에 대한 탐구로 내려온 구도자 _ 이승우

이승우[1]는 한국 소설사에서 기독교적 세계관을 대표하는 작가라고 불린다. 그는 신과 인간의 관계에서 초래되는 수많은 의문들에 대해 스스로 질문하고 또 스스로 답을 찾아나가는 고단한 순례자라고 평가되고 있다.

아우구스티누스가 [고백록]에서 던진 두 번째 물음, "신은 누구인가?"는 이승우가 쓰는 다수의 작품에서도 지속적이고 반복적으로 똑같이 등장한다. 이런 물음 덕분에 그는 한국 소설사에서 "사변적이고 관념적인" 작가, 더 나아가 초월적인 작가로 불린다.

이 소설은 두 가지 방식으로 이해된다. 첫째는 '권력의 문제에 대한 비판적 인식과 함께 신적 존재의 초월적 가치관을 다룬 작품'이며 둘째는 '신과의 수식 관계와 인간들 사이의 수평 관계라는 두 계기의 얽힘으로 파악되는 초월'이다. 그런데 두 가지 방식에 공통된

---

[1] 1959-. 1981년 [한국문학] 신인상에 <에릭직톤의 초상>이 당선되어 등단. 기독교적 구원의 문제를 시대의 고민과 연결시킨다. 인간 심리의 저변에 자리하고 있는 원죄 의식과 그로 인한 불안, 그런 인간들을 위에서 지켜보며 가끔씩 인간 세계에 손을 내미는 신의 존재 등이 얽혀 있으면서 지상과 천상 사이의 갈등과 화해가 현실에 어떻게 드러나는가를 형상화한다. 또한 언어의 가치 붕괴와 타락에 대한 환멸과 이의 극복 가능성에 대해 진지하게 고찰한다. 인간 실존의 문제와 성 - 속의 이원성의 극복, 초월자와 인간의 영원한 괴리 등 다소 무겁고 관념적인 주제를 다루면서도 인물의 내면에 대한 정밀한 묘사와 유려한 문체를 통해 관념성을 극복하고, 문학과 예술의 존재론에까지 관심의 영역을 넓힌다.

것은 신 존재에 대한 물음인데 신의 존재를 의심하지 않기에 물음은 '신은 무엇인가?' 곧 신의 속성은 무엇인가, 신은 인간의 언어로 설명될 수 있는가 등의 본질적이고 형이상학적인 물음이다. 따라서 이승우 소설에 대한 분석은 철학적으로 시도될 필요가 있다.

이승우의 길은 아우구스티누스의 길과는 다르다. 아우구스티누스가 인간으로부터 신으로 나아갔다면 이승우는 신으로부터 인간으로 들어온다. 그는 '신은 무엇인가?'라는 근원적 질문에서 시작해 신을 존재의 최상층 또는 존재의 중심에 세워둔 인간이 신과 어떻게 같은지를 물으며 신이 가진 신성과 인간이 가진 이성이 어떻게 결합할 수 있는지를 살핀다. 이 시각, 그러니까 신성과 이성의 결합 방식은 이성이 신성으로부터 나왔다는 서구의 전통적 존재론과 인식론을 전제로 하고 있지 않다. 인간 세계의 온갖 권력이 갖고 있는 폭력성은 인간의 이성이 주도해서 만든 것이거나 최소한 이성이 개입한 것일진대 그 이성이 신성과 같은 것이거나 신성으로부터 나온 것이라면 폭력성이 과연 가능하겠는가라는 논리적 물음을 던지게 된다. 따라서 이승우는 폭력성의 근저에 숨어 있는 욕망에 대해 탐구한다.

대필작가 임순관의 일기 형식으로 전개되는 〈독〉은 인간 내부에 도사리고 있는 악이 나쁜 사회와 조응해 어떻게 거대한 악의로 사람을 집어삼키는지 보여준다. 독은 인간 내면에 깊숙이 잠재된 악의이다. 그것을 의학적 차원에서 보기는 어렵다. 독은 청진기를 들이대도 MRI를 통과해도 드러나지 않는다. 그러나 하루하루 들숨을 통해 육체에 축적된 그 독의 근원은 사실 자기 자신이다. 그 독이 다시 날숨으로 세상의 대기 속에 토해져 나와 세상을 표독하게 만들고 그 대기를 다시 흡입해 내면에서 자가 증식한다. 그래서 인간은 독을 생산하는 거대한 공장이며 세상은 그 독이 유통되는 거대한 시장이다. 인간과 세상은 독을 거래하는 동업자이다.

자폐적 성향의 임순관이 대필작가로 밥벌이를 할 수 있는 까닭은 바로 그가 세상과 독을 거래하기 때문이다. 그리고 마침내 신천지설계협의회라는 낯선 단체에서 보내온 화살 세 개가 그의 조용한 일상과 내면을 파쇄한다. 임순관의 시선을 따라가면 그에게 일어나는 크고 작은 일들이 어떻게 그를 자극해 연쇄살인에 동참시키는지를 볼 수 있다. "나의 행위에 공감하는 모든 사람들이 나의 공범이다. 사람들은 그들이 죽어야 한다고 생각했고, 나는 그들의 생각을 실천했다." 그리고 독자도 자신도 모르게 공범이 된다.

이승우의 서사가 여기서 끝난다면 그는 아우구스티누스와 전혀 무관한 작가일 것이다. 그러나 그는 등단작 <에리직톤의 초상>에서 이미 신을 말했다. 에리직톤은 여신의 신성한 나무에 도끼질한 죄로 끝없는 허기를 채우기 위해 딸도 팔고 급기야 자기 팔다리까지 뜯어먹으며 죽어간 그리스 신화 속 인물이다. 네 명의 주요 인물 김병욱·정혜령·신태혁·최형석은 에리직톤을 바라보는 자신의 시선에 따라 신과 사회 사이에서 자신의 거리를 유지하거나 변화시킨다. 독자는 거리들을 재면서 신과 인간과 사회라는 삼각관계를 어떻게 설정하고 그 사이에서 영향 받는 자신의 삶이 구원될 것인가에 대해 스스로 답을 구해야 한다. <독>의 임순관도 그렇게 답을 구하는 하나의 개인이다.

　이승우는 이미 등단할 때부터 "저 태초의 까마득한 시간에 대한 그리움이었고, 신의 의중을 헤아려 보겠다는 오기에 찬 욕망"을 지닌 이이며 그 욕망은 금기의 영역인 신성神性을 넘보는 데까지 이르는데 그에게 이런 태도는 '문학과 정신의 원형'에 대한 탐구이다. 그런 신성이 지상에 내려와 돌연변이를 일으킨 존재자가 <독>의 임순관이다. <에리직톤의 초상>에서 펼쳐놓은 신과 인간의 아이덴티티를 대전제로 삼아 그는 스스로가 아우구스티누스처럼 구도자가 되어 인간 세상에서 일어나는 잡다한 사건들을 진지한 고뇌로써 엿보고 있다. 그가 내는 소설들이 한결 그러하다.

홉스
투쟁하는 인간
황순원 · 박완서 · 이문열

폭력적인 국가가 따로 있는 것이 아니다

인간이 가진 본성은 무엇일까? 서구 철학은 보편적 선이 있고 인간 역시 그 선의 본성을 갖고 있다고 오랫동안 주장했다. 철학뿐 아니라 그리스도교도 그러했다. 오늘날에도 그런 보편적 선이 있다고 주장하고 논증하는 이들이 많이 있고 그것이 바로 신의 모습이며 인간은 그 신의 형상에 따라 만들어졌다고 주장하는 이들도 많으나 사실 그런 주장은 종교개혁에 의해 이미 상처를 입었다.

가톨릭은 '모든 곳에 있는, 보편적'이라는 의미를 지닌 희랍어 카톨리코스(katholikos)에서 유래된 이름인데, 이것은 신과 인간에 대한 견해를 함축하고 있다. 신은 모든 곳에 있다. 인간에게도 신은 들어 있다. 그러나 인간에게 들어 있는 신은 신의 원형이 아니므로 인간은 교회를 통해 신과 교신할 수 있다. 가톨릭에서의 인간은 오로지 교회를 통해서만 구원이 가능했다. 그런 연유로 가톨릭에서는 개인으로서의 인간에 대해서는 그리 관심을 두지 않았다. 중세철학 또는 중세신학은 신의 문제에 천착하고 신 존재를 증명하는 방법에만 몰두했다. 그래서 사람들이 교회로 몰리고 면죄부도 사게 되었다. 물론 인간이 신에 대해 탐구하면서 신의 형상을 더욱 두텁게 만들었고 그것이 그대로 인간에게 전이되면서 인간 역시 매우 두터운 존재가 된 것은 부인할 수 없다.

마틴 루터(1483-1546)에 의해 일어난 종교개혁은 이를테면 이제 우리 인간은 신이 없이도 스스로 할 수 있다고 천명한 것이었다. 그것은 이를테면 신으로부터의 독립 또는 자립 선언이었는데, 이에 따라 개인의 역할을 크게 강조하는 방향으로 나아갔다. 이에 따라 시민과 교회와 국가의 성격에 대한 여러 가지 새로운 견해가 종교개혁 이후에 등장하기 시작했다. 보편적 존재로서의 인간 대 개인적 존재로서의 인간. 이것은 종교개혁 이전과 이후를 가르는, 가톨릭과 개신교를 가르는, 인간에 대한 이해의 핵심이었다.

이것을 명확하게 설명한 이가 르네 데카르트(1596-1650)였다. 그는 "나는 생각한다, 그러므로 나는 존재한다"라고 말함으로써 인간이 존재하는 근거가 신에게 있지 않고 개인이 가진 생각에 있음을 밝혔다. 데카르트가 이 논지를 적은 [방법서설]을 낸 때가 1637년이다. 그러나 데카르트에게 이성은 개인마다 다르지 않고 보편적인 속성을 띠었다.

그런 데카르트보다 더욱 개인에게 경도된 인물이 있었으니 바로

1651년에 발표된 [리바이어던]의 저자 토마스 홉스이다. "만인에 대한 만인의 투쟁", 우리가 익히 아는, 좀 더 풀어 쓰자면 "인간은 이리처럼 서로에 대해 적대적이다"라는 말의 주창자가 토마스 홉스이다.

홉스가 이 책을 쓴 목적은 정치적 의무의 본질을 밝히려는 것이었으나, 과학적 문제에 대한 관심을 통해 인간을 해석하고 그것을 국가론으로까지 연장시키려는 것이었다. 17세기 물리학은 물질의 구성 요소를 데모크리스토스처럼 미세한 원자로 보았는데, 홉스는 이를 받아들여 인간 사회에 대해 원자론적 태도를 취했다. 그는 사회를 그것을 구성하는 개인과 관련해 설명할 수 있다고 믿었다. 국가나 사회도 원자인 국민으로 구성돼 있다. 따라서 "국가의 속성을 알려면 먼저 인간의 경향, 특성, 생활양식을 아는 것이 필요하다." 그래서 [리바이어던]의 표지는 홉스가 생각하는 개인과 국가 사이의 관계를 잘 보여준다. 왕은 군림하는 모습으로 묘사되어 있으나 그 모습을 자세히 보면 작은 국민들이 모여서 왕이 만들어졌다. 이 말은 국가와 그 권력이 국민들의 총합에 불과하다는 것이다. 폭력적인 국가는 하늘에서 떨어진 게 아니다.

인간은 타인의 결함을 보고 웃는 존재일 뿐이다

홉스 이전에 아니 그 이후에도 인간에 대한 가장 강력한 명제는 아리스토텔레스가 만든 '사회적 동물'이다. 아리스토텔레스에게 중요한 것은 공동체였다. 공동체를 위해서는 개인의 이익을 줄여야 했다. 아리스토텔레스에게도 인간은 신적 형상을 가진 공동의 선을 추구하는 존재였다. 그러나 인간을 개인적 존재로 해석한 홉스에게 '사회적'이라는 의미는 수용되기 어려웠으며 인간은 더 이상 신적 형상을 나눠가진 존재가 아니었다. 그는 인간을 무어라 규정할 수 없는 존재이며 인간을 관통하는 보편적 속성이 없다고 생각했다. 따라서 인간의 보편적 속성은 존재하지 않으며 명칭만 존재할 뿐이다. 이런 주장은 이미 교회를 반대했던 중세의 유명론자들이 펼쳤던 것인데, 오로지 개체만이 존재하며 개체들은 서로 유사할 수도 있고 유사하지 않을 수도 있다. 홉스에게 인간은 살아 움직이는 육체일 뿐이다.

그는 인간을 선한 존재 또는 악한 존재로 규정하는 것, 또는 선과 악의 존재로 규정하지 않았다. 인간의 본성은 어느 하나로 규정돼 있지 않다. 자연상태에서 인간은 대체로 평등하며, 어떤 특정 사회의 법률에 의해 구속되지 않으며 살아남기 위해 노력한다. 자기 보존과 번식이 그 무엇보다 우선하며, 우리의 자연적 욕구 그 자체는 선악 판단의 대상이 되지 못한다. 도덕은 어떤 역할도 하지 못한다. 홉스는 이 지점에서 두 가지를 추리했다.

첫째, 그는 '만인의 만인에 대한 투쟁'을 말한다. 이 말은 사람들이 불안정한 상태에서 살아가면서 어쩔 수 없이 자신들의 능력에 의존할 수밖에 없을 때 야기되는 항구적인 갈등을 묘사한다. 그가 지적하듯이 이런 상태에서 사회는 어떤 이익도 얻지 못한다. 계속되는 공포와 잔인한 죽음의 위험만이 있을 따름이다. 자연상태에서의 불행의 목록은 "인생은 고독하고 가난하며, 추악하고 야만스러우며 짧다"는 구절로 끝난다. 우리가 사회적 관계를 맺고자 하는 유일한 이유는 그렇게 하는 것이 바로 우리 자신에게 이익을 가져다 주기 때문이다.

둘째, 그는 '인생이 하나의 경쟁'임을 말한다. 그는 인간이 이 경쟁에서 "오로지 최고가 되려는 것 이외에 다른 어떤 목적이나 목표를 갖는다고 생각할 수는 없다"고 주장한다. 우리는 다른 사람을 희생시켜 이익을 얻으려 하거나 이미 얻은 재산을 지키려 한다. 뿐만 아니라 우리는 부귀영화를 누리려고 한다. 그저 "인간은 타인의 결함을 보고 웃는 존재이다."

홉스는 [리바이어던]에서 이렇게 묻는다. "무장을 하고 다닐 때 그는 가까운 신하에 대해 어떻게 생각할까? 문을 걸어 잠그고 잘 때, 그는 자기 이웃에 대해 어떻게 생각할까? 금고를 잠글 때 그는 자기 자식들과 하인에 대해 어떻게 생각할까?" 우리의 일상생활을 통해 밝혀지는 것은, 우리가 서로를 신뢰하지 않고 있으며 모든 사람들이 타인을 희생시켜서라도 자기 이익만을 추구할 것이라고 생각한다는 사실이다. 일상 회화에서 흔히 나오는 '내가 옳다'라든가, '내가 최고다'라는 식의 상투적인 말은 우리 자신에 대한 우리의 배타적 관점을 밝히려는 홉스의 관점이 지극히 상식적 통찰임을 암시한다. 그리고 여기에서 파생되는 것이 폭력인데 폭력은 "자신의 특정 의도를 성취하기 위해 타자에게 강제적으로 가하는 유무형의 압력"[1]이다. 따라서 이는 만인의 만인에 대한 투쟁에서 필연적으로 수반되는 도구이다.

홉스의 이런 시각은 인간의 내면이 신성성과 악마성을 동시에 갖고 있다는 도스토옙스키와는 사뭇 다르다. 두 사람을 비교하는 것이 타당한지 의문이 들기는 하지만, 도스토옙스키는 신성성과 악마성의 양극단을 종합적으로 드러내 보여주는 것이 미와 관계되는 예술 영역이라고 말하는데 예술을 언급하기에 앞서 둘 사이에서는 인간에 대한 해석이 다르다. 문학 또는 예술의 입장에서는, 신성성과 악마성을 함께 갖춘 그래서 스스로 모순적 존재인 인간을 상정해야 미학적인 성과를 거둘 수 있다. 그래야만 미와 추가 대결하고 융합하면서 예술 자체를 더욱 문제 있는 영역으로 만들어줄 수 있기 때문이다. 하긴 드라마 한편에 등장하는 인물만을 놓고 보더라도 절대 선이나 절대 악의 존재는 아니고 때로는 선하며 때로는 악하다.

도스토옙스키가 인간을 신성성과 악마성의 이중적 존재라고 본 까닭은 사회의 근대화 속에서 인간이 생존하기 위해 가져야 하는 숙명이 있다고 보았기 때문이다. 근대화 과정에서 인간은 신성성과 악마성을 가지며, 국가는 악과 폭력으로 형상화되어 서로 대립하는 것으로 설정하면 근대화와 자본주의화에서 소외되고 고통 받는 인간을 그리기에 더욱 안성맞춤이다. 도스토옙스키는 근대화라는 사회적 환경보다는 인간의 내면에 좀 더 깊이 천착한 경우이나, 허버트 리드(1893-1968)가 문학을 두고 근본적으로 아나키즘적 속

---

1 Ynes Michaud, 나정원 옮김, [폭력과 정치].

성을 가진다고 본 것이나 부정의 변증법을 말한 테오도르 아도르노 (1903-1969)가 문학에 대해 사회의 부정성으로서 기성 사회의 지배 질서와 지배 담론을 문제시하고 은밀하게 파괴하는 비판적 저항의 기능을 가진다고 말할 때 지배 질서는 늘 악이며, 그에 편승하는 인간은 악마성이며 그에 저항하는 인간은 신성성이다.

한국의 현대문학에서도 리드나 아도르노식의 프레임이 즐겨 사용된다. 일제 강점기, 6.25 남침, 근대화 과정 속에서 민중은 늘 허약한 신성성이며 국가 또는 정부와 그에 편승한 인간들은 악마성이다. 그렇다고 여기에서 과연 그런지 헤집을 필요를 느끼지는 않는다. 이런 이분법적 도식은 국가에 대해 울분을 행사하고 분노할 수 있지만 인간 본성의 두터움을 묘사하지 못한다. 리드나 아도르노 식의 이분법적 프레임에서 잠시 벗어나 이분법 너머에 은폐되어 있는 인간의 본성을 보려고 노력한다면 홉스의 인간 이해는 하나의 훌륭한 레퍼런스가 되지 않을까 싶다. 그래서 몇 편의 현대소설을 발췌하고 홉스를 따라 좀 더 인간의 본질에 깊이 들어가는 것이 어떨까 한다.

투쟁적 질서라는 근본적 지점을 건드리기 _ 황순원

황순원의 소설들 속에서 개인이 사는 현실 세계는 비정하고 냉혹하다. 그 속에서 개인의 삶은 비극적인 결말을 향해 노출돼 있다. 등장인물들은 종종 '잔인한' 성격을 드러내며, 폭력적이며 잔인한 장면들이 황순원의 소설 이곳저곳에 에피소드로 들어가 있다.

"것두 병나 죽는 게 아니라 저희끼리 죽인답디다, 목이 말라서. 비행기루 보내니까 조금치라두 중량이 더 나갈까봐 목 축일 걸 아무 것도 넣어주지 않는다거든요. 그러믄 저희끼리 죽여서 피를 빨아먹는다지 뭐예요. 나 참 기가 막혀서...... 미물의 짐승이라두 참...... 여하튼 남의 몸속에 피가 있어서 그걸 빨아먹으믄 살 수 있다는 건 어찌 아는지."
아이 아버지는 그냥 같은 자세로 묵연히 서있다. 전에 다람쥐 장수가 오면 반가워하던 빛과는 다르다.
"그게 어디 다람쥐에 한한 걸라구, 우리 사람들은 뭐 난가......"(<피>, 1967)

[현대문학] 145호(1967년 1월)에 실린 단편소설 <피>는 대중에게 잘 알려져 있지 않다. 이 소설은 다람쥐를 잡아 파는 아버지와 아들의 이야기를 다루고 있다. 다람쥐들은 일본으로 팔려 가는데 비행기에 실린 다람쥐들이 목이 마르면 서로 물어서 피를 빨아먹는다. 이야기를 묵묵히 듣던 아버지는 묵연히 한 마디를 던진다.

내가 살기 위해 다른 이를 공격하는 것은 인간도 그러하다. 인간이 이렇다고 해서 그것이 악이라고 말할 수 없다. 그것은 황순원이 그의 소설에게 견지하는 자세이기도 하다. 그것이 반휴머니즘일 수 있다. 황순원의 소설들은 휴머니즘을 지향한다. 그러나 반휴머니즘이라고 해서 그것을 악이라고 규정하지는 않는다. 휴머니즘은 인간이 본성적으로 가진 속성 속에서 어떻게 사회적 가치를 지향하는가 라는 문제일 뿐 휴머니즘을 들어 그런 류의 인간을 악이라고 규정할 수는 없다. 다음의 이야기는 좀 더 극단적이다.

"감시병에게 발각되느냐 안되느냐, 그야말루 생명을 건 도강이었어요."
그런데 긴장된 배안에서 별안간 갓난애의 울음소리가 솟았다. 그 울음소리는 유별나게 크고 높게 울렸다. 어찌할 바를 몰라들 하는 속에서 그러나 곧 그 소리는 사라지고 말았다. 애어머니가 갓난애를 배 밖으로 내던져 버린 것이다. 첨벙 하는 소리가 한번 들리고, 다시금 조용해졌다."([어머니가 있는 유월의 대화], 1965)

남북이 분단된 상황에서 몰래 임진강을 건너던 일행 중 한 어머니는 아기가 울자 그 아기를 물속으로 던졌다. 이 소설에서는 모성에 대한 이야기가 여러 갈래로 표현되는데 이 에피소드는 자신의 생존을 위협 당하는 상황에서는 모성애도 아무 소용이 없으며 자신의 아이조차 죽일 수 있다는 극단적인 내용을 담고 있다. 이런 일들은 황순원의 소설 속에서만 나타나는 게 아니다. 6.25 때보다 더욱 문명화된 것이 분명한 오늘날에도 일상의 뉴스에서 이런 소식은 심심치 않게 접한다.

"점심때가 되어 각 동네 대표들에게 식권을 나누어주었다. 종이 관계로 흰 종이와 푸른 종이 두 가지가 있었다. 거기에 익살꾼이 하나 있다가 장난을 쳤다. 흰 종잇조각 받은 사람은 밭을 타고, 파란 종잇조각을 받은 사람은 논을 타기로 됐다고. 그러자 흰 종잇조각 받은 사람들이 들고 일어섰다. 누군 논을 주고 누군 밭만 주느냐고.

탄실이 아버지는 오늘 자기네가 땅을 나눠 받는 일이 있더라도 공연히 앞장서서 그러지 않으리라 마음먹었다. 그러다가 창피한 꼴을 당하면 어떡하느냐. 그러나 이런 마음 한 구석에서 불안한 생각이 머리를 드는 것이었다. 자기가 윗골 가있는 동안에 동네 사람들이 저희끼리만 좋은 땅을 나눠 가지면 어쩌나. 이왕 나눠받는 바엔 남보다 나쁜 땅을 받아서는 안될 텐데? 그러나 만일 이렇게 제 앞차지만 하는 놈이 있으면 당장 이걸로 그놈의 대갈통을!

손에 잡은 쇠스랑 자루를 한번 부드득 그러쥐었다"([카인의 후예], 1954년)

인간의 본성은 중대한 이해관계가 위협을 받으면 공격적으로 반응한다. 소위 인간적인 도리를 생각해 머뭇거리다가는 다른 이들에게 순서를 빼앗길 것이라는 농민들의 두려움은 탐욕으로 이어지고, 또 서로를 자극하는 악순환으로 진행된다. 숙청되는 지주들을 동정할 여유가 없다. 지주들의 토지뿐 아니라 자잘한 살림살이조차 하나라도 더 갖기 위해 온 마을 사람들이 경쟁한다. 함께 이웃으로 살아온 이들이지만 "제 앞차지만 하는 놈이 있으면 당장 이걸(시스랑)로 그놈의 대갈통을" 부숴버리겠다고 다짐하는 데 이르러서는 홉스가 말하는 인간보다 더욱 공격적이다.

[카인의 후예]에서 마을 사람들의 면모는 다양하게 드러난다. 해방 전 공출이 심할 때 박용제 영감의 도움으로 살아남았던 육손이 아버지는 용제 영감이 면 인민위원회에 저고리 바람으로 끌려가는 틈을 타 용제 영감의 부엌에서 삽과 괭이를 훔친다. 곱실이 아버지와 미륵이 형은 소말뚝에 머리를 박고 피를 흘리는 윤 주사에게 돈을 빼앗기 위해 달려든다. 자신이 직접 세운 훈의 할아버지의 송덕비를 "모주리 때레쥑이라"며 내리쳐 부수는 도섭 영감을 지켜보던 마을 사람들은 그가 사라지자 서둘러 나와 다듬잇돌이 될 만한 비석 조각을 골라낸다. 자신의 이익에 몰두하는 마을 사람들의 이기심은 집단적인 광포성과 결합되어 더욱 심화된다. 그것은 중대한 이해관계에 따라 얼마든지 잔인하고 이기적인 면모를 드러낼 수 있는 인간의 악한 본성이 드러난 것이다.

황순원 소설 속 인물들은 자신의 이익을 위해, 살아남기 위해 다른 이들을 파괴하는 공격적 성향을 숨김없이 드러낸다. 자아를 둘러싸고 있는 외부 세계는 '순수한 자아의 세계'를 훼손한다. 인간의 삶과 현실은 자족적이거나 아름답거나 하지 않다. 황순원의 소설에서 등장하는 선하고 순수한 인물은 아직 그들이 자아와 세계의 간극을 깨닫지 못했다. 그런 인물들은 사회로부터 격리된 사람들이다. 개인은 사회와 관계를 맺는 순간부터 자연 질서에 충실한 동물들과 같은 본성을 드러낸다.

황순원의 소설들에는 "만인의 만인에 대한 투쟁"이 자주 출현한다. [몰이꾼]·[목넘이 마을의 개]·[잃어버린 사람들]들은 군중 심리가 촉발하는 집단적 광기를 묘사한다. 이 광기는 다수가 한 사람을 향해 가하는 폭력으로 드러난다. 다수에 의한 폭력이 광기가 되는 까닭은 익명성이 보장되기 때문인데 이와 함께 개인이 다수의 편에 서는 까닭은 그래야 자신의 생존이 보장되기 때문이다. 이때 정의나 윤리·도덕은 개인이 다수의 편을 선택하는 데 어떤 작용도 하지 못한다.

다수 안에 속하면 심리적 안정감을 얻으며 그 안정감은 잔혹한 폭력을 행사하도록 충동한다. 잔혹은 선명성의 증표가 되기 때문이다. 그것은 다수 안에서도 만인에 의한 만인의 투쟁 상태가 진행되기 때문이다. 다수에 의한 폭력은 희생양을 만들며 그 희생양을 희생시킴으로써 개인들은 승리감에 도취된다. 황순원의 소설에서 묘사되는 집단적 폭력은 명분을 갖고 진행되며 폭력의 집행자들은 자신을 합리화한다. 이것은 개인의 합리화 차원을 넘어서 하나의 규범으로 수립된다. 그 규범에 정의는 결여되어 있으나 규범을 위배하면 국외자로 간주되어 이 집단이나 사회 안에서 생존을 이어가기가 힘들어진다.

황순원의 시선은 단순히 표면적으로 묘사되는 인물들의 악행에 머물지 않고 좀더 근본적인 지점에 자리한 현실의 폭력적인 질서에 가 닿는다. 현실은 지배하는 자와 지배당하는 자로 나뉘는 권력 구조로 이루어진 세계이다. 이런 사회적 조건 속에서 평범한 개인들은 살기 위해서 자기 내부에 깊이 감춰져 있는 야수성을 발현하거나 또는 자신에게 가해지는 폭력에 희생당해야 한다.

정의로운 '개인'이 보이지 않는다 _ 박완서

　박완서[1]는 중산층 여성의 정체성 위기와 위선적이고 속물적인 사회적 관습에 대한 비판을 소설의 중요한 화두로 설정한다.[2] 이 글에서 주목하는 것은 [조그만 체험기](1975)에 나타난 위선적이고 속물적인 사회적 관습이 어떻게 만들어지는지에 관한 것이다.
　[조그만 체험기]의 등장인물은 주인공인 나, 나의 남편, 검찰청의 권 주임[3]과 수위, 나와 비슷하게 옥바라지를 하는 사람들, 그리고 변호사이다. 남편은 재생한 형광등을 새것처럼 팔아 부당이익을 취했다는 이유로 유치장에 갇힌다. 나는 남편을 그곳에서 빼내기 위해 여러 가지 생각과 행동을 한다. 일단 내게 '빽'이 있는지를 생각하는데 없다는 것을 확인하고는 직접 남편을 만나러 검찰청으로 간다. 남편을 쉽게 만나기 위해 수위에게 오백 원을 찔러넣기도 한다(당시 성인 버스요금이 이십 원이었으니 스물다섯 배 지금 돈으

---

[1] 1931-2011. 1970년 장편소설 <나목>이 [여성동아]현상모집에 당선되어 문단에 등단했다. 중산층의 생활양식에 대한 비판과 풍자에 주력했으며, 사회적 단위 집단으로서의 가족구성의 원리와 그 구성원들 사이의 관계를 가족 내적인 문제를 중심으로 하여 새로운 사회,윤리적 판단 기준을 제시하기도 했고, 가족구조의 변화를 역사적인 사회변동의 한 양상으로 파악하기도 했다. 일상적인 현실의 삶을 실재성의 원칙에 의거하여 정확하게 그려 한국사회의 내면적 변화의 핵심이 무엇이며, 무엇이 삶에서 문제가 되는가를 내밀하게 파헤쳤다.
[2] 신수정, <오래된 이태리 영화와 같은>, 2015.
[3] 그가 검찰 소속인지 아니면 경찰 소속인지는 명확하지 않다.

홉스

로 삼만 원 정도이나 그때 오백 원은 지금 삼만 원보다 훨씬 더 가치가 있었다. 기실 예전과 지금의 물가를 비교하기 위해 사용할 수 있는 유용한 도구가 뇌물·촌지·변호사 수임료 같은 것들이다). 그곳에서 남편 사건을 담당한 '권 주임'을 만나는데 이 사람은 남편을 풀어주는 대가로 은근히 돈을 요구한다. 나는 변호사를 선임하고 수임료로 삼십만 원[1]을 건네나 효과가 없어 선임을 취소하기도 한다. 결국 남편은 잡혀간 지 보름 만에 풀려나고[2] 부부는 다시 일상생활로 돌아간다.

[조그만 체험기]는 우리가 사는 이 사회가 얼마나 불합리한 사회인지 단면을 적나라하게 드러내는 듯하다. '억울하게' 혐의를 뒤집어 쓴 남편은 검찰의 실적을 위해 공범으로 몰려 구속되고, 공무원은 빼주는 조건으로 돈을 요구한다. 여기까지 보면 국가 권력의 비리이다. 사람들은 국가가 마치 국민과 독립된 조직, 국가를 운영하는 이들은 국민이 아닌 것으로 이해하기 십상이다. 그러나 검찰청사 수위, 권 주임이라는 경찰인지 검찰인지 공무원은 우리의 이웃이다. 홉스가 말한 대로 우리 이웃이 국가를 구성하고 국가의 대행자로 '악역'을 행사한다.

재생한 형광등을 사서 신품으로 판 남편은 이렇게 말한다. "장사를 하자면 그런 덤핑 물건은 얼마든지 들어와. 큰 메이커 주인들도

---

1 1975년이면 대학 한 학기 등록금이 삼십만 원쯤 했다.
2 무죄인지 선고유예인지 집행유예인지 벌금형인지는 묘사돼 있지 않은데 판사가 같은 공무원이자 '동업자'인 검사를 무시하고 무죄를 선고하기는 쉽지 않다.

아쉬우면 자기 제품도 덤핑을 하게 마련이야." 정가보다 싼 것은 분명히 하자가 있거나 아니면 헐값에 내다 팔 수밖에 없는 이의 간절함이 있을 거다. 그러나 남편은 이익에 눈이 어두워 오직 싼 값만이 보였을 뿐 거기까지 오면서 일어난 불법이나 손해는 보이지 않았다. 그런 행태가 어디 남편뿐인가? 대부분 사람들이 덜 주고 더 받으려고 한다.

"재생한 놈이나 산 놈이나 죽일 놈들이야. 액수는 많지 않아도 액수가 문젠가. 피해자가 서민이란 말야. 서민생활을 좀먹는 이런 새앙쥐 같은 놈들은 일벌백계주의로 중벌로 다스려야 해."

이렇게 정의로운 말을 하는 이는 다름 아닌 권 주임이다. 그러나 권 주임은 나를 따로 만나 이렇게 말한다. "내가 이 사건을 맡을 테니까 아줌마는 아무 걱정 안 해도 돼. 괜히 급한 마음에 여기저기 부탁하고 덤벼봤댔자 뭐가 되는 게 아니라구. 아줌마가 사람 하나는 기차게 잘 만났어. 몇 다리 건너는 거하고 직통 코스하곤 드는 비용이 곱절도 넘어 차이가 나거든." 빽을 물색한 나, 싸다는 이유로 재생 형광등을 덮석 산 남편, 돈을 주면 남편을 빼주겠다는 권 주임, 수임료로 거금 삼십만 원을 받고서도 아무 일도 하지 않은 것으로 보이는 변호사, 여기에서 권 주임은 국가권력의 하수인으로서 악인이고 남편과 나는 선하고 힘없는 존재, 변호사는 그런 우리 부부를 돕는 정의로운 사람이라는 이분법은 발동되지 않는다.

열 명 스무 명 줄줄이 묶인 피의자들, 검찰청 주변에 서식하는 브로커들, 남편에게 재생 형광등을 판 황가 등은 악인인가 하면 그렇지도 않다. 그렇다고 그들이 선인인가 하면 그렇지도 않다. 홉스의 방식 때로 그들은 그저 이리들일 뿐인데 홉스는 이리들을 선인과 악인으로 구분하지 않는다. 그저 세상은 "억울한 사연들이 모여서 악머구리 끓듯", "기계 같은 냉혹성", "사람 개개인에 대한 이해나 보살핌을 철저하게 거부", "누구에게나 공평하게 불친절"로 점철돼 있다.

그럼에도 사람들은 "어떤 세도가나 권력자에게도 동등하게 대우받아야 한다는 내 나름의 오만"을 갖고 있다. 구속된 사람들 가족의 이야기를 듣다 보면 모두 다 억울하다. 그것은 홉스가 말하는 "자신의 판단과 이성에 따라 가장 적합한 조치라고 생각되는 어떤 일을 할 수 있는 자유"의 가장 적나라한 모습이다.

투쟁 상황에서 인간이 할 수 있는 일 _ 이문열

[필론의 돼지] (1980)는 특정한 상황을 설정하여 그 속에서 드러나는 인간 존재의 다양한 모습을 보여 주는 이문열 특유의 문학적 질문과 대답을 담고 있다. 1980년 봄에 출판된 문학지 [작가] 1호에 게재된 이 소설은 당시의 정치적 시대적 상황에 대한 이문열의 발언이라고 이해할 수 있다. 이 작품은 폭력의 악순환과 더불어 인간 본성의 어두운 속성을 다루고 있다. 권력의 폭력과 지배를 당

하는 쪽의 폭력을 등가의 것으로 보아 많은 논란을 일으켰으나 바로 이 지점을 이문열이 말하고 싶었던 것으로 이해된다. 더욱이 [필론의 돼지]는 어떤 해결책이나 방향을 제시하지 않고 그저 스트레이트 뉴스처럼 그런 사건이 있었다는 식으로 마무리를 지음으로써 철저하게 가치중립적인 태도를 취한다.

소설은 육군 제대병 백여 명이 열차를 타고 귀향하다 '검은 각반'으로 묘사된 특정부대 현역군인 네 명에게 폭행과 수모를 당하며 돈을 빼앗기는 사건을 다루고 있다. '쓸개 빠진' 군인들은 '검은 각반'들에게 지폐를 쥐어주거나 슬며시 외면한다. 참지 못해 법을 거론하거나 직접 폭력으로 저항하는 군인도 등장한다. 창백하고 깡마른 한 군인은 '검은 각반'의 안하무인에 안면방해, 하극상, 부당한 명령, 폭행 운운하며 꼿꼿이 맞서지만 한 주먹에 코피를 흘리며 비참하게 주저앉는다. 하지만 저항하는 군인은 "우리 같이 한잔하지"라며 교묘한 동지적 대우를 제안하는 감언에 녹아 검은 각반을 따라 다른 칸으로 간다. 그러나 무리를 배신하고 떠난 그마저 비참한 몰골로 돌아오면서 열차 안은 다시 잠잠해진다.

이때 특수부대 출신의 한 제대병이 "야, 이 답답한 친구들아, 삼년간 당한 것도 분한데 끝나는 오늘까지 당하고만 있을거여!"라는 고함소리에 용기백배한 제대병들이 마침내 '검은 각반'들에게 의자 시트를 뒤집어씌우고 떼지어 달려든다. 내면의 양심을 제대로 표출하지 못하던 선량들이 분노 끝에 힘을 합치면서 숨겨져 있던 광폭함과 잔혹성까지 나온다. 마침내 리더 격의 '검은 각반'은 '형님들

살려주십시오'라며 애걸복걸한다. 말을 끝맺을 새도 없이 사방에서 발길과 주먹이 날아든다. '검은 각반'은 새우처럼 몸을 구부린 채 꼬꾸라진다. 이 모든 사태가 끝날 즈음 작중 화자 '나'는 이렇게 독백한다.

> ""법과 진리의 도착은 언제나 늦었다. 그가 막 다음 객차의 빈자리를 찾아 앉을 때쯤, 호루라기 소리와 함께 한 떼의 헌병과 함께 호송병이 달려가는 것이 보였다. 그는 막연한 우울 속에서, 천천히 한숨을 쉬었다"라고."

법과 진리는 사건이 종료될 때까지 도착하지 않는다. [필론의 돼지]는 집단적 권력의 폭력적 행위에서 드러나는 인간의 본성이 드러나 있다. 권력의 부당하고 불합리한 양상으로서의 집단적 폭력과 위협에 저항할 수 있는 대응방식을 보여준다. 대응 과정에서 피해자 군인들이 눈먼 증오와 격앙된 감정에 휩싸여 폭력으로 물들어가는 심리도 보여준다.

부당한 폭력에 저항하는 첫 번째 방식으로는 자신의 힘으로 맞서 저항했던 한 군인의 사례이다. 그런데 이 병사는 그들이 제시한 타협을 수용하면서 자신이 속한 무리를 배신하지만, 결국은 '검은 각반'들에게 구타당하며 자신도 배신당하는 결과를 초래한다.

두 번째 방식인 법과 논리라는 원칙을 정당하게 내세우며 저항하고자 했던 다른 한 군인 역시 비참한 희생을 당한다. 세 번째 방식은 '검은 각반'들에게 '연대의식'으로써 대응하는 것이다. 이 대응 방식은 집단성을 가진다. 따라서 '검은 각반' 네 명의 집단적 폭력에 대응하는 제대병의 집단적 폭력이 일어난다.

이렇게 됐을 때 승자는 제대병이 되는데 왜냐하면 검은 각반은 네 명에 불과하고 제대병은 백여 명이나 되기 때문이다. 이 과정에서 정의로운 것은 법과 논리이나 그것은 힘 앞에서 무참하게 무너진다. 폭력에 대해 폭력으로 대응하는 데에서는 정의와 불의의 구분이 없다. 작가가 소설에서 어느 편도 들지 않는 것은, 작가 스스로 그렇게 생각하는지는 모르겠으나, 정의와 불의가 구분되지 않기 때문이다.

전쟁에서 요구되는 것은 오로지 폭력과 기만뿐이다. 자신의 무리를 배신한 병사는 기만을 사용한 것이고, 집단적 폭력으로 대응한 제대병들은 폭력을 사용한 것이다. 이런 상황에서 무엇을 선택할지의 문제는 '만인의 만인에 대한 투쟁'에서 내가 무엇을 선택해야 생존하는가에 달려 있지 정의나 불의 같은 문제에 달려 있지 않다.

부당한 폭력성에서 악을 발견한다는 것은 그리 간단한 문제도 아니고 그래서 이문열은 이 소설을 결론 없이 마무리할 수밖에 없다. "폭력은 권력의 가장 극악한 발현형태이며 권력의 궁극적인 본성은 폭력"이라는 일반적인 통념에 따른다면, 군인들의 집단폭력은 일반적인 것이어서 비난의 대상이 될 뿐 악이라고 보기 어렵다. 한나 아렌트는 이런 통념에 반발하여 권력과 폭력의 관계는 대립적이라는 독특한 논지를 전개하는데, 폭력은 목적을 이루기 위한 수단이라는 점에서 목적을 통해서만 정당화될 수 있으며, 반면 권력은 대중들의 의견과 행동, 즉, 권력 이면에 있는 권력에 좌우되므로 그 자체로 정당성을 지닌다고 한다.

따라서 폭력을 사용하는 권력이라면 그 권력은 이미 권력이 아니며 정당성이 없다고 말한다.[1] 그러나 홉스는 폭력을 권력의 속성이라고 본다. 그 권력은 국가에게도 있고 개인에게도 있다. 따라서 폭력을 사용하는 권력이나 개인은 지극히 정상적이게 된다.

이문열이 이 소설에서 문제로 삼는 것은 폭력집단 자체가 아니다. 그는 폭력행위로 표출되는 두 집단을 그대로 묘사했을 뿐이다. 이 소설에 나오는 사건을 두고 '악'을 언급하면 국가와 개인의 속성으로서의 폭력이 악이 되는 것이고 이는 다시 국가와 개인이 악한 존재가 되는 것이다. 이런 연유로 홉스는 '악'이라는 개념을 통해 국가나 개인을 해석하지 않는다.

그저 홉스는 자연 그대로의 상태를 언급할 뿐이며 인간이 자연 그대로의 상태에서 평화를 향하게 하는 정념으로 죽음에 대한 공포 등 몇 가지를 든다. 그리고 서로 합의할 수 있는 적절한 평화의 규범을 시사한다. 그렇다고 해서 평화의 규범을 만들지 못하면 야만인 것이고 만들면 문명인 것이라는 이분법도 그에게는 없다. 그래서 이문열이 선택한 것은 필론의 실화인지 우화인지 하는 전해져 내려오는 무위無爲이다.

---

1 유철상, 〈한국 현대소설에 나타난 악과 폭력의 문학적 형상화〉, 2008.

"필론이 한번은 배를 타고 여행을 했다. 배가 바다 한가운데서 큰 폭풍우를 만나자 사람들은 우왕좌왕 배 안은 곧 아수라장이 됐다. 필론은 현자인 자기가 거기서 해야 할 일을 생각해 보았다. 하지만 도무지 마땅한 것이 떠오르지 않았다. 그런데 배 선창에는 돼지 한마리가 편안하게 자고 있었다. 결국 필론이 할 수 있었던 것은 그 돼지의 흉내를 내는 것뿐이었다."

세상의 핵심은 개인 대 개인의 투쟁

"만인에 대한 만인의 투쟁"은 한국 현대소설가들의 작품에서 단골로 출현한다. 소개한 세 소설가 이외에도 이문구[1]·전상국[2]·이동하[3]·홍성원[4] 등의 소설에서 핵심적인 소재이기도 하다. 그런데

---

1 1941 - 2003. 1966년 [현대문학]에 단편 <백결>이 추천되어 등단했다. 초기부터 관심을 두어온 것은 전통적인 농촌이나 어촌, 또는 산업화의 소외지대인 도시 변두리 사람들의 삶이었다. 초기 작품에서 그는 고향의 정감을 상실해 가는 사람들의 애환과 비애, 그리고 그것을 초래한 상황의 모순을 형상화했다. 특히 전통적인 농촌 사회에 관한 풍부한 디테일과 그 안에 존재하는 인물들이 주고받는 정감어린 인정에 대한 묘사는, 사라져 버린 전통적 세계에 대한 최고의 문학적 헌사였다.
2 1940-. 1963년 [조선일보] 신춘문예에 단편 <동행>이 당선되어 등단했으나 이후 10여 년간 작품 발표를 하지 않았다. 1974년 [창작과비평]에 <전야>를 발표하면서 본격적인 작품 활동을 시작했다. 중심소재는 분단이다. 그의 분단소설들은 전쟁의 폭력성과 그로 인한 상처들을 증언하며 동시에 그 상처의 치유가 우리 모두의 몫이라는 사실을 강조한다.
3 1942-. 1967년 [서울신문] 신춘문예에 단편 <전쟁과 다람쥐>가 당선되었다. 그의 작품들은 현실에 대한 허무감을 통해 자아인식을 이룩하려는 태도로 삶이 지닌 비극적인 아름다움을 추구한다.
4 1937 - 2008. 1964년에 단편 <빙점시대>가 [한국일보] 신춘문예에 당선되고, 8월 <기관차와 송아지>가 [세대] 창간 1주년기념 문예공모에, 12월 장편 <디데이의 병촌>이 [동아일보] 장편소설공모에 당선되면서 등단했다. 초기의 군

많은 이들은 이런 투쟁을 그저 근대화 과정에서 일어난 국가 폭력에 저항하는 개인의 모습으로 치부하는 경향이 있다. 우리는 국가가 신에 의해서 만들어졌거나 또는 지배계급이 만든 것이라고 생각한다. 어느 시점까지는 그랬다. 물론 국가 폭력은 국가가 소멸할 때까지 지속되겠으나 그런 시각은 인간에 대한 이해를 매우 얇게 만든다.

우리는 어느 특정한 시대만을 콕 들추어서 허위와 불의가 팽배했다고 말하곤 한다. 그러나 그건 모든 시대가 같다. 과거에는 그랬는데 지금은 안 그렇다고 말할 수도 없으며 요순의 시대에도 세종대왕 때에도 마찬가지였다. 다만 인간은 비교하는 동물인데다가 팔이 안으로 굽는 동물이다 보니 내 편은 선하고 네 편은 악할 뿐이다.

또한 우리는 행복의 질서는 지금 이곳에서 끝내 불가능하다는 것을 되풀이 상기시킨다. 그런데 행복의 질서는 지금 이곳에서 뿐 아니라 어느 때나 끝내 불가능했다. 인류 역사에서 개인이 행복했던 시설은 아무 때도 없었다. 다만 소설가가 경험한 세계가 지금 이곳이기 때문에 마치 지금 이곳에서만 불가능해 보일 뿐이다.

지금부터 수십 년 전 필립 짐바르도는 매우 흥미로운 실험을 했다. 사람들을 간수와 수감자 두 부류로 나누고 교도소를 만들어 그 안에서 실험을 했다. 그는 이 실험을 스탠퍼드 대학교에서 했다. 당

대와 전쟁문제로부터 도시적 삶의 고통과 좌절, 조직과 폭력의 문제를 거쳐, 최근의 역사문제에 이르기까지 그의 문학 세계는 매우 방대하다. 문체는 수식어를 배제하고 대화와 행위에 대한 묘사가 압도적이며 주로 현재형을 쓴다.

연히 이 실험에 참여한 사람들은 지성을 자랑하는 스탠퍼드 사람들이었다. 결과는 놀라웠다. 간수는 '악행'을 저질렀고 수감자는 실제 '죄인'이 되었다. 필립 짐바르도가 세운 스탠퍼드 교도소에서 간수가 되는 순간 누구나 인간은 그것이 나쁜 일인 줄 알면서도 죄의식 없이 동참할 것이다. 그러면서도 나 자신은 항상 착할 거라는 착각에 빠져 산다.

짐바르도는 [루시퍼 이펙트]에서 '악한 사람은 그 기질에 원인이 있다'는 통념을 거부하고 선과 악, 인간 본성에 관한 새로운 해석을 시도한다. 또한 인간은 누구나 자신의 의지와는 달리 순식간에 악의 나락으로 빠질 수 있음을 상기시킨다. 그것이 인간의 본성이다. 다만 그 본성을 교육과 훈련을 통해 바꾸는 것인데 설령 바꾼다고 해도 인간은 스탠퍼드 교도소의 간수가 되는 순간 다시 본성을 회복하고 홉스로 되돌아간다. 사람들은 공통의 목표가 있을 때 협력한다. 그것을 플라톤은 '선'이라고 불렀는데 '유감스럽게도' '선'이 아닌 것에 협력하는 경우가 인간 세상에는 더 많다.

데카르트
신으로부터의 독립
장용학 · 조해일

우연인 듯 운명인 듯 철학자가 된 데카르트

중세 이후 인간이 신에 대해 가질 수 있는 네 가지 태도가 있다. 먼저 모든 것을 신에게 질문하고 의탁하는 태도이다. 둘째, 신으로부터 독립을 선언하는 태도이다. 셋째는 신은 없다는 태도이다. 그리고 네 번째는 신은 예전에는 있었는데 지금은 사망하고 없다는 태도이다. 첫째는 아우구스티누스, 둘째는 데카르트, 셋째는 마르크스, 그리고 넷째는 니체이다. 이 글에서 가장 핵심을 이루는 "나는 생각한다. 그러므로 나는 존재한다"라는 데카르트의 명제는 중세에서 근세로 넘어가는 과정에서 인간이 보인 신에 대한 태도를 적확하게 표현하고 있다.

근세 이후 서양철학을 합리론과 경험론으로 분류하는데, 흥미롭게도 합리주의 철학자와 경험주의 철학자의 삶이 매우 대조된다.

인간의 이성적 지식을 믿어 의심치 않았던 데카르트는 1596년에 태어나 1650년 아이러니하게 사망했다.

그는 스웨덴 여왕 크리스티나의 초대를 받아 스웨덴에서 크리스티나에게 철학을 가르쳤다. 여왕은 지식에 대한 욕심이 매우 커서 새벽 다섯 시부터 수업을 받기를 원했다. 평생 늦잠을 자던 데카르트는 새벽 일찍 일어나 여왕에게 철학을 가르쳤는데 북유럽의 추운 나라에서 새벽에 일어나다가 그만 추위와 피로에 몸을 상해 폐렴으로 사망했다. 대단히 이성적인 사람이 매우 비이성적인 삶으로 뛰어든 것이다.

스피노자는 예속에 맞서 자유를 획득하려는 열망이 대단히 강했다. 그래서 그는 하이델베르크 대학에서 교수로 초빙 받고도 이를 거절했다. 거절의 이유는 명확했다. "자유로운 철학활동을 보장하지 않는 곳에서는 재직할 이유가 없다." 그는 부모로부터 받은 유산은 누이에게 주고는 렌즈를 깎아 생계를 유지하는 처절한 고독과 빈곤 속에서 살았다. 폐병을 안고 있었는데 이것은 아마도 영양실조로 인해 생긴 것으로 보인다. 마흔네 살에 세상을 떠난 원인도 렌즈를 깎을 때 생기는 유리먼지가 결핵이나 규폐증을 악화시켰기 때문이라고 한다.

라이프니츠(1646-1716)는 철학·수학·자연과학자·법학·신학·언어학·역사학 등 인문학의 전 분야에서 인류의 정신적 유산들을 밝혔다. 그는 너무도 똑똑해서 열다섯 살 때인 1661년 라이프치히 대학에서 법률과 철학을 공부했으며 이어 예나대학에서 수학을 공부했다. 스무 살 되던 해인 1666년 예나대학에 학위를 청구했으나 어리다는 이유로 거절을 당했다. 다음 해인 1667년 뉘른베르크 알트도르프 대학에서 학위를 취득했으나, 대학이 제공한 객원교수의 자리를 사양하고, 연금술사들의 결사체인 로젠크로이체르에 들어가 비서가 되어 화학을 공부했다. 서른 살 되던 해인 1676년에는 브라운슈바이크 뤼네부르크 후국 프리드리히의 초청을 받아 하노버로 갔다. 라이프니츠는 궁정고문이나 도서관리 등의 일을 맡아, 죽을 때까지 이 자리에서 다채로운 활동을 했다. 그러나 그의 말년은 불우했고 여러 상실감 속에서 일흔 살의 생애를 하노버에서 마쳤다.

합리론 또는 이성론을 주창했던 철학자들의 삶은 매우 순진했고 어쩌면 세상 물정을 모른 사람들이라고 불리어도 마땅하다. 이에 반해 경험론자인 로크·흄·버클리는 예외 없이 공직에 있었는데 이들의 삶의 방식은 매우 영리했다.

그렇다고 데카르트가 순수 그 자체였던 것도, 또 책만 파는 고루한 철학자였던 것도 아니었다. 그는 철학의 길로 접어들기 전에 네덜란드 육군사관학교 후보생(1618-1620)이었다. 하지만 전투는 모두 피해 다녔고 여행을 즐겨 다녔다. 그의 생애에 30년 전쟁이 있었는데 30년 동안 지속된 이 전쟁은 1618년에 시작돼 1648년에 끝났으니 데카르트의 나이 스물두 살에 시작돼 쉰두 살에 끝났다. 그러니 그의 성인 시절 전부가 30년 전쟁의 소용돌이 속에 있었던 셈이다. 이 전쟁은 데카르트 철학에도 결정적인 영향을 미쳤다.

이 전쟁은 신성 로마 제국의 지배하에 있던 보헤미아 지방에서 신교도를 가혹하게 탄압하자 1618년 신교의 제후들과 신도들이 들고 일어나면서 시작되었다. 처음에는 독일 내부의 전쟁이었으나 덴마크와 스웨덴, 프랑스와 에스파냐 등 주변 국가들이 개입해 국제 전쟁으로 확대되었다. 덴마크 · 스웨덴 · 프랑스는 신교 편을 에스파냐는 구교 편을 들었다. 네덜란드는 다행히도 전쟁의 소용돌이에서 비껴 있었다.

스물여섯 살에는 부친의 재산을 상속해서 일을 할 필요조차 없을 만큼 부자가 되었다. 오전에는 일어나지도 않았고 하루의 반을 침대에서 뒹굴었다. 물론 머리는 좋아서 열 살에 라 플레슈 예수회 대학에 입학했고 대학 마지막 2년 동안에는 수학과 물리학을 가르치는 강사의 자리에 있었다. 라 플레슈 대학은 프랑스 왕 앙리4세가 세웠는데, 낭트칙령을 통해 가톨릭과 프로테스탄트의 화해를 시도했던 앙리 4세는 1610년 암살을 당했고, 그의 심장은 이 대학에 안치되었다. 데카르트는 1606년에 라 플레슈에 들어갔으니 그가 재학 중에 앙리 4세가 암살당했다.

1620년 군인을 그만두고 철학자의 길로 들어선 데에는 세 개의 꿈이 결정적이었다고 한다. 첫 번째 꿈은 자신을 넘어뜨리려고 부는 회오리바람에 떠밀린 것, 두 번째 꿈은 대학의 휴게실에서 친구가 자신에게 멜론을 먹으라며 준 것, 세 번째는 침대 위에서 백과사전과 시집을 읽은 것이다. 이 꿈들에는 공적인 사건이 없고 모두다 순전히 개인적인 사건들뿐이다. 그가 철학을 시작한 것이 거창한 것이 아니었음을 시사한다. 첫 번째 꿈을 꾸면서 그는 전쟁이 자신의 생명을 앗아갈지도 모른다는 불안감에 휩싸였을 것이다.

데카르트는 왜 확실성을 추구했는가?

데카르트의 생애를 지배했던 30년 전쟁은 데카르트만을 지배한 것이 아니라 동시대 유럽인들의 심성을 지배했다. 전쟁은 사람의 마음을 바꾼다. 전쟁에서 살아남은 사람들은 전혀 다른 사람들로 다시 태어난다. 세상을 보는 눈도 바뀐다. 전쟁을 겪으면 사람들은 분명한 것을 찾는다. 데카르트는 그것을 보았다. 그래서 데카르트는 확실성을 탐구했다.

그는 "진리를 확실하게 인식하기 위해 인간에게 허용된 길은 명증적 직관과 필연적 연역 이외에는 없다"고 생각해, 모든 명제를 자명한 공리로부터 연역하는 기하학적인 방법을 철학에 도입했다. 철학사적으로 볼 때 이 방법을 통해 데카르트는 중세 철학에서 탈피해 근세 철학의 창시자가 되었는데 그에게 영향을 준 것은 전쟁·르네상스의 세속적 휴머니즘·갈릴레이를 위시한 당대 과학자들이었다.

데카르트는 불확실성과 불안이 만연한 전쟁 시기에 철학을 시작했다. 전쟁은 전통의 규범들을 무너뜨리고 인간의 보편적 가치를 앗아버리며 절대자에 대해 회의하도록 한다. 공동체는 해체되고 사람들은 공동의 선보다는 개인의 생존에 집착한다. 세상에 대해서는 의심을 거둘 수 없으며 믿을 것은 오직 나 자신 뿐이다.

그래서 그의 주저인 [방법서설]은 여느 철학책들과 달리 주어가 '나'이다. 자신의 인생에 대한 이야기들도 여기저기 등장한다. [방법서설]을 낸 목적 자체가 전문 철학인들을 위한 것 아니라 일상인들의 독서를 위해서였다. 그래서 그는 이 책을 라틴어가 아니라 프랑스어로 먼저 펴냈다. 당시의 학자들은 예외 없이 라틴어로 글을 쓴 것을 고려할 때 매우 이례적이었다.

세상은 중세의 신 중심 세계관으로부터 인간 중심의 세계관으로 바뀌고 있었다. 14세기부터 인문주의자들은 인간들의 지적·창조적 힘을 재흥시키려는 신념을 갖고 있었고 이런 신념이 유럽 전역으로 확산됐다. 르네상스와는 별도로 과학과 기술의 발달도 빼놓을 수 없다. 갈릴레이가 망원경으로 천체를 보면서 목성의 위성·토성의 띠·달 표면의 요철·태양의 흑점 등을 발견하고 지구가 돈다고 말한 때가 1610년이니 데카르트의 나이 열네 살 때였다. 이 사건은 데카르트로에게 시각중심주의와 확실성에 대한 추구를 갖도록 했다.

갈릴레이의 망원경은 데카르트로 하여금 서양철학의 전통인 빛·시각·비추임의 철학을 더욱 공고히 하도록 만들었다. 거기에 더해 서양철학의 방법론은 직관·반성·통찰이었다. 시각은 철학자들이 원하는 명료성·엄밀성·판명성에 대한 기본적인 도구가 되었다. 여기에 작동하는 것이 이성인데 빛은 이성의 권능으로부터 생긴 내적인 빛이며, 어둡고 혼란스러운 정념과는 대조적으로 이성은 자신의 빛으로 사물을 비추고 우리를 투명함과 계몽으로 인도한다.

중세철학은 종교에 의해 지배되었으나 데카르트에서 시작되는 근세철학은 과학자의 말을 더욱 신뢰하기 시작했다. 근대의 과학자들은 사물의 원인을 밝히고 그것이 결과에 이르는 과정을 법칙으로 만들었다. 법칙을 만드는 것은 이전에는 단 두 존재만이 누리는 권리였는데 한 존재는 신이었고 다른 한 존재는 왕이었다. 그러나 이제 인간이 신 또는 왕의 자리로 올라가게 되었다. 세계의 법칙을 만들어내는 주인은 '나'이다. 그는 방법서설에 이렇게 적었다. "내 자신의 이성이 내 생각이 미치는 것 못지않게 큰 사람들이 얼마 전에 어떤 사람이 발표한 자연학에 관한 견해를 단죄했다는 소식을 들었다."

'큰 사람'들은 로마 교황청 사람들이다. '어떤 사람'은 갈릴레이를 가리킨다. 데카르트는 '인간이 자연의 주인'이 되려면 기계학과 의학을 공부해야 한다고 말했다. 이 발언은 두 가지 의미를 가지는데, 종교의 권위가 높았던 당시에는 매우 획기적인 일이었다. 첫째, 이전까지 자연의 주인은 신이었는데 데카르트는 인간을 주인으로 만들었다. 둘째, 이전까지 인간은 신 또는 종교에게 물었는데 데카르트는 기계학과 의학에 묻고 있다. 그렇게 해서 인간은 스스로 생각하는 존재이며 또 스스로 묻는 존재이다.

데카르트가 한 것은 낡은 체계에 대한 의심 또는 회의였다. 데카르트는 다른 명제로부터 논증되지 않고 스스로 명백한 명제, 즉 모든 철학의 원초적인 명제인 동시에 토대가 되는 것을 '제1원리'라고 부른다. 제1원리를 찾기 위해서 '방법적 회의'를 제시한다. 우리가 가지고 있는 지식을 모두 의심해 더 이상 의심할 수 없는 명백한 진리에 도달하자는 것이 데카르트의 의도이다.

데카르트는 먼저 감각으로부터 또는 감각을 통해 이루어진 감각적 지식을 의심한다. 감각적 지식은 특수한 것에 관한 지식이다. 우리의 감각이 불완전하기 때문에 이 감각을 통해 인식되는 감각적 사물의 존재 및 그것에 관한 지식은 얼마든지 의심할 수 있다. 일반적인 것에 관한 지식도 의심하고, 결국에는 우리가 가장 확실하다고 믿고 있는 보편적인 것에 관한 지식인 수학적 진리마저도 의심할 수 있다. '기만적인 신'의 조종과 농간이 우리를 속이고 있을지도 모르기 때문이다.

하지만 우리가 모든 것을 의심해서 이 세상에 확실한 것이 아무것도 없다 해도 한 가지만은 의심할 수 없다. 그렇게 의심하고 있는 나의 존재가 그것이다. 사유의 내용은 의심할 수 있겠으나 사유한다는 사실과 사유하는 주체로서의 나는 틀림없이 있다. 그래서 그는 "나는 생각한다. 그러므로 나는 존재한다"라는 명제를 제1원리로 내놓았다.

데카르트는 이 제1원리를 출발점으로 해서 다른 모든 지식을 연역한다. 그는 이 직관을 '명석하고 판명한 인식'이라고 규정한다. 그는 이성에 대해 언급하기를 "실제적인 것을 발견해서 적절하게 사용하는 것"이라고 한다. 그의 이성은 '실제적이고 효과가 있는 이성이다. 한편으로는 계산을 잘 하는 이성이다. 법칙을 잘 만들어내는 것은 우리의 이성이다. 따라서 데카르트는 그의 책에서 시종일관 이성을 잘 사용하는 것에 대해 말한다. 그의 주저 가운데 하나인

[방법서설]의 원 제목은 [이성을 잘 인도하고, 학문에서 진리를 탐구하기 위한 방법서설, 그리고 이 방법에 관한 에세이들인 굴절광학, 기상학 및 기하학]이다.

데카르트의 철학은 중세와 전쟁에 대한 회의에서 출발해 신 중심으로부터 인간 중심으로 나아감에 따라 인식과 판단 등의 기준이 신으로부터 인간으로 이행할 때 인간이 가져야 할 법칙에 대해 논하는 것이다. 이때 인간은 확실성을 담보하기 위해 새로운 수단을 이용하는데 데카르트는 과학적 성과물들을 이용한다.

그러나 그의 책 제목에서 알 수 있듯이 이성을 잘 인도하는 것에 대해 늘 고민하는 것은 인간의 이성을 세상의 중심에 놓았을 때 그것이 주관주의로 나아갈 수 있기 때문이다. 이성을 잘 인도한다는 말에는 대부분의 사람들에게 이성을 잘 인도하는 것이 여의치 않다는 뜻이 들어 있으며, 모든 사람이 공동으로 갖고 있는 양식을 잘 훈련해야 이성이 된다. 어쩌면 이성론은 인간이 가지는 하나의 꿈일 뿐이고 결국 남는 것은 개인에 의한 주관주의밖에 남지 않는다. 인간은 다만 그런 관념을 훈련하는 존재일지도 모른다. 실현되지 않더라도 말이다.

명석판명한 지식과 흑백논리는 상통한다 _ 장용학

20세기 한국에서의 두 가지 큰 사건은 일제 식민지 시대와 분단과 전쟁이다. 한국에는 이성의 훈련을 스스로 정립한 철학자는 없으나, 소설들에서는 격변의 20세기 한국에서 인간이 어떻게 반응했는지에 대한 묘사들이 많다. 낡은 관념에 대한 회의, 인간이 나아가야 할 방향에 대한 모색 등이 예외 없이 이루어진다. 결론은 데카르트와 같지 않아도 성찰의 내용은 같다. 이 가운데 두 편의 소설만을 언급하겠다.

장용학[1]은 폐허화된 전후를 사는 인간의 문제와 정신세계를 관념적으로 서술해 절박한 기로에서 생존을 위해 선택했던 가치의 문제가 무엇인지 되짚고 인간 존재의 의의를 찾으려 했다. 1955년에 발표된 그의 소설 <요한시집>에서는 자유 또는 인간 해방이라는 추상적인 가치 아래 그 관념의 희생이 되기를 강요하는 전쟁이 고발된다. 자유나 인간 해방 같은 가치는 인간이 추구할 가치임에 분명하지만, 그것을 얻기 위해 인간은 전쟁을 벌이며 자유를 억제하고 해방이 아니라 굴레를 씌운다. 그런 모순 속에서 살고 있는 존재가 인간인데, 자유나 인간 해방을 위해 동원되는 수단은 인간의 이성이다.

<요한시집>은 50년대의 근원적인 모순 가운데 하나인 이데올로기 문제를 탐구하고 이데올로기의 허구성을 말한다. 데카르트가 이

---

[1] 1921-1999. 1950년 단편 <지동설>이 [문예]에 추천되었다. 1962년 소외된 인간의 군상, 즉 현대 문명으로 파괴되어 가는 인간상을 그린 장편소설 <원형의 전설>을 [사상계]에 연재했다. 그의 소설적인 방법은, 체험을 서사적 방법으로 제시하기보다는 관념을 캐리커처 식으로 구성한다. 그의 소설의 주제는, 현대인의 비인간적인 상황에 대한 고발과 인간 존재에 대한 질문이며, 이를 관념적 문제로 진술했다. 이런 이유로 관념소설이라는 새로운 계보를 만들어 낸 작가이자 한국전쟁을 세대적 자의식으로 인식해 그 시대상을 소설적으로 드러내려고 노력한 소설가라고 평가받는다.

성의 훈련법에 대해 고민했다면, 장용학은 '진정한 자유는 가능한 가?'라고 묻는다. 진정한 자유를 갈구해서 역설적으로 죽음을 택할 수밖에 없었던 누혜를 통해, 인간의 자유와 극한 상황에서의 실존적 자각을 그리고 있다.

소설은 우화로 시작된다. 깊은 산속 동굴 안에 토끼가 살았다. 무지개 빛이 들어오는 한 공간 안에 살고 있는 토끼는 바깥세상으로 나가고 싶어 하나 나갈 구멍을 찾지 못한다. 발을 디뎌 창 쪽을 더듬는 순간 무지개 빛은 사라지고 어둠이 깔렸다. 토끼는 밖으로 나가려고 시도한다. 몸은 피투성이가 되었지만 드디어 밖으로 나갈 수 있게 됐다.

그 순간 강렬한 햇빛으로 인해 토끼는 실명한다. 더 나아갈 수 없었다. 더 나아가면 자신의 고향으로 돌아갈 수 없을지도 모른다. 토끼는 자유를 얻지만 결국 눈이 먼 관계로 자신이 나온 곳 주변을 떠나지 못한 채 그 자리에서 죽고 그 자리에서 버섯이 된다. 토끼가 죽은 자리에 '자유의 버섯'이라는 버섯이 자라났다. 죽음으로써 자유가 얻어진 셈인데, 플라톤은 철학을 두고 죽음의 연습이라고 했다. 철학의 목적은 자유의 획득이다. 이 대목에서는 플라톤의 동굴의 비유가 연상된다. 진리를 보기 위해 동굴 바깥으로 나가면 태양에 눈이 먼다. 데카르트는 망원경을 사용해서 플라톤의 시각중심주의를 계승한다.

그리고 나의 이야기가 시작된다. '나'는 6·25 동란에 나갔다가 포로수용소에 들어갔다. 그곳에서 '누혜'를 만났다. 별종인 '누혜'는 수용소에서도 놀림의 대상이었으며, 구타도 당했다. '누혜'가 좋아하는 것은 혼자 하늘을 바라보는 것이었으며 그는 날아가고 싶다고 늘 얘기했다. 어느 날 '누혜'는 수용소 철조망에 목을 매 자살한 채 발견되었다.

누혜는 영웅훈장을 받은 '인민의 영웅'이었지만 사상의 이름으로, 계급의 이름으로, 인민의 이름으로 진행되는 살육에 동참하지 않았다는 이유로 반동분자가 되고 몰매를 맞는다. "나의 열매는 익었다. 그러나 내가 나의 열매를 감당할 만큼 익지 못했다…영원히 익지 못할 것이다! 내게는 날개가 없다…" 이렇게 말하고 철조망 말뚝에 목매어 죽는다.

누혜의 유서는 의식의 흐름으로 기술된 자서전이다. 출생·입당·참전의 이야기가 적혀 있다. 자유를 얻으려 하자 속박되고 자유의 노예가 되었다. 자유롭기 위해 누혜가 선택할 수 있는 것은 하나밖에 남지 않았다. 자살은 "나의 마지막 기대이다. 거기에서도 나를 보지 못한다면 나의 죽음은 소용없는 것이 될 것이고, 그런 소용없는 죽음이 기다리고 있는 것이 생이라면 나는 차라리 한시바삐 거기에서의 전신轉身을 꾀하여야 할 것이 아닌가."

나는 포로수용소를 나온 뒤 누혜의 어머니가 사는 판잣집으로 찾아간다. 그의 어머니는 이미 처참하게 무너져 있는 상태다. 고양이가 물어다준 쥐를 먹고 있는 누혜 어머니의 모습을 보니 나는 인갑답게 사는 것이 무엇인가에 대해 처절하게 생각하게 된다. 누혜의 어머니는 누혜를 부르면서 죽는다. 그 길에서 나의 의식은 시간과 공간을 뛰어넘어 고향집 부근으로 갔다가 초가집과 할아버지 산소와 사과나무를 떠올리며 그곳에서 나의 부재를 확인한다. 포로가 되고 수용소 안에서 누혜와 잠자리 벗이 된 과정이 떠오른다. 이 대목은 사르트르의 [존재와 무]에서의 '즉자' '대자' 이야기와 닮았다. 대자가 즉자를 실현시킬 수 없는 좌절은 인간이 자유롭기 때문이다. 그러나 자유는 늘 불안하다. 따라서 우리는 자유의 불안을 일상생활 속에서 기만하는 일 없이 도리어 그 자유 그 자체를 노리고 행동해야 하는데 간단치 않다.

전쟁을 겪으면서 사람들은 어제까지 친척이나 다름없던 이웃끼리 생각이 좀 다르다는 이유로 서로 죽이고, 공동체를 받쳐주던 모든 가치가 붕괴되는 참혹한 경험을 거친 남한 사회로서는 다른 자와 가졌던 관계라든가 연대라든가 하는 기억에 진저리를 치면서 개인의 허무와 불안이라는 데에 방점을 찍는다.

동시에 사람들은 살아남기 위해 선명한 것을 추구했는데 그것은 흑백논리였다. 데카르트가 명석판명한 지식을 원했듯이 남과 북 역시 생존을 위해 명확하고 분명한 것을 원했는데, 그러다 보니 남과 북 모두에서 흑백논리의 사고방식이 크게 자라나 의식세계가 경직되었으며, 상대방과의 타협과 대화 자체를 죄악시하는 분위기가 자리를 잡았다. 그리하여 남과 북 모두에서 중도적인 이념을 추구하는 세력이 성장할 수 없었고, 어느 한쪽으로 편향된 이념과 세력만이 집권하게 되었다.

그 후유증이 오늘날까지 이어지고 있다. 장용학의 소설은 일찍이 이런 현상을 예견한 것 같다. 그래서 그는 '자유는 진실로 그 뒤에 올 메시아를 위하여 길을 외치고 쓰러질 요한에 지나지 않는다'고 생각한다. 사실 데카르트의 이성을 끝까지 밀어붙이면 헤겔과 맑스를 지나 어디론가 간다. 나는 이와 같은 것들을 생각하며 산다는 것에 대한 죄의식을 느끼며 '내일 아침에도 해가 뜰 것인가?'라고 반문하는데 이 점에서 장용학은 데카르트가 이성을 '손쉽게' 꺼낸 것과는 달리 의심을 멈추지 않는다.

근대화라는 '폭력' 앞에서 인간이 살아남는 법 _ 조해일

많은 소설에서 한국의 근대화는 거대한 폭력으로 묘사된다. 조해일[1]의 소설 <뿌>에서도 그렇다. 그래서 소설들은 이 폭력으로부터 어떻게 탈출할지를 고민한다. 데카르트가 중세적 질서에서의 탈출을 고민했다면 한국의 현대소설들은 근대화로부터의 탈출을 고민한다.

<뿌>의 배경은 1970년대이다. 한강맨션·대림산업 등이 이를 뒷받침한다. 이 소설은 가순호가 지게꾼에게 짐을 싣게 하고 서울의 변두리에서 도심지를 관통하는 길을 그린다. 가순호는 변두리에

---

1 1941-. 1970년 단편 <매일 죽는 사람>이 [중앙일보] 신춘문예에 당선되어 문단에 데뷔했다. 그의 소설은 현실 풍자적이고 비판적인데, 폭력배·개도살장 백정·지게꾼·기지촌 창녀·육군 병사·임격정 등 다양한 계층의 인물을 주인공으로 하며, 사건의 사소한 국면을 기발하게 포착해 현실의 부조리와 불합리를 풍유적으로 형상화한다.

서 도심지를 관통해 다시 변두리로 간다. 이 길에서 드러나는 소설의 메시지는 남의 흉내를 내거나 남에게 기대지 않고 스스로의 방식으로 삶을 찾는 것이다.

근대화라는 폭력 앞에서 사람들은 앞만 보며 달리고 있는데 지게꾼과 가순호는 자기만의 방식을 고집한다. 조해일에게 근대화는 중세적 질서 같은 것이며 가순호와 지게꾼은 그 질서에서 벗어남을 상징한다.

첫 장면은 주인공 가순호가 짐을 나르기 위해 역 앞에서 지게꾼을 고르는 데서 시작한다. 가순호는 많은 지게꾼 가운데 자연목을 그대로 이용해 만든 지게를 지고 있는 사람을 선택한다. 다른 이들의 지게는 가순호의 눈으로 볼 때 근대화의 산물이다. 그 지게꾼의 지게는 근대화 이전의 지게이지만 가순호는 그것이 더욱 마음에 든다. 하지만 그것은 중세의 지게는 아니다. 이 사람은 지게만 특이한 게 아니라 짐을 짊어지고 일어나면서 뒤로 걷는다. 이 사람이 가진 지게는 독창적인 것이고 걸음 방식도 이 사람만의 것이다.

가순호는 5,6년째 하숙 생활을 하는데, 가족들 모두 자기 식으로 살길 고집해서 뿔뿔이 흩어져 사는 병든 사람들이다. 아버지는 교회에, 큰형은 정치판에, 둘째형은 중령으로 군에 몸담고 있으며, 누이동생은 미국인 상사에서, 셋째형은 노동운동 현장에서, 자신은 잡지사 근처에서 살아간다. 가순호의 눈에는 가족들 누구하나 참으로 사람답게 살고 있다고 믿어지는 사람이 없다.

""아까 보니 선상님은 혼자 계신 것 같더군요."
이번에는 사나이가 가순호에게 건네어왔다.
"네. 한 오륙 년째 하숙생활만 하고 있습니다. 가족이 있긴 한데 뿔뿔이 흩어져 산답니다. 모두 자기 식으로 살길 고집하는 사람들이라서요. 다 병든 사람들이지요."
"병환이 들다니요?"
"글쎄요. 가족이 한데 모여살 수 없다는 것부터가 병 아니겠어요? 모여서는 건강하게 살지 못하니 그게 병 아니고 뭐겠습니까? 그렇다고 따로따로 산대서 건강하게 사는 것도 못 되고 말입니다.""

가순호의 눈에 제각기 사는 것은 병든 것이다. 그것은 근대화가 만든 것이다. 그가 볼 때 근대화는 사람을 병들게 했다.
삼각지에서 만난 둘째형 필호가 지게꾼을 두고 별난 지게꾼이라고 말하자 가순호는"별난 게 아니라 자기 양식을 찾아낸 단 한 분의 지게꾼"이라고 말한다. 가순호에게 그 지게꾼은 가장 명확한 사람이다. 그렇게 생각하는 가순호에게 형은 세계는 지금 현실주의로 가고 있으니 유효성을 찾는 일을 하라고 한다. 가순호의 기준과 형의 기준이 어긋나는 것이다. 형은 거대한 폭력 앞에서 개인이 어떻게 처신해야 함을 말한다. 한강 다리 위에서 구걸하는 여인의 동냥 그릇을 차 던지는 사내의 모습은 남에게 의지해 사는 삶을 거부하라고 외친다.
하숙집에 도착하여 짐을 부리고 삯을 받자 사나이는 말없이 떠났다. 바로 걷는 그의 발걸음은 힘이 없어 보였으며, 하늘과 지평을 향한 뿔은 때 묻은 네 개의 나뭇가지일 뿐이었다. 그 모습은 아주 초라해 보였다. 완벽해 보이는 것도 그 뒤안을 보면 초라하고 허무하다. 그것은 데카르트가 추구했던 이성도 마찬가지이다. 데카르트는 이성을 존재하는 것으로 보았으나 그것은 30년 전쟁과 근대화 과정에서 인간이 가지는 희망이다. 희망의 뒷모습은 마치 신기루처럼 아무 것도 아닐 수 있다.

그런 분위기 속에서 가순호는 하숙집의 냉랭한 저녁을 먹고 잠이 들었다. 잠자리에서 개처럼 길쭉한 얼굴을 가진 친구를 포함해 여러 명의 방문객들이 한꺼번에 들이닥치는 꿈과 도시 한 복판을 질주하는 들소의 뿔을 보며 흐느껴 우는 꿈을 꾸었다. 이튿날 아침은 몹시 추웠다.

한국의 소설은 데카르트보다 더 성찰적이다

주관적 이성은 다양한 모습으로 드러난다. 그래서 진리의 절대성을 추구하는 길은 더욱 멀어지고 만다. 데카르트는 용하게 이성을 발견하고 그곳으로 찾아 나섰지만 이성에 대한 의식이 없는, 이성이 없다고 해서 열등하다는 의미는 아니다, 한국소설에서는 이성이 아닌 다른 것들도 대체된다.

갈 길을 잃은 인간의 모습을 그린 이범선[1]의 <오발탄>, 이성을

---

1 1920-1981. 1955년 [현대문학]에 <암표暗標>와 <일요일>이 김동리에 의해

한으로 대체한 문순태[1]의 소설들, 존재하는 것의 허망과 무의미를 끝까지 밀어붙인 서영은[2]의 〈사막을 건너는 법〉 등등 무수한 소설들에서 전쟁과 폭력에서 생존이 불투명한 인간이 성찰을 통해 무엇을 얻을까를 고민한다.

데카르트에서 모든 것을 의심하는 내 존재는 누가 보증할 것인가? 데카르트는 여기에서 신을 끌어들인다. 내 존재에 대해 보증할 수 있는 존재가 바로 신이다. 데카르트는 다시 신에게 돌아갔다. 반면에 한국의 소설들은 그런 구태의연함으로 돌아가지 않는다. 데카르트보다 더욱 성찰적이다.

추천되어 문단에 등단했다. 그는 자신이 겪은 음울한 현실을 반영하면서 무기력하게 훼손되어 한에 젖은 인간들을 많이 부각시키는 한편, 사회와 현실에 대한 비판적인 입장을 담담한 필치로 펼쳐 보인 작품을 발표했다. 그 후 고발의식에 투철한 리얼리즘 문학으로 전환하여 약자의 삶과 침울한 사회상, 종교적인 위선, 남녀의 삶의 생태를 묘파했다.

[1] 1941-. 1965년 [현대문학]에 〈천재들〉로 추천받아 시인으로 문단에 등단한 후, 1974년 [한국문학]에 백제 유민의 한을 그린 단편 〈백제의 미소〉가 당선되면서 소설가로 등단했다. 우리 민족의 역사적인 한의 뿌리를 찾아내어 그것을 풀어나가는 과정과 분단 이후 가속화되었던 고향상실의 문제를 해결해 보고자 하는 것이 그가 추구하는 세계이다. 역사를 바라봄에 중립적인 자세를 취한다. 분단 이후 한국사회에 계속되었던 대립과 갈등을 다루면서도 어느 한쪽에 치우치지 않고 민족적 동질성이라는 측면에서 접근했다.

[2] 1943-. 1968년 [사상계] 신인작품 모집에 단편 〈교橋〉가 입선되고, 이듬해 [월간문학] 신인작품 모집에 단편 〈나와 '나'〉가 당선되어 등단했다. 초기 소설 속에서 추구했던 문제는 일상적 자아가 당면할 수밖에 없는 비속한 모습에 대한 환멸과, 그로부터 비롯되는 삶에 대한 허무의식을 어떻게 극복해 나갈 수 있는지에 대한 것이었다. 수미일관하게 내면의 아름다움을 추구한다.

흄
감정의 재구성
천승세 · 한무숙 · 김연수

우리는 세상의 원인과 결과를 알지 못한다

"내일 아침에도 어김없이 태양이 뜰 것인가?"라는 물음에 우리는 세 가지 대답을 할 수 있다. "뜬다", "뜨지 않는다", "모른다". '뜨지 않는다'고 대답할 사람은 없을 것 같다. 모름지기 대답은 근거가 있어야 하는데 내일 태양이 뜨지 않는다는 대답에는 근거대기가 어렵다. 물론 아프리카의 어느 부족은 지는 태양을 바라보면서 열심히 절을 하는데 이유는 지는 태양에게 절을 하지 않으면 태양이 분노해서 내일 뜨지 않을지도 모르기 때문이다.

우리가 선택할 수 있는 항은 두 개로 줄어든다. 대부분의 사람들은 내일 아침에도 태양이 뜬다고 대답할 것이다. 태양은 인류가 생겨난 뒤로 단 하루도 뜨지 않은 날이 없기 때문이다. 한 개인으로 좁히더라도 우리가 태어나 태양을 알게 된 뒤로 태양은 뜨지 않은

적이 없었다. "오늘도, 어제도, 그저께도, 일주일 전에도, 일 년 전에도, 십 년 전에도 떴으니 내일도 당연히 뜬다."

그러나 경험론자인 데이비드 흄에게 물어보면 "모른다"고 대답할 것이다. 흄은 이렇게 말한다. 우리가 지금까지 아침에 태양을 뜨는 것을 매일 지켜보면서 우리의 감정이 하나의 원리를 만들었다. 매일 매일의 일출은 서로 연결고리를 갖고 있지 않은데 우리의 감정이 연결고리를 만들어 날마다 태양이 뜬다는 하나의 과학적 원리를 만들었다. 그래서 그 원리는 태양에게 있지 않고 우리의 감정 안에 있다.

아마도 아프리카의 어느 부족이 지는 태양을 보면서 경건하게 절을 올리는 까닭은 지는 태양에게 소홀히 대접한 다음날 태양이 구름이 가려졌거나 아니면 일식이 일어나 태양이 사라진 것을 경험했을 수도 있다. 자연의 현상을 알지 못했기에 태양이 뜨지 않은 것을 자신들의 불찰로 돌려서 지는 태양에게 내일 다시 떠달라고 경건하게 절을 하는 것이다. 이렇게 본다면 뜬다는 대답이나 우리가 불성하면 뜨지 않는다는 대답이나 흄의 눈으로 볼 때는 모두 인간의 감정이 만들어낸 원리이다.

데카르트로 대표되는 이성주의자들은 사물들의 원인과 결과가 서로 밀착하여 딱 들어맞게 결합해 있다고 주장할 뿐 아니라 이 결합 관계가 인간에게도 알려질 수 있다고 주장한다. 이성주의자들은 원인과 결과의 결합은 사물들의 본성에 그럴 수밖에 없도록 갖추어져 있는 어떤 특징이 나타난 것이라고 주장한다. 상응하는 사물의 원인과 결과를 인간의 이성이 아는 것을 두고 사람들은 선험적 지식, 곧 우리의 경험과는 무관하게 경험보다 훨씬 앞서서 존재하는 지식이라고 말한다.

이에 반해 경험론자들이 주장하는 것은 우리의 지식이 우리의 감각 경험에 의해 형성된다는 것이다. 이성 자체는 있는 그대로의 사실을 우리에게 말할 수 없는 만큼, 우리는 사물의 본성을 경험을 통해 찾아야 한다고 말한다. 경험될 수 없는 것은 생각될 수 없으며, 그런 까닭에 세계는 인간이 접근할 수 있고 파악할 수 있는 대상에만 한정된다.

그런데 흄의 이론에 따르면 원인과 결과의 결합은 도저히 우리가 파악할 수 없다. 흄은 인과성에 대해 정의하기를 언제나 함께 발생하는 두 사건의 문제로서, 그 두 사건을 연계시키려는 우리의 심리적 경향과 관련된다고 했다. 실상 이 두 사건 사이에는 어떤 필연적 관계도 성립하지 않는다는 것이 그의 생각이다.

"문제에 관한(원인과 결과에 대한) 모든 추론은 오직 습관에서 발생하며, 습관은 반복된 지각의 결과로서만 존재할 수 있을 뿐이다."[1]

우리는 두 개의 사물을 우리의 마음속에서 연결시키면서도 그것이 어떻게 합리적으로 정당화되는지를 묻지 않는다. 그래서 인간은

---

1 데이비드 흄, A Treatise of Human Nature, 김성숙 옮김, [인간이란 무엇인가], 동서문화사, p.220.

한 경험을 다른 경험과 연관시키는 방식을 강조하게 되고, 또 본능의 차원에서 이루어지는 인간 본성의 발현에 관심을 가지게 된다. 이런 견해는 인간 사회에서 형성된 관습과 전통이 인간의 기본 특성과 인간 경험의 발로라는 것을 보여준다.

지식을 만드는 것은 인간이 가진 관념이다

흄은 말하기를, 인간의 모든 지식은 경험으로부터 유래하며, 경험은 인상들이나 관념들로부터 생긴다고 한다. 인상과 관념이 경험을 만들고, 경험은 지식을 만든다. 인상은 지금 내게 들어오는 것이다. 인상에는 두 종류가 있는데, 첫째, 지금 보고, 듣고, 맛보는 것처럼 직접적이고 생생한 감각적 느낌의 인상이 있으며, 둘째, 정서나 감정 등 내적 지각 상태의 인상이 있다. 이를 두고 외적 인상과 내적 인상이라고 하는데 내적 인상은 외적 인상에 의해 형성된다. 관념은 간접적이고 생생함이 약해진 인상의 복사물로, 상상력의 산물이다. 따라서 관념은 인상에 의해 만들어진다.

우리의 관념들은 세 가지 법칙에 따라 연합하거나 연상되면서 섞이며 복잡해지고 또 확장된다. 세 가지 법칙은 유사성의 법칙, 근접성의 법칙, 원인과 결과의 법칙이다. 연상과 연합은 인간의 느낌에 의존한다.

예를 들어 내가 월요일부터 목요일까지 아침 여덟 시 정각에 지하철 3호선 구파발 역 플랫폼에서 미모의 여성을 보았다. 나는 그 여성에게 관심이 끌려 금요일에 그 여성을 보기 위해 구파발 역으로 갔다. 그러나 그 여성은 그날 나오지 않았다. 나는 그녀가 월요일부터 목요일까지 아침 여덟시에 지하철을 타는 것을 보고 "이 여성은 매일 아침 여덟 시에 지하철을 타니 금요일에도 그 시간에 지하철을 탈 거야"라고 생각한다. 월요일부터 목요일까지 날마다 그 시간에 목격한 각각의 인상들을 각각의 관념으로 만들고는 그 관념들을 하나로 연합했다. 그래서 그 여성과는 상관없이 내 머리 속에는 하나의 특정한 법칙이 만들어졌다.

그 여성이 그 주 월요일부터 목요일까지 아침 여덟 시에 그곳에서 지하철을 탄 데에는 무수한 이유들 가운데 하나가 있을 것이다. 친구나 친척집에 잠시 기거했을 수도 있고 집이 근처에 있는데 어떻게 하다 보니 그 주에는 우연히 여덟시에 탔을 수도 있다. 매일 여덟 시에 타는 것은 맞는데 금요일에는 출근을 하지 않을 수도 있다. 하지만 이런 객관적 사실은 무시되고 나의 인상들과 관념들, 그리고 연상 법칙에 의한 관념들의 연합으로 지식이 수립된다.

> "인과 관계에 대한 지식은 추론에 의해서 선험적으로 얻어지는 것이 아니라, 우리가 어떤 특정한 대상들이 서로 지속적으로 결합된다는 것을 발견할 때에 얻어지는 경험으로부터 생긴다."[1]

---

1 데이비드 흄, [인간의 이해력에 대한 탐구], 김혜숙 옮김, 지식을 만드는 지식, p.45.

이것이 흄의 생각이다. 자연의 운행에서는 유사한 대상들이 지속적으로 서로 연접해 나타나며, 정신은 습관적으로 하나를 보고 다른 하나도 출현할 것이라고 추리하도록 결정되어 있다. 연접과 추리, 이 두 가지 사실이 우리가 사물 속에 있다고 생각하는 필연성 전부를 만들어 낸다.

"유사한 대상들의 지속적인 연접이 없다면, 그리고 연접을 보고 나서 하나로부터 다른 하나로 추리가 이어지지 않는다면, 필연성이나 연관성에 대한 개념은 우리에게 전혀 생겨날 수 없다."[1]

이런 관점에서 인간이 알고 있는 진리는 객관적이지 않고 주관적이며, 또 심리적이라고 흄은 생각한다.

우리가 지각들의 변함없는 규칙적 결합을 아무리 많이 경험해도 인상들의 계열과 더불어 필연적인 인상을 경험했다고 주장할 도리가 없다. 이렇게 해서 필연성의 관념이 있어야 한다는 주장은 불가능하다. 그런데도 어떤 이성주의자들은 이를 수용하지 않으니 그들을 잘못 생각하게끔 하는 어떤 심리적 과정이 있다. 정신적 습관은 이 심리적 과정에 의해 생긴다.

사람은 누구나 경험을 통해 몇 가지 원인에 뒤따라 일어나는 결과를 반복해서 보고 또 익숙해지므로 결과로 일어나는 사건은 필연적으로 그렇게 일어난다고 굳게 믿는다. 흄의 경험론은 이 마지막

---

1 [인간의 이해력에 대한 탐구], p.142.

단계에 대한 반박이다.

흄에 집중할 때 인간적인 인간이 보인다

흄의 지식론이 가져온 결과는 지식에 대한 회의적 태도이다. 전통적 의미에서 회의주의자는 어떤 종류의 만성적인 우유부단을 시사한다. 하지만 원래의 뜻은 주의 깊게 탐구하는 사람을 가리킨다. 체계를 구성하려는 사람들이 진리를 발견했다고 생각하고 있을 때 회의주의자들은 그 답을 그리 신뢰하지 않고 계속 탐구한다. 흄의 회의론은 이런 종류이다. 그는 누구나 일상생활에서 당연하다고 인정하는 어떤 사실에 대해 어떤 방식으로도 정당화시킬 수 없다는 결론을 내리고 있다.

철학적 회의론만이 인간이 가진 이해력의 한계를 인간에게 인식하도록 해준다. 한계를 알 때, 인간은 자만하지 않고 겸손하며, 일상적인 삶을 영위하고 학문을 탐구할 수 있게 되며, 독단과 불합리성으로 가득 찬 논증들과 쓸데없는 고집으로부터 해방된다. 그는 관념적이고 난해한 철학에서 탈피해 쉽고 상식이 통하는 철학을 추구했으며 일상생활과 밀접한 예들을 구했다.

이성은 인간에게 목적을 정해줄 수 없고 다만 우리가 이미 욕구한 것을 달성하는 방법을 가르쳐줄 수 있기 때문에 흄에게 이성은 "감정의 노예"이다. 흄은 실천이성의 개념을 완전히 부정했으며 일반적 의미에 비해 이성을 협소하게 그리고 감정을 폭넓게 정의했다. 이런 연유로 도덕적 구별의 원천은 이성이 아니다.

"정신은 우리가 지각이라는 명칭에 포함시킬 수 없는 어떤 활동도 결코 일으키지 못한다"[1]

이성은 비활동적 원리이며 우리의 지각은 활동적 원리인데, "활동적 원리는 결코 비활동적 원리에 기초를 둘 수 없"[2]으므로, "이성은 전적으로 무력하며 어떤 행동이나 감정도 억제하거나 산출할 수 없다."[3] 그래서 "행동의 가치는 이성과 부합되는 점에서 유래하지 않으며, 비난을 당하는 이유도 이성과 상반되는 점에서 유래하지 않는다."[4]

결론적으로 "부덕과 덕은 이성만으로는 발견될 수 없고 관념의 비교만으로도 발견될 수 없으므로 덕과 부덕이 유발하는 인상이나 소감을 통해서만 우리는 덕과 부덕의 차이를 확인할 수 있다."[5] 이제 도덕에 대한 절대 선이나 절대 악은 존재하지 않는다. 선이나 악은 우리의 지각으로부터 얻은 인상이 관념을 만들고 그 관념이 연합해서 하나의 이론이나 원리로 굳어진 것에 불과한 것이다.

따라서 칸트가 말하는 실천이성은 그보다 먼저 태어난 흄에 의

---

1 [인간이란 무엇인가], p.496.
2 [인간이란 무엇인가], p.497.
3 [인간이란 무엇인가], p.497.
4 [인간이란 무엇인가], p.498.
5 [인간이란 무엇인가], p.513.

해 이미 부정되었다. 그렇다면 우리가 어떤 행위를 칭찬하거나 질책하는 것은 어떻게 가능할까? 우리는 어떤 행위를 칭찬할 때, 우리는 그러한 행위를 유발한 동기만 고려해서, 그 행위를 마음이나 기질의 안에 있는 원리의 상징, 표시로 생각한다. 도덕적 평가는, 어떤 도덕 감정이나 공감의 계기를 불가결한 요인으로 간주하고 행위의 동기 · 적 · 행위자의 성격을 중시한 데에서 나온다.

감성에 따라 움직이는 소설 속 인물들

흄의 이론을 따라가면 보편적 원리도 보편적 윤리도 또 보편적 인간도 없다. 그렇다면 우리가 보편적이라고 생각하는 것들은 무엇인가? 그것은 인간이 오랫동안 만들어온 습관에 근거한다. 그래서 습관이 만든 보편성은 늘 상황에 의해 반박되나 사실 사람들은 아주 오랫동안 그 상황을 애써 무시하려고 했다. 이른바 율법이라는 것은 이런 습관과 문화가 만든 것이다. 문화는 습관이 누적되어 만들어진다.

현대에 와서 언급되기 시작한 상황 윤리는 율법제일주의에 대한 반대로서 태어났는데, 반율법주의 또는 무법주의는 구체적이고 특수한 상황에서 일어나는 사건이 옳고 그른지는 개인의 양심만이 식별할 수 있다고 주장한다. 이 개인의 양심은 흄에 따르면 개인의 지각 활동이 만들어낸 습관의 산물이다. 절대성이 무너지는 것이다. 사실 어쩌면 절대성이란 아예 존재하지 않는 것인데 교묘하게 논증을 동원하고 근대 또는 현대 이전의 가짜 과학을 이용해 절대성을 창조해내지 않았나 싶다. 이성에 의해 파악된다는 그 절대성들이 근대 이후 과학에 의해 빠짐없이 논박되는 것이다.

소설 속의 인물들은 예외 없이 감정에 따라 움직인다. 감정에 따라 움직이므로 정통 철학과는 모순되는 것이 소설이라고 한다면 이는 타당한 주장이다. 하지만 흄의 이론을 따라가면 감정 말고 인간이 가진 것은 없다. 이성은 감정의 산물이므로 소설에서 이성적인 것을 다룸은 대단히 무의미한 작업이 되고 만다. 나아가 시대정신이니 보편성이니 진리니 하는 개념을 동원하는 것은 대단히 반'흄적'이고 검증되지 않은 주장들이다.

데카르트는 모든 인간이 상식을 갖고 있다고 그의 [방법서설] 제일 첫머리에 적고 있으나 흄이 볼 때 상식은 없다. 그저 개인의 경험과 그 경험이 만드는 관념에 충실하면 된다. 그리고 그것이 진리라고 주장하지 않으면 된다. 예를 들어 조정래에 등장하는 어떤 인물도 상식적인 인물들은 아니지 않은가?

황석영이 [황석영의 한국 명단편 101]을 편집하면서 서문에 "나는 이 단편선집을 엮으면서 작가들의 인생사에 더욱 주목했다. 작품에는 당대 사람들의 사는 이야기가 포착되어 기억되고 있으나, 그것을 형상화해낸 작가의 개인사가 중첩되면서 그야말로 개인과 집단의 사회사요 역사에 일일이 기록할 수 없는 미시사로서 가치가 있기 때문이다"라고 적은 것은 대단히 흄적인 시각이다. 다만 작가들이 '내 메시지가 정의다'라고만 말하지 않으면 된다. 이 점에서는 신수정의 해설은 자주 반 흠적이다. 왜냐하면 신수정은 거의 모든 소설을 '객관적' 정의의 측면에서 재단하고 있다. 초점을 소설가에게 맞춘다면 "그는 왜 이런 소설을 썼을까?"에 맞춰질 수밖에 없다. 인물에 맞춘다면 "그는 왜 이렇게 인식할까?"에 맞출 수 있다.

내가 아는 것이 진실이다 _ 천승세

천승세[1]의 <황구의 비명>은 1974년에 발표되었는데, "외세에 의해 훼손된 한국 민족의 어떤 가치를 다시 찾으려는 의지를 비유적으로 표현하고 있는 작품", "수캐에게 겁탈 당하는 나약하고 작은 황구의 비명을 통해서 미국에 대한 우리민족의 비명을 형상화한 소설"이라고 평가되고 있다.

아내는 사채업자이다. 나는 일상에 안주해 살고 있다. 은주라는 처녀가 아내의 돈 십오만 원을 떼먹고 자취를 감추었다. 은주는, 전에는 내가 세들어 살던 의정부의 어느 집에 세 들어 살았다. 나는 아내의 심부름으로 은주를 찾기 위해 아내가 알려준 용주골로 나섰다. 호스티스를 하던 은주는 용주골에 가서 양색시가 되었는데 담비 킴이라는 이름을 사용했다. 양색시들이 즐비한 용주골에서 담비

---

1 1939- . 1958년 [동아일보] 신춘문예에 <점례와 소>가 입선되고, 이어 1964년 [경향신문] 신춘문예에 희곡 <물꼬>가 당선되었다. 단편<황구의 비명>과 장편 <사계의 후조>로 중견 문인의 자리에 올랐다. 그의 작품은 사회의 구조적인 문제점들을 압축된 문체와 민중적인 언어로, 구성상에서는 다소 상징적인 암시적 짜임새를 갖추면서 유려하게 형상화하며, 이를 통해 강한 주제 의식을 표출하는 것으로 평가받는다.

흄

킴을 찾는 건 쉽지 않았다. 아내가 전해준 약도를 보며 걷던 나는 구멍가게에 들어간다. 산전수전 다 겪은 것 같은 주인은 나이가 쉰은 넘어 보였는데, 용주골을 가리켜 '말세가 도래한 동네'라고 설명한다.

나의 방문에 당황한 담비 킴. 은주를 만난 나는 처음엔 돈을 받을 생각으로 냉정하게 대하지만, 그녀에게 유혹받고 나는 거절하고, 그녀의 한풀이까지 들으면서 나는 마음 아프고, 어느덧 돈을 받아내는 것이 아니라 그녀가 고향에 가서 행복하게 살았으면 하는 소망이 생긴다. 나는 은주에게 방을 계약할 얼마간의 돈을 주겠다고 제안한다.

돈 몇 푼으로 미군에게 몸을 던져버리면서 삶의 희망을 송두리째 잃어버리고, 고향에 가도 이곳이나 그곳이나 자신의 비참함은 어쩔 수 없다는 은주를 간신히 설득하는 나는, 한쪽에서 거대한 수캐에 짓눌리며 겁탈을 당하는 자그마한 황구가 지르는 비명소리를 듣는다. 재래종인 황구는 수캐의 폭력 앞에서 죽어가는 것처럼 보인다. 그 모습을 보면서 나는 은주에게 말한다. "은주! 황구는 황구끼리… 황구는 황구끼리 말야……" 그 장면을 보던 은주는 용주골을 떠나겠다고 외친다. 이 때, 하늘에서는 줄기차게 비가 쏟아져 내린다.

아내는 분명 은주로부터 통상적인 사채 이자를 받았을 것이다. 아내의 '돈놀이' 사업이 내 생리와는 맞지 않았으나 그렇다고 해서 내가 그것을 강제로 그만두게 할 수도 없는 노릇으로 보인다. 나의 시각으로라면 은주를 겁탈한 자는 미군 뿐 아니라 아내도 포함된다. 아내는 돈으로 겁탈하고 미군은 몸으로 겁탈했다. 은주가 아내로부터 사채를 얻은 것이나 미군에게 몸을 허락한 것은 은주의 결정이다. 피치 못할 곤궁함이 있었겠지만 결정의 주체는 은주이다. 사실 내가 은주에게 이곳을 떠나 고향으로 돌아가라고 말할 처지는 되지 못한다.

    은주에게 고향으로 돌아가라고 말하는 나는 양색시로 살아가는 것보다 고향으로 돌아가는 게 낫다는 판단에서이다. 그러나 그 판단의 합리적 근거는 미약하다. 나는 은주가 어떤 처지에 놓여 있는지 알지 못한다. 나는 고향으로 가면 행복하게 살 수 있다고 믿지만 그것은 나의 생각일 뿐 은주가 왜 고향을 떠났는지 고향으로 돌아가면 은주에게 어떤 일이 닥칠지는 알지 못한다. 나는 내가 가진 생각과 판단으로 은주를 다그치고 있다.

    내가 생각할 때 "은주가 찾아가야 할 보릿골 냄새가 풍기는 고향"은 단순한 고향 이상의 상징적 의미를 띠고 있다. 은주가 찾아가야 할 고향은 아직도 어설픈 향수 냄새에 물들지 않은 순박하면서도 건강한 고향이다.

    동물의 세계에서 교미는 외견상 수컷이 강압적으로 진행하는 것처럼 보인다. 하지만 생물학적으로 볼 때 암컷이 동의하지 않는 교미는 없다. 그러나 남성 중심적 사고를 하는 남성은 사람의 성행위를 결정하는 것은 '힘이 있을 때의' 남성이라고 생각한다. 공교롭게도 내 눈앞에서 펼쳐지는 개의 교미를 보면서 나는 양색시가 거대한 미군 병사에 짓눌리는 것을 연상한다.

흄

나의 시각에서 그것은 수캐가 암캐를 겁탈하는 것이며, 은주가 미군에게 당하는 것도 같은 맥락이다. 내가 볼 때 미국은 민족적 순결을 강탈한 폭력적 존재이다. 미국은 큰 군화나 수캐가 상징하듯, 폭력적이고 부정적이다. "황구는 황구끼리"라는 말은 외세의 남성성에 자민족 여성이 '수탈'당하는 것에 대한 은유이며 그것은 한국 남성의 손상된 자존심과 굴욕감이다. 따라서 수캐와 암캐 사이의 교미는 내게 외세의 남성성에 한민족 여성이 수탈당하는 것으로 보인다.

이런 유의 시각은 남정현[1]의 <분지>에서도 드러난다. 분지에서 미군은 더 이상 해방군이 아니며 점령군이다. 홍길동의 10세손인 홍만수는 어머니가 미군을 환영하러 나갔다가, 미군에게 겁탈당해 죽는다. 동생 분이는 양색시인데 미군 기지촌에서 미군에 의존해 살아간다. '지식인'들은 미군을 매부로 둔 홍만수를 특혜층으로 인식해 그에게 접근해 이권을 챙기려 한다. 홍만수는 어머니에 대한 보복과 누이동생 분이가 당한 모욕에 대한 앙갚음으로 분이를 괴롭히는 스미스 상사의 아내를 겁탈한다. 이에 미국은 홍만수가 사는 향미산 기슭을 폭파시켜 홍만수를 응징하겠다고 발표한다.

남정현의 <분지>는 냉전 체제의 문제와 독재, 쿠데타의 상관관계, 그로 인한 경제적 빈곤 계층의 현실을 보여주고 그 핵심에 미국이 있다고 말한다. <분지>의 서사가 작위적이라는 평가를 떠나, 이

---

[1] 1933-. 단편 <경고구역>(1958), <굴뚝 밑의 유산>(1959)을 [자유문학]에 발표하면서 문단활동을 시작했다. 투철한 현실인식과 집요한 작가정신으로 시대 현실 전체의 모순을 예리하게 파악하여 고발, 풍자했다.

렇게 말하는 이들은 이른바 논리적 훈련을 받은 사람들인데, 홍만수의 눈에는 어머니를 겁탈한 미군, 동생 분이의 남자, 스미스 상사 등의 개별적인 사건들로부터 받은 인상을 관념화하고 그것을 미국이라는 국가의 평가에 대입한다. 그렇게 해서 남정현이 볼 때 미국이 한 개인을 죽이기 위해 향미산 기슭을 폭파시킨다는 관념에까지 이른다.

사람은 근거 없는 인습 때문에 고통을 받는다 _ 한무숙

한무숙[1]의 소설은 전통적인 것을 존중하지만 그것이 인간성과 배치될 때는 전통적인 것이 허위라고 말한다. 전통은 종족이나 민족이 습관적으로 유지하고 있는 것인데, 사실 거기에는 어떤 진리성도 들어있지 않으며 다만 진리인 것처럼 보일 뿐이다. 그것을 진리로 만든 것은 우연적인 사태의 결합인 객관적 사물이 아니라 우리의 인식이다. 그가 쓴 〈그대로의 잠을〉에 등장하는 남색 저고리는 인간의 이런 경향을 잘 드러낸다.

---

1 1918-1993. 1943년 장편소설 〈등불 드는 여인〉이 [신시대]에 당선되어 등단한 이후 1943년에 희곡 〈마음〉이, 1944년에 희곡 〈서리꽃〉이 각각 조선연극협회 작품 공모에 당선됐다. 1948년에 [국제신문] 장편공모에 〈역사는 흐른다〉가 당선되었다. 인습의 문제, 한恨의 문제, 사랑과 죄악의 문제라는 보편적 주제뿐만 아니라 4.19 혁명을 겪으며 갈등하는 계층의 문제 등 현실성 있는 문제까지 깊이 다루었다. 주인공들이 겪는 고통과 갈등에 대해 그것을 이해하고 감싸는 따뜻한 시각으로 바라본다. 정확한 언어의 구사와 풍속의 재현, 그리고 주인공의 내면의식을 깊이 있게 드러내는 일에도 특별한 성과를 거둔 것으로 평가받는다.

흄

주인공은 태어날 때 피를 뒤집어썼다는 이유로 평범한 사람과는 다른 인생을 살아가도록 강요된다. 갓 태어난 아기가 그저 어머니의 몸에서 나온 피를 맞았을 뿐인데 커서 살인을 하게 되므로 백일 동안 남색 저고리를 입어야 한다. 보통사람들이 쉽게 하고 노는 장난이나 행동도 주인공에게는 흉사의 전조로 받아들여진다. 아기는 사람들의 시선과 통속이 만들어낸 무거운 운명의 짐을 오롯이 홀로 짊어져야 한다.

주인공은 이에 굴복하지 않으려 발버둥쳤다. 모범적으로 자라서 성공해야 한다는 생각, 누이의 불안 가득한 시선을 극복하고 누이의 기대를 충족해야한다는 압박이 스스로 자신의 삶을 포기하도록 했다. 남저고리가 한 번 씌워진 삶은 그 안에 살아도 그 바깥에 살아도 감옥 그 자체다. 남저고리를 입었던 사람은 그렇게 영혼의 부자유를 느끼며 살아야 한다. 주인공은 남저고리를 벗고 난 뒤에도 감옥과도 같은 삶을 살았다. 아무도 그를 물리적으로 제약하지는 않았으나 그의 영혼은 아주 강하게 제약되어 왔다.

언제나 '반장'이라는 이름 아래 반장다운 행동을 하며 지내야 했던 학창시절도 그에게는 감옥이었다. 반장답게 의젓하게 행동해야 하고, 아이들을 통솔하는 역할을 해야 했다. 수재, 반장이라는 명명은 아이들이 그에게 다가오지 못하게 하는 감옥의 창살과도 같았다.

우연히 알게 된 '윤락녀'는 최악의 상황에서도 아버지가 없는 병든 아기를 키워내고 있다. 그 아기와 먹고 살기 위해서 남들의 시선이 어떻든 자신의 방법으로 산다. 그래서 그녀의 영혼은 자유롭고

명랑하다.

그런 그녀가 죽은 뒤에야 주인공은 처음으로 '자율적 행동'을 한다. 경찰에 가서 자신의 폭행사실을 밝히고, 이번에는 제 손으로 푸른 수의를 입었다. 그가 그녀를 죽인 것이 아니다. 하지만 그는 오히려 처음으로 스스로에게 당당하다. 그는 드디어 스스로 자신으로서의 행위를 갖게 된 것이다.

남색 저고리의 삶을 사는 것은 개인의 실존이 억압되는 것이다. 그래서 주인공은 자신을 짓누르는 도덕에 반발하고, 복종을 강요하고 인간의 본능을 무시하는 사회적 규범에 저항하며 급기야는 윤락녀의 죽음에 책임을 짐으로써 자신의 주체적 선택인 인간성 회복을 실천하려 한다. 그래서 <그대로의 잠을>은 개인의 자유를 무시하고 관습적인 전통에 따라야 하는 인간의 무력함을 깨우친다.

태어날 때 피를 뒤집어쓰면 무서운 범죄를 저지른다는 것, 그것을 막기 위해서는 남색 저고리를 입혀야 한다는 것은 모두 인과적 관계에 놓여있지 않다. 사람들은 피가 상징하는 것을 연상해 태어날 때 피를 뒤집어쓰면 범죄자가 된다고 생각했거나, 아니면 태어날 때 피를 뒤집어쓴 사람이 있었는데 그가 어른이 되어 강력 범죄를 저지른 것을 목격하고 태어났을 때 어머니로부터 나온 피를 뒤집어썼다는 기억을 떠올리고 두 개의 사건을 원인과 결과로 엮었을 것이다.

주인공이 윤락녀를 살해했다고 죄를 뒤집어쓴 것은 그가 인습으로부터 해방되려는 시도이다. 주인공도 살면서 인습을 깨뜨리지 못했다. 그래서 주인공은 평생을 주체가 아니라 객체로서 살았다. 그리고는 그 인과율에서 벗어나기 위해 자신이 하지 않은 행위를 했다고 나서는데 그 행위는 일반 범죄가 아니라 살인이라는 강력한 범죄이다. 이 사실이 암시하는 것은 주인공도 인과율의 함정을 믿었다는 것이며, 그로부터 해방되기 위해 인습이 예언한 살인이라는 강력 범죄의 굴레를 쓴다. 이런 점에서 주인공도 인습으로부터 해방되지 못했음을 알 수 있다. 주인공도 흄이 말하는 회의적 인간은 아닌 것인데 실제로 세상의 삶에서 그런 회의적 인간을 만나기란 쉽지 않다.

〈뿌넝쉬〉, 흄이 끝까지 가면 만나는 작품 _ 김연수

흄의 인과율이 연장되는 지점에 있는 철학사조가 해체주의이다. 해체는 선험적 지식과 인간의 이성을 해체하는 것인데, 선험적 지식은 흄의 인과율이 비판하는 바로 그 대상이다. 흄의 회의론은 고르기아스의 회의론과 다른데, 근거는 이렇다. 고르기아스가 "아무 것도 존재하지 않는다. 존재하더라도 알 수 없다. 알더라도 전할 수 없다."라고 말하는 데에는 아무 것도, 그러니까 선험적 지식의 대상이 존재하지 않는다는 것을 전제로 한다. 흄은 그것에 대해 있다 또는 없다고 말하지 않는다. 흄은 다만 과학까지도 동원한, 그 과학도 인간의 지각이 구축한 것이지만, 인간의 지각에 의해 알려지는 인상들이 지식을 형성한다고 말할 뿐이다. 파르메니데스가 언어와 존재가 일치한다고 말한 것도 흄에서는 부정된다. 이 점에서 주목되는 작품이 김연수[1]의 <뿌넝숴>이다.

　김연수는 언어가 구현하는 세계가 공허하다는 것을 알고 있다. 그럼에도 그는 그 언어로 세상을 재현하려는 시도를 멈추지 않는다. 흄이 선험적 지식이 불가능함을 알면서도 우리의 지각이 지식을 만든다고 말한 것은 인간에 의해 지식 체계가 설 수 있음을 암시하는 것인데, 김연수가 세상을 재현하는 것은 흄적임에 닿아 있다. 그래서 <뿌넝숴>에서는 선과 악, 진리와 허위, 미와 추, 현실과 허구, 리얼리티와 판타지의 이분법이 없다. 김연수는 진실과 허구의 경계를 파괴한다. 글로 쓰인 것을 의심할 때 진실과 허구의 경계는 무너진다.

　<뿌넝숴>에서는 중국인 점쟁이 '나'가 말하는 역사적 사실이, 틀로서 '나'가 겪은 개인적인 체험, 특히 인민군 여전사인 '그녀'와의 사랑이 제시된다. 틀 서사는 틀(f) 사이에 내부(c)가 끼어 있는 방식으로 진행되어 기본적으로 $f + c + f$ 형식을 취한다. 그런데 <뿌넝숴>는 틀이 분해되어 '$f_1 + c_1 + f_2 + c_2 + f_3 + c_3$' 형식을 취한다. <뿌넝숴>는 여러 요소가 각각의 틀과 결합해 하나의 이야기를 만들어낸다. 이렇게 해서 6·25 전쟁이라는 역사적 사실이 은폐한 전쟁의 참혹함을 고발한다. 역사책에 기록된 6·25 전쟁은 중공군 몇 명이 참전해 몇 명이 전사했다는 기록으로 남아 있다. 한때

---

[1] 1970-. 1993년 [작가세계] 여름호에 시를 발표하고 이듬해 장편 [가면을 가리키며 걷기]로 제3회 작가세계 신인상을 수상하며 등단했다. 전통적 소설 문법의 자장 안에서 끊임없이 새로운 소설적 상상력을 실험하고 허구와 진실, 현실과 환상의 경계를 넘나드는 작품세계를 갖고 있다.

흄

중공군이었던 중국인 점쟁이의 전투는 기록돼 있지 않다.

〈뿌넝쉬〉는 틀을 의심하도록 하면서 내부에 집중하도록 해 역사 기록이 가진 무의미성을 지적한다. 중국인 점쟁이처럼 참전했던 병사들의 이야기는 6.25 전쟁이라는 역사책에 기록돼 있지 않다. 이것은 개별적 사실의 합이 전체를 만든다는 가설을 뒤집는다.

인간의 일상은 순간적으로 존재한다. 역사는 순간의 기록을 놓친다. 그래서 '현실'을 기록하는 것 같지만 실제로는 '허구'를 기록한다. 인간은 이런 사실을 잊은 채 역사책에서 진실을 찾으려 한다. 김연수는 이 점에 주목해 진실을 찾을 수 있는 공간은 '언어로 기록되지 않은 곳'이라고 생각한다. 흄의 회의론을 끝까지 밀고 나가면 이렇게 된다.

편향을 진실이라고 말하는 습관, 가장 인간적인

사람들은 믿고 싶어 하는 내용이 진실이라고 확인하고 싶어 한다. 이를 확증편향이라고 부른다. 이를 위해 사람들은 믿고 싶어 하는 세상의 일들에 인과율을 뒤집어씌우는 작업을 한다. 그렇게 해서 하나의 확고한 사태를 만들어내고 그것에 자신들이 갖고 있는, 역시 습관에 의해 형성된 도덕이나 법을 들이대 재단한다. 그리고 편향을 진실이라고 말하기 시작한다. 이것이 인간에게 충실한 인간의 모습이다.

헤겔
전체주의의 철학과 국가에 예속된 인간
이병주 · 조정래

독일의 근대화가 필요했던 헤겔

헤겔은 독일의 고전적 관념론 철학을 대표하며 이른바 '근대성' 이라는 개념에서 핵심 인물이다. 그는 1770년 태어나 1831년에 사망했는데 이 시기 서양은 산업혁명, 프랑스혁명, 미국의 독립, 나폴레옹의 집권과 몰락 등 오늘날 서양을 만든 여러 사건들이 연이어 일어났다. 그가 태어난 곳은 독일 뷔르템베르크 공국의 수도 슈투트가르트인데, 지금은 벤츠와 포르쉐 본사와 공장이 있어 독일 안에서도 주민들이 꽤 부유한 도시이나 헤겔 당시에는 농업이 대부분인 평범한 마을이었다. 칸트의 철학은 매우 정교하나 헤겔의 철학은 거창하면서 엉성한데 이는 출신 지역과 관계가 있다.

그는 공부를 위해 튀빙겐으로 갔고 졸업한 뒤에는, 스위스 베른, 다시 예나로, 그리고 뉘른베르크, 하이델베르크, 베를린 등지로 옮기면서 활동했다. 말년에는 애국심이 강한 프로이센 사람이자 국가에 충성하는 종복으로서 이미 인정받은 자신의 철학적 성공을 편안히 즐겼다.

1801년 예나 대학 시간강사가 되었던 헤겔은 1806년 초기 저서 [정신현상학]을 완성했다. 그가 [정신현상학]을 탈고한 날은 나폴레옹의 군대가 프로이센을 대파하고 베를린으로 입성한, 예나 전투가 시작되기 바로 전날이었다. 그는 [정신현상학] 서문에 "우리의 시대가 탄생의 시대이며 새로운 시기를 향한 여명기임을 알아차리기란 어렵지 않다"고 적으면서 나폴레옹의 프로이센 '침략'을 찬양했다. 이런 사실을 단편적으로만 놓고 보면 나라가 망하는 것을 찬양한 자라고 비난을 가할 수 있겠으나, 내용을 알고 보면 그렇게 비난할 일은 아니다.

근대성의 지성들인 피히테·헤겔·마르크스·니체 등을 탄생시킨 국가는 독일이다. 하지만 독일은 19세기 말까지도 통일된 국가를 이루지 못했다. 마르틴 루터가 종교개혁을 시작했고, 학문·사상의 자유를 대학의 본질로 삼아 유럽 근대적 대학의 모범이 되었던 할레 대학의 졸업생 라우카르트[1]가 "프랑스 사람들은 고대 그리스의 애국자들이 그랬던 것처럼 진정으로 자신들의 조국을 사랑했다. 하지만 그런 사랑을 독일인은 알지 못하는데, 왜냐하면 독일인에겐 조국이 존재하지 않기 때문이다"라고 말할 만큼 독일은 프랑스에 뒤떨어져 있었다. 그런 상황이니 헤겔이 나폴레옹을 통해

---

1 그는 예나 전투에서 프랑스군의 포로가 되었다.

독일이 근대화될 수 있다고 기대했던 것도 지나친 것은 아니었다. 비단 헤겔 뿐 아니라 나폴레옹이 베를린에 입성했을 때 시민들은 그를 열렬히 환영할 정도였으니 말이다.

이런 시대 환경은 헤겔로 하여금 철학의 초점을 근대성에 맞추도록 했을 것이다. 그는 이런 목표를 설정하고 소크라테스로부터 시작되는 절대 타자를 향한 변증법적 철학의 상승 욕구를 논리학을 동원해 전개했다. 여기에서 헤겔의 근대성과 데카르트의 근대성에 차이가 있다.

데카르트의 근대성의 주체는 생각하는 개인이었다. 중세의 공동체적 사회가 해체되는 과정에서 사람들은 개인이 어떤 독자적인 단위로서 이해될 수 있음을 깨닫는다. 중세는 모든 평민들이 농촌공동체·동업조합·신도회 같은 공동체에 속해 있었고 이 공동체 안에서만 삶의 모든 문제와 자기 존재의 의의를 창출할 수 있었다. 그러나 물질적 조건이 발전하면서 공동체가 해체되었다.

그런 이행 과정은 르네상스와 종교개혁에서 드러났다. 르네상스 시기에는 예술작품이 개인에 의해 만들어지고 개인은 자기 능력에 따라 그것을 인정받으며 사회 지위를 획득했다. 그 이전의 예술작품은 장인 집단이 교회의 하청에 따라 제작해 개인의 창조성이나 예술성을 드러낼 필요도 없었고 여건도 조성되어 있지 않았다. 르네상스에서는 개인이 부각되기 시작했다. 루터의 '만인사제설'은 이제 개인이 모두 사제의 역할을 감당할 수 있다는 것이다. 이로써 개인의 존재가 존중받기 시작한다. 이런 미약한 개인주의의 씨앗이 근대의 끝에 이르러서는 개인주의라는 이데올로기로 나타나며 이를 가장 잘 포착한 이가 데카르트였다.

그가 말하는 주인으로서의 인간은 국가의 노예이다

하지만 헤겔은 데카르트를 본 것이 아니라 그보다 훨씬 더 멀리 올라가 소크라테스 · 플라톤 · 아리스토텔레스 같은 이들을 보았다. 소크라테스 이래 서양철학은 궁극적인 절대 타자에 도달하는 여정을 보여준다. 선의 이데아, 곧 좋음의 형상을 향해 나아가는 소크라테스와 플라톤의 변증법이나 절대 관념을 향해 상승하는 헤겔의 변증적 과정이나 대동소이하다.

헤겔은 변증적인 전개를 [논리학]에서 전개하는데, 변증적 원리에 의거해 모든 진행의 종착점인 절대자가 유일한 실재라고 선언하기에 이르렀다. 이 생각은 전체의 부분들은 어느 것도 그 자체로서는 진정한 실재성이나 의미를 가질 수 없다는 생각으로 이어진다. 이 세계의 부분들은 우주 전체와 관련해서만 의미를 가질 수 있다. 한 걸음 더 나아가 오직 전체만이 참다운 실재이다. 부분은 어떤 것이든지 파편적으로 참다울 뿐이다.

이 논지 안에서 헤겔은 개인으로서의 독일인과 국가의 관계를 설정한다. 헤겔은 전체주의 체제로 조직된 국가를 지지했다. "철학에서 진리는 전체이며 부분은 결코 완전한 의미에서 참이 되지 못한다." 또한 "이성은 실재하는 모든 존재에 대한 의식의 확실성이다"

라고 말하는데, 이것은 개별적인 어떤 사람이 실재 전체라는 의미가 아니다. 그는 자신의 개별성 안에서는 전혀 실재하지 않지만, 그 사람 안에 실재하는 요소는 전체인 실재에 참여하는 데서 비롯된다. 따라서 헤겔에게 근대성의 주체는 국가가 되었다. 헤겔은 우리가 더욱 이성적인 존재가 되는 정도에 비례해 실재 전체에 참여하는 정도가 증가한다고 말한다. 이렇게 해서 절대자 = 자유 = 보편정신 = 국가라는 등식이 성립된다.

헤겔이 국가를 주체로 삼았던 데에는 독일이 처한 시대적 상황에 기인한다. 동유럽 유대계 철학자인 앙드레 글뤽스만(1937-2015)은 텍스트와 국토가 4백 년 동안 불일치했다는 사실 때문이라고 분석한다. 독일은 젊고 호전적인 주변 국가들에 둘러싸여 오랫동안 국가의 형태를 갖추지 못했다. 독일 국민들은 시대의 전환기마다 해방전쟁을 기다렸으며 나라를 하나 세우기 위해서는 모든 역사적·문화적 힘을 하나로 모아야 한다는 독일 정신을 만들었다. 헤겔을 위시한 철학자들은 이 독일정신을 필연으로 만들었다. "패권적 제국을 꿈꾸지만, 민족국가도 되지 못한 채 먼지처럼 부스러진 영토, 이것이야 말로 독일의 패러독스였다." 니체의 말이다.

헤겔은 역사와 모든 인간적 노력의 역사성을 강조한다. 이를 위해 헤겔은 고대 그리스 철학에서 정립된 변증법을 다시 끄집어낸다. 고대 그리스 철학에서 변증법은 진리를 향해 나아가는 정신의 운동이었으나, 그는 변증법을 역사적 설명의 원리로 격상시켰다. 하지만 역사가 어느 특정한 목표를 향해 나아간다고 주장하는 것은 역사적 사실들을 왜곡할 때에만 가능하다. 역사적 사건들이 발생하는 양식을 알아내는 일과 그런 원리로부터 역사 자체를 연역하는 일은 완전히 별개의 일이지만 헤겔은 이것을 통합했다.

역사가 절대자를 향해 진행한다는 헤겔의 주장은 민족주의자들에게 상당히 노골적으로 민족주의를 선전할 수 있는 빌미를 만들어 주었다. 동시에 헤겔은 역사 속의 시대정신을 발전시키는 일은 단연코 독일인의 임무라고 못 박았다. "왜냐하면 독일 사람들만이 자유의 보편적 범위를 이해했기 때문이다." 그렇게 해서 독일인은 이제 선민주의 사상까지 갖게 되었다.

이런 주장은 20세기 들어 나치즘이 기승하는 토대를 만들어 주었다. 순수한 철학적 시스템으로는 절대자에 오른 개별적인 인간들, 그리고 바이마르 헌법으로 대표되는 완벽한 법률 시스템, 하지만 지폐 덩어리가 장작보다 더 저렴했던 인플레이션, 이런 상황에서 독일 국민들은 진정 자신들을 보살피고 자신들에게 명령을 내릴 강력한 절대자를 원하게 되었고 그것은 히틀러에 의해 나치즘의 탈을 쓰고 등장했다. 헤겔은 개인을 주인이라고 말하면서도 개인을 국가에 예속시키는데 히틀러의 방식이 바로 이것이다.

나치즘과 유대인 학살의 이론을 제공

헤겔의 이런 철학에는 치명적인 문제가 있다. 이 문제를 잘 지적한 이 가운데 한 사람으로 글뤽스만을 꼽을 수 있다. 그는 1968

년 '68혁명'의 핵심 세력이었다. 그러나 이후 솔제니친의 영향을 받아 마르크시즘에 대해 회의하기 시작했고 결국은 결별했다. 그는 1977년 '사상의 거장들'을 썼는데 이 책이 40년이나 지나 한국에서 번역 출간됐다. 이 책에서 그는 공산주의를 나치즘과 동일시한다.

문제는 파시즘, 곧 전체주의이다. 나치와 공산주의는 현실에서는 견원지간처럼 보이지만, 이론적 토대를 놓고 보면 헤겔과 마르크스가 이란성 쌍둥이이듯이 나치와 공산주의는 속을 파고 들어가 보면 놀랄 만큼 닮았으며 그 핵심은 전체주의이다. 글뤽스만은 히틀러와 스탈린과 마오쩌둥은 '파시즘'이라는 이름 아래 하나라고 단언한다. 그리고 역사상의 수많은 식민주의와 독재 정권, 나아가 민족주의 정권들 역시 파시즘의 변종 버전들이다.

더욱 경계할 것은, 파시즘의 이 모든 광기가 이성·발전·법이라는 이름 아래 행해질 때이다.[1] 반인륜적인 광기와 광신에게 이성의 탈을 뒤집어씌운 원죄가 바로 이들 네 명 '사상의 거장들'에 있으며, 이성의 탈을 썼기에 역시 이성을 등대로 표방하는 독일의 지식인 그룹들이 동시대 파시즘의 만행을 고발하는 데 머뭇거릴 수밖에, 차라리 둔감할 수밖에 없었다. 국가철학·관료철학·제국주의 철학은 다같이 "이해한다는 것은 지배한다는 것이다"라는 똑같은 밭에서 경작한다.

글뤽스만은 이렇게 말한다. 사상의 거장들에게는 "나는 생각한다. 그러므로 국가는 존재한다." 그러나 이것은 비단 독일에서만 일

---

[1] 앙드레 글뤽스만, [사상의 거장들], 박정자 옮김, 기파랑, p.417.

어난 일은 아니고 다른 국가들에서도 지식인 그룹들은 파시즘이건 공산주의이건 그 만행을 고발하는 데 소극적이었으며 오히려 적극적으로 옹호하고 지지한다. 철학은 물론이고 문학도 이 함정에 쉽게 빠진다.

원죄를 헤겔에게 물을 수밖에 없는 불행이 또 있으니 그것은 나치즘의 유대인 학살의 뿌리가 헤겔에게 있다는 것이다. 헤겔은 젊어서는 기독교 정신과 그 운명을 통해 노년에는 역사철학을 통해 유대인을 비판했다. "국가는 유대의 율법에 맞지 않으며, 모자이크 같은 법률과도 맞지 않는다"고 헤겔은 말했다. 유대인은 원래 국가를 원하지 않았으므로 조국이 아예 필요 없었고 그것이 아브라함 이래 계속되어 온 역사적 사실이라고 말했다. 이런 시각은 마르크스나 니체도 마찬가지였다. 헤겔을 위시해 19세기 독일 철학자들의 반유대주의 전통은 결국 20세기 들어서 히틀러와 나치즘에 의한 유대인 학살로 이어졌다. 헤겔의 유대인 배척은 독일인에게 '증오'의 기술을 심어주었다.

철학은 테제를, 문학은 안티테제를 추구한다. 그러나 이 안티테제는 예를 들어 헤겔의 명제가 테제이고 그에 반대한 마르크스의 명제가 안티테제라고 할 때 마르크스의 편을 드는 안티테제가 아니다. 글뤽스만이 말하듯이 헤겔과 마르크스는 같은 지점을 향해 가고 있다. 마르크스 역시 파시즘인 것이다. 따라서 마르크스는 헤겔에 대한 안티테제가 아니라 헤겔과는 다르면서 같은 테제이다. 문학에서의 안티테제는 헤겔에 대한, 그리고 마르크스에 대한 안티테제이다. 근대성의 차원에서 헤겔이나 마르크스는 휴머니즘처럼 보이지만 글룩스만이 볼 때 그들은 안티 휴머니즘이다.

근대문학이 태동하면서 한국 문단의 일부는 빠른 속도로 이념을 추구했는데 카프도 한 부류이다. 카프가 태동했던 것이 식민지 체제 아래에서 반제국주의로서의 민족주의적 색채를 띤 것이긴 하지만, 이것이 뿌리가 되어 해방 공간에서의 일부 문학은 분단과 함께 사회주의나 공산주의 이념으로서의 문학을 표방했으며 그 유산은 오늘날까지 이어진다.

황석영은, "6.25 때 남단까지 내려왔던 인민군이 미군의 인천상륙작전으로 총퇴각을 하게 되자 인공치하에서 문예공작에 협력했던 사람들이 전부 지리산으로 모여들었다. 거기서 그들은 전황이 완전히 반전됐으니 어떻게 처신해야 할 것인가를 토론했다. 이병주[1]가 전하기를, 햇살이 따스하게 비치는 지리산의 깊은 어느 골짜기 빈터에 모여서 회의를 했다고 한다. 퇴각하는 인민군을 따라 북으로 갈 것인가, 모두 하산해서 투항할 것인가를 놓고 열띤 토론이 여러 시간 계속되었다……그 자리에서 여성 문인들은 이렇게 말했다고 한다. '상황이 바뀌었다고 해서 투항한다는 것은 말이 되지 않는다. 끝까지 사상에 충실해야 한다'"고 당시의 정황을 이병주로부터

---

1 1921-1992. 1965년 7월 [세대]에 중편 <소설 알렉산드리아>를 발표하며 등단했다. 보기 드문 지적 문체와 듬직한 역사의식 및 폭넓은 제재로 해서 등단 수년 만에 작가의 지위를 인정받았다. 도쿄 유학이나 학병 및 분단 등 민족적 현실에 대한 체험을 성공적으로 작품화했으며, 다양한 역사 체험과 동서양의 역사와 문화에 두루 해박하여 역사가 배경이 된 소설을 쓸 수 있었다.

전해들은 것을 적었다.¹

이것이 문학을 떠나 생존을 위해 한 행위인지, 아니면 문학을 떠나 사상을 위해 한 것인지는 명확히 알 길은 없다. 그것이 바람직한지 피해야 할 일인지도 여기에서 논하기에는 벅찬 주제이다. 다만 이 글에서는 국가철학·관료철학·제국주의철학과는 명확하게 다른 방향으로 간 두 개의 작품을 언급하는 것으로 만족하겠다. 한국의 현대소설 가운데 마르크스의 파시즘과 같은 길을 가는 작품들도 다수 있는데 그런 작품을 소개할 필요를 느끼지는 않는다.

국가의 폭력성 들추기 _ 이병주

이병주는 저평가된 인물이다. 아니 더 솔직하게 말하자면 애써 외면 당했다. 다행히도 꾸준히 이병주의 작품 세계를 탐미한 이들이 있었고 최근 들어 연구서가 나오면서 조금씩 그의 문학이 발굴되고 있다. "역사와 문학의 상관성에 대한 그의 통찰은 남다른 데가 있어, 역사의 그물로 포획할 수 없는 삶의 진실을 문학이 표현한다는 확고한 시각을 정립해 놓았다."² 이병주 문학의 정수는 바로 이것이다.

누구나 언젠가는 모두 죽기 마련이라 '인생은 필패'이니 '가난해도 궁상스럽게 살지 마라'던 이병주의 작품 세계는 물욕에 얽매이

---

1 황석영, [황석영의 한국 명단편 101-폭력의 근대화], p.197.
2 김윤식·김종회 외, [이병주 문학의 역사와 사회 인식], 바이북스, 2017, 머리말.

지 않으면서 삶의 자연스러운 흐름을 따르고, 늘 새로운 가치를 찾으면서 긍정적인 삶을 사는 데 맞춰져 있다. 그는 우리 인생에 함께 일어나는 복잡함과 단순함을 동시에 드러낸다. 그것은 인생에는 늘 모순적 사태가 동시에 일어남을 밝히는 것이다. 모순적 사태와 딜레마, 이는 분단된 한국 사회가 가져야 하는 숙명이기도 한데, 이런 시각이 그의 소설들에 잘 녹아 있다. "개인의 경험이 곧 사적史的 경험이던 세대로서 이병주가 보여주고자 했던 세계는 격동하는 역사, 그 역사의 정치성, 그리고 그 역사와 정치의 이면에 있었던 인물들의 내면이다."[1]

그의 소설들은 한편 한편이 독자들로 하여금 시대를 되돌아보게 만든다. 그것은 그의 박학다식으로만은 설명이 부족한 역사를 통찰하는 재능과 식견을 갖고 있었기 때문이다. 이 글에서는 <삐에로와 국화>를 거론할 텐데, 이 소설은 의문이 많은 임수명 간첩 사건을 통해 개인을 파괴하고 가족과 친척을 분열시키는 분단의 모습을 국선변호인 강신중의 눈을 통해 그린다.

실제 이름이 박복영인 임수명은 4형제의 막내이다. 6.25 동란 직전까지 큰 부자였던 가족은 남로당에 정치자금을 댔고 4형제 가운데 셋째인 박복길과 모친을 제외한 3형제가 전쟁 직후 월북했다. 남파간첩 도청자는 박복길의 집에 머물렀고 모친은 행여나 북에 간 자식들이 불이익을 당할까 도청자에게 잘 해주었다. 하지만 박복길에

---

[1] 노현주, <이병주 문학의 정치의식>, 김윤식 외 편, [이병주 문학의 역사와 사회 인식], 바이북스, 2017, p.243.

게는 귀뜸조차 하지 않은 채 자수를 했고 이 일로 인해 박복길은 사형을 당한다. 문제는 도청자가 남한에서 낸 수기에 박복식 형제의 이야기가 나오는데 이들 형제가 남로당에 돈을 댄 게 문제였고[1] 이들 형제들은 북한에서도 버림을 받을 처지에 놓였다. 박복영은 자청해서 도청자를 암살하겠다며 남파됐으나 도청자는 이미 사망한 뒤였다. 이제 박복영이 할 수 있는 일은 남한 정부에 체포돼 사형을 당하는 것뿐이었다. 박복영은 법정에서 김일성 만세를 외치며 진술을 마쳤고 사형이 선고됐다.

박복영이 체포된 계기는 어떤 여성의 신고에 의해서였다. 박복영은 죽기 전 강신중에게 주영숙이라는 여성의 주소를 가리켜 주면서 나중에 국화를 선물해 달라고 부탁했다. 강신중은 주영숙을 방문해서는 그녀가 박복영을 신고한 여성임을 알게 됐다. 그녀 가족은 간첩 신고로 백여만 원의 포상금을 받아 요긴하게 썼다. 더욱 놀라운 사실이 있었다. 주영숙은 박복영이 월북하기 전 결혼했던 아내였다. "그는 자기의 사형을 북쪽에 있는 가족들을 편하게 살리기 위한 수단으로 했고 - 그 성공 여부는 고사하고 - 한편 남한에 있는 옛 마누라를 돕기 위한 수단으로 했다는 것은 분명했다."

"동족이 불구대천의 원수처럼 대치한 채 30여년을 보내는 동안, 남북으로 헤어진 가족들이 어떤 상처를 끌어안고 살아야 했으며 그렇게 빈번하던 간첩 사건 속에 어떤 우여곡절이 잠복할 수 있었는가를 증거한

---

[1] 김일성은 1956년부터 남로당 출신들을 대대적으로 숙청했다.

다. 이 역사성의 횡포 앞에 인간은 삐에로다."

이병주는 강신중의 입을 빌어 이렇게 외친다. "어떤 주의를 가지는 것도 좋고, 어떤 사상을 가지는 것도 좋다. 그러나 그 주의, 그 사상이 남을 강요하고 남의 행복을 짓밟는 것이 되어서는 안 된다. 자기 자신을 보다 인간답게 하는 힘으로 되는 것이라야만 한다." 이 말은 이병주의 그의 전 작품에서 늘 하고 싶었던 이야기처럼 보인다. 비단 국가를 향해서 뿐 아니라 개인들을 향해서도. 오랜 세월이 흘렀지만 이것은 참 어려운 일이다.

간첩은 서로 충돌하는 경계 위에서 태어나, 국가로부터 일방적으로 부여된 정체성을 지닐 수밖에 없다. 민족과 체제는 그들을 끊임없이 동일자의 자리에 머물게 한다. 간첩은 국민국가의 법 그물이 설정한 규칙과 경계 속에 갇혀 있다. 이것은 역사성이고 전체성이다. 간첩이 이런 역사성과 전체성에 충실하게 복종할 때 개인으로서의 인간은 사라진다.

하지만 전체주의 체제 안에서 불복종이 가져올 피해는 더욱 막심하다. 박복영이 처한 경우가 그렇다. 자신이 살고자 하면 북에 있는 가족들은 체제로부터 위해를 입을 것이다. 이때 박복영이 선택한 것은 자신을 죽이고 가족을 살리는 길이었다. 전체주의 체제에서는 자신도 살고 가족도 사는 것은 불가능할 테니 말이다. 그것은 남한도 마찬가지였으니 도청자의 수기로 인해 이미 형과 모친은 사형을 선고받고 집행까지 끝났다.

공인된 폭력 조직인 국가가 개인에게 강요하는 것은 국가의 폭력성을 감수하는 것이다. 하지만 폭력성은 국가에 의해서만 배타적으로 수행되지만은 않는 게 세상의 실정이다. 한국 사회에서는 국가의 폭력성 못지않게 정파와 이념을 불문하고 인간에 의한 인간에 대한 폭력성도 잔인하게 일어난 게 지난 70년 동안의 모습이다. 이럴 때 폭력을 가하는 자의 개인적인 이념 또는 공유하는 이념은 선한 것이라고 치부되었다.

그는 등단작인 <소설·알렉산드리아>에서 국가의 공무집행이라고 해서 정당성을 부여받는 것은 아니라고 역설한다. 역사 또는 국가와 개인에 대한 이병주의 서사와 메시지는 이런 점에서 철저하게 반 헤겔적이고 반 마르크스적이다. 서기원[1]의 <반공일>, 최인훈의 <금오신화>, 송기숙[2]의 <어떤 완충지대>, 박순녀[3]의 <어떤 파리> 등도 냉전과 반공이라는 국가의 회로를 거부하고 국가라는 거대 담론에 저항하는 개인을 그린다. 분단이 가져온 국가제일주의와 통제

1 1930 - 2005. 1956년 [현대문학]에 단편 <암사지도>가 황순원에 의해 추천되어 문단에 등단했다. 초기 작품은 전쟁으로 인해 상처받은 젊은이들의 삶의 고뇌와 그 출구를 찾기 위한 내면적 저항의 면모를 주로 담았다. 이후 그의 작품은 현실을 넓은 범위에서 다양하게 바라보려는 작가의 시각과, 인물에 대한 작가의 거리감의 유지라는 측면에서 특색을 드러냈다.
2 1935-. 1964년 [현대문학]에 평론 <창작과정을 통해 본 손창섭>으로, 1965년 <이상서설>로 추천 완료되어 문단에 등단했다. 이후 소설가로 전환하여 [어떤 완충지대](1968)를 필두로 소설들을 발표했다. 그의 작품은 1980년대 분단문학의 중요한 성과로 꼽힐 만큼 분단극복 의지를 보인 작품이 많다. 또한 한국적 상황을 지방 도시의 현실을 통해 형상화했으며, 미륵불이라는 민족신앙적인 소재를 통해 지방색과 함께 인간의 존엄성에 대한 탐구를 보여주기도 했다.
3 1928-. 1960년 [조선일보] 신춘문예에 소설 <케이스 워카>가 당선되어 문단에 등단했다.

되는 국민국가의 규제와 관리의 영역에서, 간첩은 처벌의 대상이거나 통합의 대상으로서만 파악됐다.

경계에 서 있는 간첩들이 자신들에게 부여된 정체성을 넘어선 자리를 꿈꾸고 있다는 것은 경계인의 주체성을 새로운 모습으로 탐구하도록 만들어준다. 그리고 여기에 간첩 대신 소시민이나 개인을 넣으면 그것은 바로 우리 자신의 이야기가 된다. 이병주는 또 이렇게도 적었다.

"역사가 생명을 얻자면 소설의 힘, 문학의 힘을 빌려야 한다."

이것은 역사라는 테제에 저항하는 동력으로서의 문학의 안티테제적 본질을 적절하게 설명하고 있다. 사실 헤겔이나 마르크스는 철학으로서도 역사에 큰 죄를 지은 죄인이다. 그래서 이병주의 이 말이 더욱 진중하다. "태양에 바래면 역사가 되고 월광에 물들면 신화가 된다." 국가주의 앞에서 개인은 그저 신화로 남을 뿐이니 말이다.

안티테제에서 멈추다 _ 조정래

이병주의 [지리산]이 인간애의 관점을 보여준다면 같은 빨치산을 다룬 조정래[1]의 [태백산맥]에는 계급적 시각이 들어있다. 대표

---

1 1943-. 1970년 [현대문학]에 소설 <누명>이 추천되어 문단에 등단했다. 분단

작들인 [태백산맥], [아리랑], [한강] 등은 역사정신, 민족혼, 민중의 힘 등이 상징화되어 있다. 그래서 이병주가 테제를 떠나 안티테제로 온 반면에 조정래는 하나의 테제를 떠나 또 하나의 다른 테제로 간다는 막연한 상상이 가능하다.

[태백산맥]은 '여순사건 직후부터 한국전쟁 중단까지'라는 약 5년 정도의 시간과 '벌교 · 순천 · 여수 · 지리산'이라는 공간이 교차하는 지점에 자리 잡고 있다. 쌀과 토지 배분 문제로 인한 계급간의 갈등, 좌우익 이데올로기 대립의 갈등 등이 중층적으로 교차하면서 이백 팔십 여명의 인물들이 서사를 형성한다.

정하섭과 소화 그리고 염상진 등은 제각각의 생각으로 좌익과 우익에서 활동한다. 좌파 활동가들은 '이 체제는 낡았으며 사회주의 혁명만이 갈 길'이라고 믿는다. 출신은 지주층을 비롯한 부르주아이지만 일가의 행위에 죄책감을 느끼고 사회주의로 전향한다. 이들은 사회에 대해 문제인식과 비판적 시각을 가졌다. 반면에 우익들의 동기는 개인적 욕망이거나 감정, 생존 본능 등에 가까웠다. 소설은 하대치, 외서댁, 소화 같은 평범한 인물들이 왜 빨치산이 되어 지리산으로 들어갈 수밖에 없었는지, 염상진과 염상구가 왜 대립할 수

의 현실을 극적으로 형상화하고 있는 그의 작품들에는 한국사회에 전통적으로 자리하고 있던 계급적 갈등구조가 이데올로기의 대립과정과 맞물려 가는 과정이 그려진다. 그가 파악한 한국전쟁과 분단은 민족의 삶을 왜곡시켜 온 사회구조의 모순이 이데올로기에 의해 다시 왜곡되면서 해체되는 과정이다. 이런 인식은 분단 상황에 대한 정치적인 차원의 논의가 갖는 논리적 허구성을 지적할 수 있는 근거를 제공한다. <태백산맥>은 이데올로기 문제에 내재한 역사적인 모순의 극복 없이는 분단극복이 가능하지 않다는 사실을 명확하게 제시한다.

밖에 없었고 염상진의 죽음 앞에 이르러서야 그 대립이 끝났는지에 대해 묻는다.

두 집단에 속한 사람들은 시간이 흐를수록 이념이 왜 생겼는지, 무엇을 위해 생겼는지는 생각하지 않는다. 한국에서 어느 한쪽에 소속된다 함은 이제 목숨을 걸고 그 집단을 위해 싸워야 한다는 뜻인데 이런 모습이 인물들에게서 나타난다. 소설에서는 김범우라는 인물을 통해 질문을 던진다. 그래서 "태백산맥은 역사정신과 문학정신이 통합된 작품이라고 평가된다."[1]

하지만 남북분단이라는 비극적 체험을 소설로 형상화했다는 평가도 있으나 이런 비극적 체험이 과연 1948년부터 1953년까지의 시기에 국민들에게 얼마나 각인되었는지는 의문이다. 그것은 전쟁이 중단된 지 한참의 시간이 흐른 뒤에 반추되는 물음일 것이다.

[태백산맥]은 분단의 문제를 이데올로기 대립문제로만 한정하여 보기보다는 지주와 소작인 간의 갈등, 생존권 박탈에서 오는 민중들의 처절함 등을 통해 이러한 당대 현실의 문제를 다각적 측면에서 바라본다. 즉 이런 문제들이 이데올로기 갈등, 당대 제국주의 논리와 결합하여 하나의 역사적 비극을 형성한 요인이 되었다고 보는 것이다.[2]

주목할 것은 이념 선택과 대결을 조선 후기부터 뿌리 깊게 이어

---

1 권영민, <태백산맥은 문학의 큰 산맥>, 경향신문, 1996년 6월 5일.
2 전영의, <조정래의 태백산맥에 나타난 문학의 정치성 연구>, [한국문학이론과 비평], 제57집, 2012년, p.435.

져 온 계급과 계층 간의 대립으로 연결한다는 점이다. 이를 서술하기 위해 좌익의 인물들에게는 이상주의적 가치와 도덕적 정당성을 부여했고, 우익의 인물들에게는 반역사 · 반민족 · 반민주 · 반도덕 등을 부여한다. 이때 우익을 묘사하는 개념들은 기존의 테제들을 문학적으로 표현한 것으로 보아야 한다.

이를 철학적으로 기술하면 이들이 대립하는 대상은 전체로서의 테제이다. 이들이 안티테제로서 '계급투쟁과 민중해방'을 선택해도 이들의 목표가 마르크스가 주장하는 새로운 테제로서의 사회주의 국가 건설과는 거리가 멀다. 이 문제로 1990년대 한국 사회가 시끄러웠고 강산이 변하는 세월 동안 저자가 조사를 받았으나 [태백산맥]이 사회주의나 공산사회 건설을 목표로 한다고 단정할 수는 없다. [정글만리]까지 쓴 소설가에게 아직도 이런 딱지를 붙이는 것은 무척이나 낡은 태도이다.

[태백산맥]을 읽고 감화를 받은 이들이 공산사회 건설을 꿈꿀 수는 있겠으나 그 행위의 책임을 이 소설에 돌릴 수는 없다. "나라가 공산당 맹글고, 지주덜이 빨갱이 맹근당깨요"가 적확하게 등장인물들을 옹호한다. 새로운 사회를 꿈꾸는 일은 복합적인 현상으로 일어나는 것이고 만약에 21세기 한국에서 사회주의나 공산사회를 꿈꾸는 것의 원인은 소설이 아니라 다른 데 있을 것이다. 좌익들의 출현은 전체주의 또는 국가중심주의로부터의 이탈을 상징하는 것이며 현실 속에서 이들이 좌익이 중심이 된 국가를 만든다고 해도 그것은 국가의 역량 부족을 드러내는 것이다.

그보다는 이 소설이 지향하는 것은 선으로 위장된 전체로서의 테제로부터 탈출하고 싶은 욕망을 표현한다는 점에서 헤겔과 마르크스가 도식화한 근대성과는 다른 길로 간다고 보아야 한다. 하지만 이 소설 안에 해체는 있되 구성은 없다. 그런 점에서 태백산맥은 반헤겔적이고 또 반 마르크스적이다. "좌경적 인물들은 삶의 뿌리가 흔들려 좌익에 가담한 대중들이 주축을 이루나 이들에게 이념 지향성은 없다."[1] 오히려 부하들 앞에서는 당의 무오류성을 강조하는 염상진이 실의의 순간에는 혼자 당에 대해 회의하는 대목은 태백산맥이 헤겔이나 마르크스적 의식으로 전락하는 것을 막아준다.

계급투쟁과 민중해방이 들어간다고 해서 그것을 마르크스의 공산주의 구성과 연결하기는 어렵다. 이 소설은 계급투쟁과 민중해방에서 끝난다. 그 뒤의 이야기가 없다. 그런 점에서 매우 절제된 메시지를 던진다. 다만 이승만이냐 김일성이냐 김구냐를 두고 김범우가 김구의 노선에 대한 지지와 기대를 가지는 장면은 기존의 질서에 대한 저항이겠으나 동시에 새로운 테제로 빠질 위험을 내포한다. 김구는 현실 정치에서 이승만이나 김일성의 안티 테제였으나 실제로는 그도 하나의 테제일 뿐이지 그것은 소설이 찬양하거나 추구할 대상은 아니다. 김구의 노선으로 갔으면 한반도가 행복했을 거라는 믿음은 가지 않은 길에 대한 기대이지 현실적인 이야기는 아니다. 이것은 한국문학과 한국사회가 흔히 가지는 일탈의 한 보기이다.

[태백산맥]과 <삐에로와 국화> 가운데 더 예술적인 서사를 꼽으

---

1 임헌영, <소설 태백산맥 예술이다>, [한국논단], 11월호. 1994년, p.78.

라면 <삐에로와 국화>이다. 이것은 단편일수록 서사가 압축적이면서 상징적인 면도 있지만 <삐에로와 국화>의 서사 방식은 매우 입체적이다.

한국 현대소설 특히 1980년대 이후 소설들 가운데 이데올로기에 젖은 소설들이 있음을 부인할 수 없다. 그 소설들을 두고 헤겔적 또는 마르크스적 역사관에 충실한 소설이라고 말할 때, 헤겔과 마르크스의 시각으로 볼 때는 칭찬이겠으나 글뢱스만의 눈으로 볼 때는 그렇지 않다.

니체
애당초 질서와 도덕은 없었다
박태원 · 김성한 · 오정희 · 박상륭

기독교에 대한 거부

서구 세계의 정신을 형성하는 두 가지는 그리스 철학과 기독교이다. 그리스 철학과 기독교는 과학이 본격적으로 등장한 19세기 이후에도 영향력이 쇠퇴하지 않았다. 그런데 동시에 아이러니한 일은 19세기부터 그리스 철학과 기독교는 신랄한 공격을 받기 시작했다는 사실이다. 공격의 주제는 형이상학과 인간 이성이었다. 과연 형이상학이라는 것이 존재하는가, 그리고 인간 이성은 왜 몰가치한 방향으로 사용되는가, 두 가지에 대해 19세기 이후 철학자들은 끊임없이 질문을 던졌다.

그런 철학자들 가운데 공격의 대표적 창시자가 세 사람 있으니 바로 마르크스(1818-1883), 니체(1844-1900), 그리고 프로이트(1856-1939)였다. 세 사람은 각자의 독특한 방식으로 이성과 목적이 인간의 현실적 집착과 공존하지 못함을 강조했다. 사람들의 언어와 행동의 뒤에 숨은 진짜 동기와 관심사는 이성과 목적을 통해 파악될 수 없다는 것이 세 사람의 공통된 생각이었다.

이 가운데 니체는 인간이 합리적이라는 것을 철저하게 반박하고 기독교를 비판을 넘어 비난했다. 기독교에 대한 그의 비판은 마르크스를 훨씬 초월할 만큼 강도가 셌다. 그가 이렇듯 인간의 합리성을 의심한 까닭은 인간이 도덕적 체계와 형이상학적 체계를 세우고자 할 때 그 뒤에 숨어 있는 현실적인 관심을 보여주고 싶었기 때문이었다. 그는 도덕과 형이상학의 계보와 기원을 밝혀서 그것들에 대한 인간의 믿음을 해체하고 싶었다. 그것은 그리스 철학과 기독교에 대한 해체에서 시작됐다.

흥미로운 사실은 니체의 아버지는 루터교 목사였다는 점이다. 그가 다섯 살 때 부친이 별세하고 그는 어머니와 할머니에 의해 양육됐다. 부친의 이른 별세가 기독교에 대한 그의 생각을 어떤 방향으로 형성했는지는 모르겠다. 그는 스위스에 있는 바젤대학교에서 고전철학을 공부하고 교수가 되었는데, 신약의 교리보다는 교리의 기원에 대해 더 많은 관심을 갖고 있었다. 그는 예수의 행적에서 신화적 요소와 초자연적 요소를 삭제하려 했던 독일의 성서 비판에 깊은 감명을 받았다. 니체에게 가장 큰 영향을 준 이는 슈트라우스인데 그는 역사적 인물로서의 예수를 문제 삼았다. 그의 영향으로 니체는 무신론자가 되었다. 그는 무신론자가 되어 기독교를 맹렬히 공격했다.

그는 기독교를 "지금까지 존재했던 거짓말 가운데 가장 치명적이고 유혹적인 거짓말이며 가장 비속한 거짓말"이라고 주장했다. 그는 실재에 대해 정적인 관점을 유지했던 플라톤을 두고 "가장 위대한 타락의 가교"라고 몰아부쳤다. 그는 만물이 늘 변화한다는 헤라클레이토스의 이론에 더 매력을 느꼈다. 변화하지 않는 것은 없으며 불변하는 기준의 원천이 되는 개념적인 세계는 없다고 생각했다. 그래서 그는 이런 결론에 도달했다. "사실이란 것은 존재하지 않으며 오로지 해석만이 있을 뿐이다."

세계에 대한 해석은 다양하다

그가 추구한 것 가운데 하나는 지금 인간들에게 인정되고 있는 세계의 모습은 세계에 대해 가능한 여러 해석들 가운데 하나라는 것을 증명하는 것이었다. 그 해석은 어떤 특별한 이익에 부합돼서 만들어지는데, 이렇게 만들어진 해석은 다른 사람들에게는 불이익이 된다. 이런 점에서 오직 하나의 해석만이 가능하고 또한 옳다는 기독교적 세계 인식은 그들이 자신들의 권위를 유지하기 위해 펴는 궤변일 수밖에 없다고 생각한다. 그래서 자르판스키는 말하기를 "니체는 평생 도덕 문제에 집착했다. 니체는 도덕에 관해 성찰하면서 기본적인 인간 조건은 결국 자기 자신에 대한 관계라는 사실을 깨닫기 시작했다. 인간은 - 분할할 수 있는 존재는 - 자기 자신에 공감할 수 있고 또 공감해야 한다. 인간은 한 목소리를 내는 조화로운 존재가 아니라 여러 목소리를 내는 불협화음의 존재이며 자기 자신을 대상으로 실험을 해야 하는 저주를 받음과 동시에 그런 실험을 할 특권도 부여받았다."고 적었다.[1]

그런데 아이러니컬하게도 니체가 이런 기조를 유지하면서 설파한 초인의 철학은 히틀러에 의해 활용돼 히틀러가 스스로 초인이라고 여기게끔 했다. 그도 그럴 것이 니체 철학의 허점은 필연적으로 도덕적 규제가 상실된다는 데 있는데 이것은 초인임을 강조한 히틀러에게도 그대로 이용될 수밖에 없었다.

니체는 형이상학을 가차 없이 부정했다. 사실 형이상학은 그것이 원래 실재하는 것이든 아니면 인간에 의해 만들어진 것이든 인간에서 진리와 도덕의 기준을 제시한다. 신체의 변화에도 불구하고 늘 나임을 자각하게끔 하는 동일하게 지속하는 자아로서의 인간 개념도 형이상학적 개념이다. 그러나 니체는 움직이지 않고 고정돼 있는 실재에 대해 고정된 범주를 제공할 수 있다는 것을 배제한다. 질서나 목적을 전파하려는 시도는 잘못된 것이다. 모든 것은 다른 모든 것과 결부돼 있으며 결정돼 있는 것이나 고정돼 있는 것은 아무것도 없다. 그는 이렇게 외친다. "정신이나 이성, 사유나 의식, 정신, 의지, 진리 같은 것은 존재하지 않는다. 모든 것은 쓸데없는 허구이다."

보편적 가치는 더 이상 없다

---

[1] 뤼디거 자르판스키, [니체, 그의 사상의 전기], 오윤희·육혜원 공역, 꿈결, p.240.

"신은 죽었다." 그럼으로써 신에 대한 불경이 사라졌다. 이제 가장 큰 불경은 대지에 대한 모독이다. "대지에 충실하여라. 그리고 너희에게 천상의 희망을 말하는 자들을 믿지 마라." 니체는 신이 존재하지 않는 세상은 어떤 의미도 있지 않으며 공허해지고 인간이 갖고 있다고 생각되는 모든 가치는 상실될 거라고 믿었다. "지금까지 우리는 인간의 신성한 기원을 강조함으로써 인간의 고귀함을 추구했다. 그러나 인간의 조상이 원숭이였음이 밝혀진 이상, 이제 이런 방법은 금기시된다."

변화의 기초가 되는 동시에 동일성의 근거인 어떤 실체도 인정하지 않았기에 그에게는 늘 지속하는 자아라는 존재도 없다. 그 대신 인간을 지속시키는 것을 그는 '힘에의 의지'라고 생각했다. 그에 따르면 개인은 타인의 이익에 종속되어서는 안 된다. 그의 이상형은 사회의 규범이나 전통적 도덕에 의해 제한 당하기를 거부하는 영웅적인 개인이다. 우리의 목적은 외부세계에서 주어지지 않고 우리 자신의 의지가 명령하는 것이다.

플라톤을 위시한 전통적인 철학자들은 선의 이데아를 정점으로 한 이데아의 세계를 본으로 삼는 세계의 모습(플라톤)이나 스스로는 운동하거나 변화하지 않지만 세상을 움직이게 하는 '부동의 원동자'(아리스토텔레스) 같은 인간의 외부 세계에 있는 절대적인 타자에 의탁했다. 그러나 니체는 그런 절대적 타자를 부정했기에 도덕적 기준의 객관적 원천도 사라졌고, 따라서 과제는 자유의지의 여부가 아니라 한 개인이 강한 의지를 갖고 있는지 아니면 약한 의지를 갖고 있는지가 기준이 되었다. "삶 자체는 본질적으로 강자의 횡포와 공격, 지배이며 약자에게 그것은 억압과 고통이다……가장 힘없는 온순한 자에게 그것은 착취일 뿐이다." 그는 착취에 대해 부정적으로 생각하지 않았다. "착취는 생명체의 근본 기능으로 삶의 본질에 속하며 엄밀히 말해 삶의 의지라고 할 수 있는 힘에의 본능적 의지의 결과이다."

그렇다면 인간에게 필요한 것은 삶의 방향을 지시하는 '힘에의 의지'이다. 인간은 삶의 의미를 발견할 수 없으므로, 왜냐하면 객관적 가치로 존재하는 도덕은 없기에, 인간 스스로 그것을 창조해야 한다. 그러므로 '힘에의 의지'는 다른 사람을 지배하겠다는 단순한 욕구가 아니라 인간을 설명할 수 있는 폭넓은 개념이다. '힘에의 의지'를 상징적으로 보여주는 인물이 초인이다. 인간은 자신이 처한 현실의 조건을 초월하기 위해 노력해야 한다. 니체는 선택된 소수의 개인들만이 그렇게 할 수 있다고 생각했다. 초인에게 초인이 되지 못한 인간은 웃음거리 아니면 고통스러울 만큼 수치스러운 존재이다. [짜라투스트라]에서 니체는 이렇게 말한다.

"너의 의지로 하여금 초인이 이 세상의 의미가 될 것이다라고 말하도록 하라."
"인간은 동물과 초인 사이에 놓인 밧줄, 끝없는 심연에 걸쳐져 있는 밧줄이다."

얽매이지 않은 예외적 인간

　니체는 아무 것에도 얽매이지 않은 예외적 인간을 최선의 인간형으로 생각했다. 그래서 초인은 영광스러운 예외적 존재이다. "관습적 도덕으로부터 거듭 자유로우며, 자율적이고 도덕을 초월하는, 그 누구와도 닮지 않은 독립적 개인"을 니체는 높이 평가했다. 규범적 관습을 배제하는 예술가처럼 니체의 초인은 다른 이들의 간섭과 규제를 초월한다. 초인에 대한 종교적이고 도덕적인 규제는 거부된다.

　그의 관심은 대중의 요구에 개인이 함몰되어서는 안 된다는 것이다. 다수의 이익이라는 명분 아래 행해지는 예외적 개인에 대한 어떤 규제도 그는 강력하게 거부했다. 그는 "군집동물에서 찾을 수 있는 큰 규모의 연합에 대한 만족"을 경멸했다. 그에게 공동체 정신, 조국 같은 개념은 없다. 그는 약한 자에게 결합하려는 경향이 있는 것처럼 강한 자는 분리되려면 자연스러운 경향이 있다고 생각했다. 누가 보더라도 원죄와 죄책감의 굴레에서 해방된 자기 충족적인 영웅은 자신의 운명을 통제할 수 있다.

　니체는 1879년 건강이 악화되면서 재직 중이던 바젤 대학을 퇴직하고, 이후 이탈리아와 프랑스의 요양지에서 저술에만 전념했다. 1888년 말부터 정신이상 증세를 보이고 병마에 시달리다 1900년 8월 25일 바이마르에서 눈을 감았다. 니체의 정신병에 대해서는 젊었을 적 걸린 매독이 발전되어 정신분열로 이어졌다는 설이 있다.

기존의 질서에 저항하고 새로운 인간형의 출현을 고대하는 것은 니체뿐 아니라 많은 소설에서도 그러하다. 인간의 이야기로서의 소설은 질서를 해체하는 것을 본능적으로 지향하기 때문이다. 이런 현상은 한국의 소설에서도 자주 드러나는데 여기서는 네 사람의 소설가를 소개하겠다.

지배의 모습으로부터 떠나려는 인간형 _ 박태원

박태원[1]은 현대적 개인의 개체적인 특성을 풍부하게 드러내는 작가이다. 1940년대에 발표한 연작형 사소설들은 일제의 통제경제 체제 속에서 심화되는 지배에 대해 내밀하고도 민감한 비판의식을 함축적으로 표현하면서 고독한 개체의 발화를 드러낸다. 이것은 일제라는 '거대한' 지배권력 앞에서 한 개인이 어떻게 그것을 거부할 수 있는지를 모색하는데, 지금 인정되고 있는 지배의 모습으로부터 떠나려고 시도하는 인간형을 보인다.

이 가운데 '자화상' 연작인 <음우淫雨>·<투도偸盜>·<채가債家>의 제3화에 해당하는 작품인 <채가>는 일본인 채권자인 와타나

---

[1] 1909-1986. 1926년 [조선문단]에 시 <누님>이 가작으로 당선되었다. 이후 단편 <적멸寂滅>(1930), <수염>(1930), <꿈>(1930) 등을 발표하면서 소설 창작에 주력했다. 초기 소설은 문체, 기법, 주제 등에 있어서 모더니즘 소설의 여러 특징이 있다. 이데올로기보다는 문장 그 자체의 예술성을 중시하고, 새로운 소설적 기법을 시도했으며, 인물의 내면 의식 묘사를 중시하는 등 강한 실험정신을 보였다. 초기에는 모더니즘을 보였으며 1930년대 후반부터는 도시의 세태와 자신의 체험을 서술한 작품과 역사소설을 발표했다.

베와의 만남을 회피하거나 연기하려는 '나'의 불안과 위기의식을 집요하게 그린다. '나'는 딸 설영이를 유치원에 보내려는 참이다. 그때 돈암정에 집을 짓느라 돈을 빌린 전주에게 밀린 이자를 내지 않으면 집을 경매 처분해 버리겠다는 내용 증명이 온다. '나'는 금융기관에서 주택 건설 자금을 빌릴 수 없게 된 절박한 상황에서 최 모라는 브로커를 통해 전주인 와타나베와는 일면식도 없이 비싼 이자로 큰돈을 빌렸다. 이자를 대신 수령해 가던 최 모가 중간에서 돈을 떼어먹는 바람에 사단이 났다. 정작 '나'를 괴롭히는 것은 집을 빼앗길 수도 있다는 위기감보다는 와타나베라는 사람을 만나야 한다는 부담감이다.

"나의 마음이 극도로 우울하였던 것은, 용무의 성질의 여하를 막론하고, 내일이라도 즉시, 그 와타나베라 하는 위인을, 내가 심방하여 보아야만 된다는 일이었다."

'나'는 와타나베를 만나기가 싫다. 그런데 내가 왜 와타나베를 만나기가 싫은지를 유추하게끔 하는 대목이 있다. 유치원에 다녀온 아내와의 대화 속에 해답이 있다.

""대답을, 잘 못허다니……, 웨, 뭘 물어 봤기에?"
나는 가만한 불안을 느끼고 안해를 건너다보았다.
"첨에, 이름을 물어 보는데."

"아, 이름 쯤야, 대번일테지."
"네. 박, 설영이에요-허구, 대답은 했지. 그런데 원장이-"
"원장이? 원장두 직접 물어 봅디까?"
"원장이 혼자서 맡아 가지구 물어 봤다우. 그런데. 박설영이라니까, 그 이름 말구, 웨, 새루진 이름 있지 않느냐는군."
"당신두 옆에 있었수?"
"그럼. 으레, 보호자 허구, 아이허구, 둘씩 불러 들여다 물어 보는데......"
"그럼, 웨, 창씨개명은 아직 안 했다구 당신이, 좀, 그러지 않구......"
"그렇게 말했지. 그래두 원장은 자꾸 입원원서를 들여다보며, 고개를 기웃거리거든. 그래, 내가 넝겨다 봤드니, 다른 아이 원설, 우리 건줄 알구 그러는구면.""

와타나베에게 진 빚 때문에 시달리는 모습에서 박태원은 거대한 힘에 저항하는 '나'의 삶을 본다. 이것이 소설의 제목 '채가債家'가 함축하는 의미이다. 채가는 거대한 힘인 일본을 가리킨다. 하지만 '나'는 창씨개명을 하지 않는다. 그것은 창씨개명이 일반화된 시대와 불화를 겪으면서도 거기에 저항하는 '나'의 의식적 상태를 보여 준다. 박태원은 그럼으로써 와타나베로 상징되는 일제라는 근대성 합리성에 대해 나의 패배를 보여주는 듯하다가 말미에 가서는 결코 그런 합리성에 함몰될 수 없는 한 개인을 보여준다.

<투도偸盜>의 뜻은 좀도둑이다. '나'와 아내는 장마철이 다가오자

집안 곳곳 물이 새는 것을 보며 걱정한다. 어느 날 집안에 도둑이 들어 내 양복을 모두 훔쳐 간다. 아내는 집안일을 하는 할멈을 시켜 파출소에 신고하지만 파출소에서는 도난계를 써 오라며 할멈을 돌려보낸다. 아내는 내게 도난계를 쓰라고 하나, '나'는 머뭇거린다. '나'는 양복만을 훔쳐 간 도둑에게도 말 못할 사정이 있지 않을까 내심 도둑을 걱정한다. 아내가 문단속을 하며 잠자리에 들 때만 해도 분합을 닫지 말라 호언하던 '나'는 두려움에 잠을 이루지 못한다. 문밖에서 수상한 인기척 소리가 들리는 듯하자 '나'는 도둑이 훔쳐 간 것이 단지 양복만이 아니라 '나'의 평화라며, 내일은 방망이라도 준비해야겠다는 다짐을 한다.

투도는 처음에는 그저 좀도둑인 것처럼 등장하지만 그렇게 단순하지만은 않은 존재로 성격이 바뀌고 나중에는 나의 "마음의 평화를 훔쳐간" 존재로 묘사된다. 그리고 '나'는"우리는 앞으로 얼마동안을 이 불안과 공포 속에서 살아 가야만 할 것이냐?" 묻는다. '나'는 어렸을 적에 형의 집에서 보았던 "육모방치"를 떠올리며 그것으로 "우리 인류에 있어, 실로 개색기 같은 존재인 도적놈을 잡기에 이만침 적당한 무기도 없을 것"이라고 생각한다.

'나'는 좀도둑에 불과한 자를 향해 이렇게 깊은 분노를 표출하고 있다. 작중에 줄곧 비쳐져 온 좀도둑에 대한 연민의 마음은 왜 결말에 이르러서는 돌연한 반전을 보여준다. 그것은 투도가 그저 좀도둑이 아니라 이중적인 함의를 가졌기 때문이다. 이 도둑은 외견상으로는 나의 양복을 훔쳐가는 좀도둑이지만 내면상으로는 '나'와 '

나'의 집의 평화를 빼앗아간 어떤 타자이다.

"그러나 마침내 밤이 되어, 어둠이 완전히 우리집을 휩쌀 때, 나는 안해나 똑 같이 외로웁고 또 불안하였다. 불안…… 내가 견디어 내기 어려웠던 것은, 고독보다도 오히려 이 감정이라 할 수 있었다. 태고쩍에, 우리 조상의 머리 속에 뿌리를 깊이 박은 어둠으로부터의 공포 관념은, 이십세기에 이르러서도 의연히 나의 마음에 불안을 준다. 나는 가뜩이나 외따로 떨어진 집 속에서, 이 어둠을 극도로 불안하게, 또 불쾌하게 생각하였다."

<투도>의 좀도둑은 '실체'로서의 타자의 형상으로 드러난다. 1940년 전후 태평양전쟁을 계기로 강화된 천황제 파시즘 체제이다. 그리고 나는 거기에 저항하고 있다.

이기적인 존재로서의 신을 비판 _ 김성한

김성한[1]의 난변소설 <오분산>은 1956년 6월 [사상세]에 발표되었다. 신과 프로메테우스가 만나서 신의 제안을 프로메테우스가 거절하기까지 걸린 오분의 시간을 제목으로 삼고 있다. <오분간>은 인간에게 불을 알려준 죄목으로 제우스로부터 벌을 받아 코카서스

---

[1] 1919-2010. 1950년 [서울신문] 신춘문예에 단편 <무명로>가 당선되어 문단에 등단했다. 초기에는 지적이고 풍자적인 수법으로 권위에 의한 부정과 부조리에 항거하고 비판하는 경향을 띠었다. 서구의 신화나 우화를 끌어들여 한국의 현실을 패러디해 전후의 극한상황을 지적으로 풍자하거나 부조리를 비판했다. 아울러 그의 소설 세계의 핵심은 풍자와 패러디에 의한 지적인 것이다. 1960년대 후반부터는 장편 역사소설을 주로 썼다.

의 바위에 쇠사슬로 묶여, 날마다 낮에는 독수리에게 간을 쪼여 먹히고, 밤이 되면 간이 다시 회복돼 영원한 고통을 겪게 된 프로메테우스가 이천년 만에 쇠사슬을 끊고 자유를 쟁취하는 장면에서 시작한다.

프로메테우스가 쇠사슬을 끊은 일분 후에 천사가 도착해 신께서 프로메테우스를 부른다고 아뢴다. 그러나 신 때문에 이천년을 쇠사슬에 묶여 산 프로메테우스가 쉽게 응할 리가 없다. 그가 신의 질서 속으로 들어갈 리는 만무했다. 궁리 끝에 프로메테우스는 중립지대에서 만나자고 천사를 돌려보낸다.

신은 중립지대의 구름에서 프로메테우스와 협상을 벌였다. 프로메테우스가 자유를 얻으면서 시작된 세상은 더 이상 신의 질서가 통용되지 않는다. 신이 세계의 질서를 회복하자고 제안하자 프로메테우스는 "그게 역사죠, 역사는 당신과 나의 투쟁의 기록이니까"라고 응수한다. 회담이 진행되는 동안 지상에서는 신으로부터의 자유를 부르짖는 사르트르, 온갖 정치인들의 야욕·퇴폐와 향락·편법·반목·갈등·혼란 등 삶 속에 허우적거리는 인간의 모습이 펼쳐진다. 원자탄이 터지는 일까지 일어난다. 신은 프로메테우스에게 그 모든 것이 '공동의 위기'임을 알아야 한다며, 그에게 없는 보편적 기준이 자신에게는 있으므로 도와달라고 간청한다. 그러나 회담은 결렬되어 5분 만에 끝나고, 신은 혼자 중얼거린다. '아! 이 혼돈의 허무 속에서 제 삼 존재의 출현을 기다리는 수밖에 없다.'

김성한은 이 오분 동안 일어난 인간세계의 무질서와 혼란을 통해 현대인의 신앙 상실과 신앙 거부로부터 온 혼돈과 혼란을 그리고 있다. 그러면서 현대인의 비극을 구할 자는 신도 그 신을 믿는 인간도 아닌 제삼의 존재라는 것을 신의 입을 빌어 독백으로 말하는데 이것은 김성한의 독백으로 보인다. 이때 등장한 이정민은 행길에 나서 크게 숨을 내쉬며 한마디 내뱉는다.

"후-, 세상은 여전하구. 찝차두 가구, 앗다 기생은 웃구, 하이야가 달리구. 사내자식은 휘청거리구, 더-럽다 더-러워, 관성의 법칙이로구나."

<오분간>은 신과 프로메테우스와의 대립을 통해 현대인과 신의 문제를 상징화한다. 인간 세계의 온갖 혼돈을 신은 더 이상 수습할 능력이 없다. 이는 남한의 정치, 사회, 교육, 종교계의 타락상을 묘사하고, 고발하는 것이다. 여기에서 개인들의 도덕적인 타락뿐 아니라 부도덕한 사회도 동시에 고발한다. 이는 고발의 대상이 개인에 국한되지 않고, 타락에까지 확장되는 데서 드러난다. 김성한은 이런 부도덕한 사회를 바꾸기 위해 이미 타락한 기독교 등 종교에 의지하지 않고 인간에게서 해답의 실마리를 찾으려 했다.

<오분간>은 니체가 선언한 신의 죽음을 받아들인다. 따라서 신의 독백처럼 신의 시대가 가고, 새로운 인간이 주인공이 되는 새로운 역사를 써야 한다고 말한다. 동시에 이 독백은 인간에 대한 신의 영향력의 한계를 보여주며 끝내 인간을 외면하는 무책임하고 이기적인 존재로서의 신을 드러낸다. 그것은 서양의 사상사에서 서술되

는 신의 모습이 아니다. 따라서 <오분간>은 신이 죽은 뒤 사회의 구조적인 타락을 해결할 수 있는 방안을 신이 아닌 인간의 행동에서 찾는다. <오분간> 뿐 아니라 그의 풍자소설들에서는 주인공들이 집단적인 악과 대결하면서 죽는데 이것은 영웅의 죽음을 상징하는 것으로 사회의 도덕인 신이 아니라 인간이 스스로 만들어 감을 말하는 것이다.

김성한의 이런 시도는 그의 인식이 현실에 대한 도피가 아니라 전후 현실을 극복하는 것이 그의 소설의 핵심이자 그 본질임을 보여준다. 그가 비판하는 것은 인간적 가치의 몰락을 위시한 이데올로기의 폭력성과 기만성, 기존 질서의 부조리와 무기력, 그리고 범람하는 부정적 가치관 같은 것들이다.

<오분간> 이외에도 <중생>과 <제우쓰의 자살>에서 묘사되는 신은 인간과의 상호 작용은 사라지고 인간에게 영향력만 행사하려는 폭력적인 존재이다. 특히 <중생>에서는 신이 치매 노인으로 묘사되어 신에 대한 부정의 절정을 보여준다. 이런 소설들을 통해 김성한은 인간적 가치를 회복하고, 실천적 삶을 추구하며, 새로운 시대정신을 모색한다. 그의 이런 시도들은 니체가 추구하는 것과 오버랩된다.

그리고 사회의 부조리에 항거하는 한 인간의 강인한 실천 의지가 형상화된 <바비도>는 초인의 출현을 갈망한다. 바비도는 막강한 교회 조직의 권력에 죽음으로 맞섬으로써 인간의 강인한 실천력을 보여주는데, 니체의 초인과 달리 바비도는 죽음을 맞이하지만 이는 김

성한이 초인의 출현을 갈망하는 것으로 비쳐진다.

안전함으로부터의 탈중심화 _ 오정희

명혜는 작은 지방 도시에 사는 중년여성이다. 남편은 그곳에 있는 대학의 교수이다. 몇 해 전 소설 공모에서 당선 없는 가작을 했는데 본격적으로 소설을 쓰는 것은 아니지만 밤마다 짧은 글을 적어 놓는다. 날카로워지는 신경을 달래기 위해 혼자서 낮술을 홀짝거리기도 한다. 어느 날 남편의 선배가 연 '가든파티'에 초대된다. 그날 낮 방을 도배하던 터라 시간에 쫓겨 허둥지둥 풀이 그대로 묻은 원피스를 입고 내키지는 않지만 두 아이를 데리고 그 집으로 간다. 그럴듯한 파티에 모여 의미 없는 말들을 나누는 데 묻혀 그녀도 비슷한 말들을 나누며 웃는다. 그러다가 남편을 놓아두고 아이들을 데리고 먼저 그 집을 나선다. 명혜는 술 취한 정신으로 아이 둘을 데리고 걸어가면서 그 모임이 '보질 깃 없는 사람들의 더러운 모임'이라고 말한다. 명혜는 그것을 아주 잘 안다. 그러면서도 그녀는 끊임없이 그곳으로 가고 싶어 한다.

오정희[1]의 〈야회〉 바깥 줄거리는 이것이 전부이다. 그 안에서

---

[1] 1947-. 1968년 [중앙일보] 신춘문예에 〈완구점 여인〉이 당선되어 등단했다. 그의 소설들은 기본적으로 '변형 욕구'에서 출발한다. 그의 변형 욕구는 개인의 내면으로 굴절되어 모든 것을 바꾼다. 따라서 그의 내면 의식 세계는 외부의 현실보다 더 넓고 다양하다. 이런 점에서 그의 소설 세계는 다양하지만 좁고, 미묘하고 섬뜩하지만 거칠지 않다고 평가된다.

일어난 특별한 일은 없다. 사실 우리의 일상은 대부분 이렇게 흘러간다. 그대는 시급했고 또 매우 중요한 문제라고 생각된 것들도 시간이 지난 뒤에 돌아다보면 아무 것도 아닌 게 우리의 하루하루의 삶이다. 그렇고 그런 일들이 모여 세월의 더께로 쌓인다. 그러나 명혜에게는 이런 범상한 일상을 벗어나는 무엇이 있을 것이다.

명혜에게는 다른 사람들에게는 없는 남다른 점이 확실히 있다. 그것은 그녀가 자신이 몸담은 있는 세상을 벗어나 밖에서 안을 바라보는 점이다. 그래서 그녀는 밤마다 무엇인가 적는다. 그녀가 소설가이어서 적는 것은 아니다. 일상의 흐름 바깥에서 그 안에 있으면 감지되지 않을 것을 감지하면서 그녀는 적는다.

<야회>에서 주부로 등장하는 인물들의 일상의 안정과 고요는, 부패한 진부이고 위험한 안전이며 살아있는 죽음과 같다. 이 소설은 일차적으로 일상의 안정성을 추구한다. 일상의 세계는 규준과 법이 작동하는 일관된 논리의 세계이다. 이 세계는 의미화가 가능하며 이 세계를 떠난 실존은 불가능하다. 그래서 주부들은 일상의 균열과 파괴를 두려워하며 아름다운 일상을 위해 주부의 역할을 훌륭히 수행한다. 그러나 한편으로 그들은, 참거나 통제할 수 없는 낯설고 어두운 힘이 안에서 꿈틀대는 것을 대면한다. 그 어두운 힘들은 실현 불가능한 내면의 진공으로 존재한다. 그래서 그들은 상징적 호명으로 구성되는 현실 안에서 간극을 가로지르게 되고 완전한 자기 자신을 찾지 못한다. 이것이 드러내는 것은 상징적 정체성이 자기 존재의 전부가 아니라는 것이다. 인간에게는 내부의 텅빈 자

리가 있고 그 자리로 출몰하는 인간의 내적 타자들이 일관성과 자기통제를 뚫고 진입함으로써 인물로 하여금 중심으로부터 바깥으로 나가도록 한다.

인간이 사회화될 때, 인간은 내면에서 끓어오르는 욕망의 법을 배반하도록 강요당한다. 그 욕망의 법은 도덕 앞에서 자신을 거세해야 한다. 하지만 모든 욕망이 거세되는 것은 아니다. 통제된 체제로 진입할 때 상실해야 하는 욕망의 실체 중에서 완전히 거세되지 않고 상징적 질서에도 포섭되지 않는 잔여욕망이 출현한다. 이 잔여욕망은 주체의 내면적 혼돈의 대상이면서 불가해하고도 견고한 핵심으로서 절대적 타자이다. 그것은 '비늘을 털며 다가오는 거대한 동물'이다. 이 형상은 주체를 '탈중심화'하는 괴물이다. 여기에서 타자로서의 형상이 보인다. 그리고 '비늘을 털며 다가오는 거대한 동물'에 두려운 매혹을 느끼고 압도되면서, 주인공들은 최소한의 거리를 유지하기 위해 공허한 몸짓을 보인다.

인산이 단일한 정체성을 가지는 이유는 현실과 존재의 일관성을 유지하기 위한 필연적 억압을 수용하기 때문이다. 그러나 오정희 소설 속의 인물들은 일상적 현실이라는 상징적 구조 안에서 완전한 동일성의 자기 자신을 실현하지 못한다. 그래서 인물들은 균열적 주체가 되고 소설은 탈중심적 구도를 이룬다.

그럼에도 <야회>는 사회에 길들여지지 않는 원초적인 잉여의 힘이 상징적인 사회를 지지해준다는 욕망의 역설을 드러낸다. 내부의 꿈틀거리는 어두운 힘은 삶을 유지하기 위해 외면당하지만, 그것은 동시에 현실 속의 인간이 저항할 수 없는 견인력을 행사한다. 어두운 힘에 근접함에 따라 주체는 치명적인 위기에 노출되지만, 한편으로 그것은 삶의 힘의 원천이 된다. 그것은 안전하게 사는 것은 더욱 위험하다는 니체의 명제에 닿아 있다. 안전하게 사는 것으로부터 벗어나는 것은 '탈중심화'이다. <야회>에 숨어 있는 서사는 그것이다.

밖에서 안을 볼 때 그것은 더럽다. 밖에서 안을 보면 현상이 벗겨지고 본질이 드러난다. 그 본질을 보는 것은 능력이지만 또한 괴로움이다. 그 괴로움 때문에 명혜는 일상에 안주하지 만족하지도 못한다. 그래서 그녀는 자신이 살고 보는 세상에 만족하지 못한 채 자신이 본 것들을 표현하려고 밤마다 펜을 든다. 이런 그녀에게 모순이 등장한다. 바깥에 있지 못하고 계속 안으로 들어가고 싶은 것이다. 허위와 가식을 바라보고 그것에서 벗어나 있으면서도 동시에 그 안으로 들어가려는 욕망, 그것은 비단 명혜에게 국한된 모습은 아니다.

신을 죽인 자의 행로는 쓸쓸했도다 _ 박상륭

박상륭[1] 소설은 인류의 '원형'을 찾아가는 기나긴 도정이다. 그의

---

[1] 1940-2017. 1963년 [사상계]에 <아겔다마>가 신인상 가작으로 입선되었고, 이듬해 <장세전>이 [현대문학]에 추천되었다. 그의 작품은, 집단무의식이론과 도스토옙스키로부터 많은 영향을 받아 러시아풍의 돌발적인 행위와 전라도 사투리의 교묘하고도 대담한 도입 등으로 환상적이면서도 문명비판적인 소설공

소설의 주제는 죽음을 통한 삶과 생명을 형이상학적 관점에서 조망하는 것이다. 이런 작업을 동양에 있는 작은 나라의 소설가가 한다는 것은 쉽지 않다. 이런 까닭으로 그의 작품은 처음 다가갈 때는 어려울 수밖에 없다. 그의 문장들은 일상 어법에서 벗어나 있으며 한편으로는 난해하고 한편으로는 유장하다. 서구의 황금시대부터 니체까지를 이해하고 접근하는 게 바람직하겠으나 그것을 한국의 독자와 평자들에게 요구하는 것도 여의치 않다.

[신을 죽인 자의 행로는 쓸쓸했도다]는 매우 흥미롭다. 이 소설은 제목에서 알 수 있듯이 '신의 죽음'과 인간의 장렬한 '몰락'을 말했던 니체의 [차라투스트라는 이렇게 말했다]를 패러디한 작품이다. 박상륭은 니체의 텍스트가 가진 논리와 해석을 부수고 그 위에 자신의 논리와 해석을 구축했다.[1] 변지연은 이를 두고 니체와 박상륭의 대결이 아니라 니체의 차라투스트라와 박상륭의 차라투스트라의 대결이라고, 좀 더 정확히 말하면 '박상륭이 읽은 니체의 차라투스트라'와 '박상륭 자신이 창조한 차라투스트라'의 대결이라고 말했다. 그렇다면 이 소설에는 니체의 차라투스트라, 박상륭이 읽은 차라투스트라, 그리고 박상륭의 차라투스트라가 있는 셈이다.

간을 만들었다. 소설의 배경은 대부분 완전히 폐쇄된 섬, 방, 마을 등으로 그의 환상적인 이미지와 숙명적인 정조를 깃들게 했다. 또한 현대인의 소외의식과 권력의 주술적 성격을 파헤치는 것을 주제로 삼기도 했다. 현대인의 소외의식을 언어상실이라는 관점에서 접근했으며, 자기유지를 위한 권력의 희극적인 몸부림을 암시하기도 했다.

1 변지영, <다시 쓰여진 차라투스트라, 세 겹의 읽기>, 박상륭, [신을 죽인 자의 행로는 쓸쓸했도다].

니체가 만든 차라투스트라는 조로아스터교의 실체 창시자인 태양을 숭배했던 차라투스트라가 아니라 몰락을 삶을 선언한 차라투스트라이니 그것은 어찌 보면 망가진 차라투스트라이며 유령과도 같은 존재일 텐데 그렇다면 박상륭이 만든 차라투스트라는 어떤 차라투스트라인지 궁금하다. 그 차라투스트라는 니체가 선언했던 '신의 죽음'이 오보였다고 말하고 자신이 상승이라고 믿었던 지상으로의 '몰락'이 '진짜 몰락'이고 '진짜 추락'이었다고 자인하여 '초인 사상'으로 요약된 자신의 입장을 철회한다. 그 차라투스트라는 니체의 텍스트로부터 박상륭의 소설로 끌려들어와 자신의 오판을 후회하고 스스로에게 가차 없는 매질을 한다.

그는 니체 이후를 말한다. 이 소설은 차라투스트라가 자신의 진정한 도반이라고 믿었던 '수컷 독수리'와 '암컷 뱀'을 죽이고 산에서 내려와 두 번째 몰락을 시도한다. 그 몰락은 자신을 철저히 붕괴시키고 새로운 구원을 받아들이기 위한 것이다. 니체에서의 당당했던 몰락은 서글픈 것이 되고 박상륭에서의 몰락은 새로운 도전이 된다.

니체에서의 신은 인간이 만들어낸 가상이었다. 니체에 따르면 이른바 배후세계론자들, 곧 유신론자들은 근본적으로 인간의 피안에 대한 망상에 사로잡힌 자들이다. 사람들은 자신들이 서 있는 대지와 육체를 망각한 채 쓸데없이 헛된 상승만을 꿈꾼다. 그러나 박상륭이 볼 때 신을 부정함은 자신들의 이분법적 사유로 인해 신을 제대로 파악하지 못하기 때문에 만들어진다. 박상륭이 볼 때 신은 인간의 안에 있다. 신이 죽으면 인간도 죽는다. 그래서 그는 말하기를 "신의 죽음에 따른 인간의 죽음, 차라투스트라여, 그 후분을, 꼭히 입을 열어 말해야겠는가?"라고 한다. 니체가 연금하려 했던 초인은 초동물로 몰락했다. 그래서 차라투스트라는 "조금 병적으로 씰룩거리며 웃는 듯하더니, 죽은 것들을 손아귀에 쥔 채, 털썩 주저앉고 말았다. 아마 그는, 오열하고 있었을 것이다."

"인간에 대해서는 초인이었으며 신들에 대해서는 인간이었던" "차라투스트라께는, 깊은 잠에 들었다 깨인 느낌이 들며, 모든 것에서 사실성이 지워져 버렸거나, 아니면 자기가 실재하지 않는 듯한 몽롱함을 당했는데, 그것은 갑작스런 실어증과도 같았다." 그래서 차라투스트라는 이렇게 말할 수밖에 없다.

"이번 하산길에는, 나는 아무것도 가진 게 없구나! 차라리 나는, 채워 넣어야 할, 빈 자루만 같거니. 나는, 나의 넘침으로써가 아니라, 모자람으로써, 나누어주기 위해서가 아니라, 저들 상에서 던지워질지도 모르는, 동정의 부스러기를 얻으려 하여, 그래서 내리고 있는 것은 아닌가? 그러면서도 나는 스스로에게 들려주기는, '나는 다시금 인간이 되려 하는도다!'라고 하지만, 하루에도 몇 번씩이고, 산꼭대기 나무에서 날아 아랫녘으로 내리는, 솔개나 가마귀가, 아랫녘을 잠푹하게 들러 있는, 인세의 이내(嵐氣) 속을 뚫고 들고, 또 들고 하여도, 인간을 꾸미거나, 사람의 언어로 우는 소리를 내는 것을, 보거나 들어본 적이 없었는 것을. 산염소가, 어떻게 실족을 했든, 사람들의 장터 언저리를 돌아다니기만으로 인간이 돼버리는가? 그런 것도 아니라면, '나는 다시금 인간이 되려 한다'는, 그 '인간'은 대체 무엇인가?"

짜라투스트라는 산에서 내려와 사람들이 사는 곳으로 다가간다. 그리고 그곳에서 죽음을 맞이한다. 이미 니체가 절대타자들을 모두 부정했기에 짜라투스트라가 죽음으로부터 예외가 아님은 자명한 사실이다. 다만 그 죽음에 특징이 있다면 아무 것도 남긴 것이 없는 죽음이라는 것이다. 짜라투스트라의 죽음을 전하던 자는 신과 인간이 반역하는 사이가 아님을 깨닫는다. 그러나 신은 이미 죽었다. 신은 인간이 또는 초인이 반역해서 죽은 것이 아니라 신 또한 하나의 개체이므로 삶과 죽음이 있다.

하이데거
묻기만 한 철학자
김동리 · 윤후명

    하이데거는 플라톤과 아리스토텔레스 이래 이성 일변도로 내달리며 존재를 인식할 수 있다고 자신만만해 했던 서구의 전통 철학을 뒤흔들었다. 그의 사유는 존재로의 여행이다. 비유적으로 말하자면, 하이데거의 존재 사유는 하나의 별을 향해 다가서는 것, 단지 이것뿐이다. 그는 존재가 무엇이라고 말하지 않았기 때문이다.
    하이데거는 1889년 독일 남서부 메스키르히에서 태어났다. 보덴호에서 북쪽으로 20여 킬로미터 떨어져 있는 메스키르히는 예나 지금이나 전형적인 시골 마을이다. 어머니는 농부의 가정에서 자랐으며 아버지는 술통 제조자이자 성 마르틴 성당의 관리인으로 일했다. 부모는 공부 한 사람들이 아니었지만 교육에 대한 관심은 컸던 것 같다.
    그는 유년 시절에 보덴호에 닿아 있는 콘스탄츠로 보내져 공부했다. 신부가 되기 위해 프라이부르크 대학 신학부에 입학했으나 이내 철학에만 전념했다. 스물네 살 때인 1913년 <심리주의에서의 판단론>으로 박사 학위를 받았고 1916년에는 <둔스 스코투스의 범주론과 의미론>으로 교수 자격을 얻었다. 1919년에는 프라이부르크 대학에서 후설의 연구조교가 되었는데 후설의 현상학을 이용해 아리스토텔레스의 작품들을 새롭게 해석했다.

1923년 겨울 마르부르크 대학 철학부 정교수가 된 하이데거는 1927년 2월 [존재와 시간] 제1부를 후설이 편찬하던 [현상학과 현상학적 탐구를 위한 학술지]에 게재했다. [존재와 시간]의 2부는 아직도 간행되지 않은 채 남아 있다.

난해함으로 포장된 사상들

하이데거를 간략하게 설명하는 것도 수월하게 이해하는 것도 어렵다. 독일의 문호와 사상가들의 전기를 쓴 뤼디거 자프란스키의 [하이데거, 녹일의 철학 거장과 그의 시대]는 한글로도 번역되었는데, 본문만 700페이지이다. 독일인들조차도 [존재와 시간]의 독일어 판이 언제 나오는지 농담을 던질 만큼 하이데거는 난해하다. 그 자신이 자신의 사상을 이해했는지조차 의심이 든다. 하이데거뿐 아니라 현대 독일철학자들이 대개 그렇다. 그들은 문장 두 개로 책 한 페이지를 채울 정도이다.

그래도 그를 일이관지해 설명하자면, 하이데거의 사상은 '현존재의 존재 물음'이라는 하나의 일관된 주제를 다양한 사상과 문학의 변주를 통해 탐구하는 것이었다.[1] 이 길의 방법을 주도적으로 설명한 저술이 [존재와 시간]이다. 그가 이 책에 시간을 붙인 까닭은 그에게 시간이 "모든 존재 이해 일반의 가능한 지평"이며, "존재의 의미는 시간"이기 때문이다. 하이데거뿐 아니라 서양의 철학자들은 존재에 대해 물을 때 공간이 아니라 시간을 거론한다. 시간은 운동을 드러내기 때문이고, 인간의 지향성은 운동을 통해 표현되기 때문이다.

하이데거는 [존재와 시간] 첫 장에서 이 책의 목적이 존재의 의미를 구체적으로 정리하는 일이라고 밝혔다. 이런 작업이 필요한 이유는 우리가 일상에서 '존재'라는 말을 흔하게 쓰면서도 정작 그 의미는 아무도 모르고 있기 때문이다. 실제 철학의 오랜 역사만큼이나 존재에 대한 물음은 오래 된 물음이다.

플라톤 이래 희랍철학·중세철학·근대철학은 존재를 고정되고 규정된 것으로 환원했다. 희랍철학은 이데아를, 중세철학은 신을, 근대철학은 자연법칙 또는 정언명령을 존재의 규정된 성질로 불렀다. 하이데거는 존재에 대한 이런 관점이 잘못 됐다고 생각했다. 존재는 어떤 식으로도 규정되지 않으며, 정의가 내려지지도 않는다. 그는 존재를 매 순간 물어야만 발견할 수 있는 것으로 보아야 한다고 주장했다.

---

1 하이데거의 사유의 발전 과정을 세 단계로 나누어, 전기와 중기, 그리고 후기로 구분한다. 전기에는 현존재에, 중기에는 예술의 존재론과 진리의 문제에, 후기에는 존재의 개시자로서의 언어 자체에 집중했다. 이 사유의 전개는 일반적으로 [존재와 시간], [숲길], [언어를 향해가는 도중]으로 대변된다.

하이데거가 존재와 함께 중시하는 개념은 존재자가 아니라 현존 재이다. '현존재의 존재 물음'이라고 할 때 현존재는 존재자 가운데 특화된 인간을 가리킨다. 인간은 존재를 경험하고 다양한 존재에 대해 말한다. 하이데거가 존재자로부터 인간을 따로 떼어내 현존재 라고 이름 붙인 까닭은 인간이 각자가 특유의 존재 방식을 갖고 있 기 때문이다. 현존재 Dasein은 거기Da 있음Sein이다. '거기'는 개 별 인간이 처해 있는 각자의 구체적인 '지금 여기'를 가리키며 또한 개별적 인간에게 애초부터 주어져 있는, 그가 선택하지 않은 '삶의 터'라는 의미를 가진다. 그곳은 개개 인간에게 자신과 세상에 대한 ' 이해가 열리는 터'이다. 이런 중첩적 의미를 가진 '거기'에 의해 인 간의 있음이 규정된다. 인간은 다른 존재자와 구별되어 이런 '거기 있음'의 방식으로만 시간 위에서 살아간다.[1] 이것을 볼 때 이전 철 학자들이 인간이 존재에게 묻는 것에 관심을 두었다면, 하이데거는 거꾸로 존재가 인간에게 '나와 너는 누구인가?'라고 물은 것 같다.

정치로부터 정신으로의 귀환

1933년 1월 정권을 장악한 히틀러의 국가사회주의당(나치당) 이 프라이부르크 대학 총장인 묄렌도르프[2]를 전임 사회민주당 정

---

[1] 문학은, 하이데거를 빌린다면, 현존재의 존재 물음이다. 세상에 던져진 다양한 형태의 존재자인 현존재가 자신의 존재를 묻는 길이 문학이다.
[2] 조선 말 독일의 외교고문으로 왔던 묄렌도르프와 다른 사람이다. 이 묄렌도르프 는 파울 게오르그 폰 묄렌도르프(1848-1901)이며, 총장이 된 이는 울리히 폰

권이 임명한 총장이라는 이유로 해임하자, 묄렌도르프는 하이데거를 후임 총장으로 지명했다. 하이데거는 그해 4월 21일 총장에 취임했다. 5월 1일에는 국가사회주의당에 가입했다. 그는 단순히 가입만 한 게 아니라 좀 적극적으로 활동했는데, 그가 나치즘에 동조해서라기보다는 나치즘이 표방한 국가사회주의가 자신의 이념이 지향하는 것과 같았기 때문이었다.

'뿌리 깊은 민족'과 독일인의 고유한 기질에 대해 역설하는 국가사회주의적인 운동의 흐름 속에서 그는 희망에 찬 역사의 새로운 시작을 느꼈다. 이 점은 매우 아이러니한데 [존재와 시간]에서 존재는 규정될 수 없고 현존재에 의해서만 질문될 수 있다는 자유의 존재론을 전개한 그가 현실에서는 다원주의적 민주주의의 적대자라는 모습을 드러내고 있기 때문이다.[1]

이런 경향이 하이데거에게서만 나타난 것은 아니었다. 당시 대학의 고상한 이들은 바이마르 민주주의에 비판적이었다. 그들은 민주주의에 속하는 모든 것 · 정당제도 · 의견 및 생활양식의 다양성 · 진리라는 것들의 상호 상대화 · 평균성 · 비영웅적 규격성을 경멸했다.[2] 이 사람들에게 국가와 인민과 민족은 높은 가치였고 이런 가치에서는 형이상학적 실체들이 아직 살아 있었다.

빌라모비츠 묄렌도르프이다. 묄렌도르프 총장은 총장에서 해임된 그해 9월 25일에 사망했다(1848-1931).
1 이런 신념이 [존재와 시간]에서 표현되지는 않는다.
2 뤼디거 자프란스키, 박민수 옮김, [하이데거, 독일의 철학 거장과 그의 시대], 북캠퍼스, 2017, p.289.

하이데거는 총장으로 있으면서 서양 대학 정신의 옹호에 관심을 가지지 않고, 경제·기술적 유용성에만 관심을 갖는 학자 보수주의와 시민적 현실 정치를 뒤엎는 혁명에만 관심을 가졌다. 그는 1933년 11월 튀빙엔 대학 연설에서 "독일 대학의 혁명은 끝나지 않았을 뿐 아니라 시작조차 된 적이 없다"라고 선언했다. 이런 그의 철학은 바덴 주 문화부를 불편하게 했고 결국 프라이부르크 대학 총장직이 일 년 만에 끝나는 결과를 초래했다.[1] 하이데거의 총장 사퇴는 혁명 운동의 순수성을 위한 투쟁과 연관이 있다. 그가 이해하는 방식의 혁명은 '신의 죽음' 이후 서양 정신의 혁신을 뜻했다.

하이데거는 한 시대가 새롭게 거듭나기 위해서는 오직 태고적 전통으로 소급해 들어가서 그것을 다시금 새롭게 파악하려는 극단적인 노력이 시작돼야 한다고 생각했다. 크리스트교에서는 그런 원동력을 기대할 수 없었다. 역사적 맥락을 잃어버린 채 단순히 자유주의를 내세우는 국제화의 흐름도 그는 무시했다.

1934년 4월 프라이부르크 대학 총장직을 사직한 하이데거는 정치로부터 정신으로의 귀환을 예고했다. 그 해 여름 학기에는 '국가와 학문'이라는 주제로 강의하겠다고 말했다. 강의 첫 시간에는 지

---

[1] 1934년 4월 27일 총장직에서 물러나지만 당적은 1945년까지 갖고 있었다. 하이데거는 총장직에 있을 때는 물론이고 그 뒤로도 여러 해 동안 국가사회주의 이념의 실현을 위해 노력했다. 전쟁이 끝난 뒤 하이데거는 정화위원회의 조사를 받고 대학에서 해직됐지만 자신의 나치 참여에 대해 침묵으로 일관할지언정 속죄는 하지 않았다. 정화위원회에서 그를 구해준 사람들은 라캉을 비롯한 프랑스 철학자들과 그의 연인이었던 한나 아렌트였다. 유태인이었던 아렌트는 죽을 때까지 하이데거와 교류했다.

위와 명성이 높은 사람들, 고위 당 관료와 명사들, 동료 교수들이 모두 모였다. 갈색 제복 차림의 하이데거가 수많은 청중을 헤치며 연단에 이르렀다.

"나는 논리학을 하겠습니다. 논리학은 로고스로부터 나옵니다. 헤라클레이토스가 말하길……"

그는 첫 번째 강의를 "근원적인 언어는 시적 언어입니다"라고 말하며 맺었다. 두 번째 강의 시간에 청중은 확연히 줄어, 철학에 관심을 가진 사람들만 남았다. 이후 하이데거는 초기 그리스 사상가들과 독일 시인들을 주목하기 시작했다. 현상학적 해석학이라 불리는 초기의 사유가 정치 참여를 기점으로 문학적인 사유로 변화된 이 과정은 하이데거의 사상이 지니는 중요한 특징을 예고했다.

그것은 [존재와 시간]에서 제기한 존재 물음을 새로운 방향에서 다시 시작하는 것인데 이는 앞선 물음이 형이상학의 틀을 완전히 벗어나지 못하고 선험적인 지평 안에 놓여있어 이전 철학자들과 다를 바 없다고 느꼈기 때문이었다. 그래서 중기 사유라 불리는 시점부터 하이데거는 형이상학이라고 불릴 수 있는 플라톤 이후의 철학과 아직 형이상학적이라 할 수 없는 플라톤 이전의 자연 철학자들을 대비하면서 그 사이에서 발견되는 존재와 존재자에 대한 이해의 차이에 주목하기 시작했다.

그 뒤로 하이데거는 언어를 기존의 논의와 다른 차원으로 다룬다. 그는 언어가 논리적 연관체계로서의 기호도 아니고 사물들을 진술하기 위해 사용하는 도구화된 기호도 아니라고 본다. 언어는 인간 존재의 최고 가능성(존재 물음)을 관찰하는 생생하고 힘찬 사건이다. 언어에 대한 일반적인 관점은 인간이 지닌 고유한 능력인 이성을 사용하기 위해 고안된 추상적인 도구라는 것이다. 그러나 하이데거는 언어를 이성의 도구가 아닌 인간의 존재론적 의미들이 숨어 있고 역사 속에서 이 의미들이 사건화 되는 근원적인 현상으로 이해한다.[1] 이 작업에서 그에게 도움을 준 이는 철학자가 아니라 시인인 횔덜린이었다.[2]

철학자가 이야기할 수 없는 것을 시인은 표현한다

횔덜린의 시는 1929-30년 [예술작품의 기원]의 시기 하이데거가 존재 자체와 그 진리에 대해 회의적인 순간에 마주친 운명이었다. 하이네거는 [예술작품의 기원]에서 전통적인 예술관과는 달리 예술작품을 새롭게 파악한다. 그는 예술작품 속에서는 미리 주어진 것이 모사되지 않고 아직 주어지지 않은 것이 표현된다는 명제를 제시한다.

---

1 이은정, <하이데거와 오이디푸스>, 세계문학비교학회, [세계문학비교연구], 제 30집, 2010년 봄, p.p.156-157.
2 1934/35년 겨울 학기에 하이데거는 횔덜린 강의를 처음으로 했다. 그 뒤 횔덜린은 하이데거 사유에서 부동의 준거점이 되었다.

예술작품은 자기의 방식대로 존재자의 존재를 열어 보인다. 작품 속에서는 이런 열어 보임이, 탈은폐 시킴이, 존재자의 진리가 일어난다. 예술작품 속에서 존재자의 진리가 자기를 작품 속으로 정립시킨다. 예술이란 진리가 자기를 작품 속으로 정립함이다.[1]

[예술작품의 기원]은 어떤 예술작품의 진리를 하나의 세계의 출현, 즉 세계의 창조로서 해석했다. 이 세계의 특징은 개방성, 즉 세계를 통해서 열리는 이해의 보편적인 지평이다. 예술작품은 진리의 실현이다. 예술 작품 속에서 존재자를 존재자로서 비로소 인식하도록 하는 개방성이 표현된다. 예술에 대한 반성을 통해 하이데거는 존재하는 것을 늘 있는 그대로만 보는 형이상학을 극복하려 했다.

하이데거가 횔덜린에 주목한 까닭은 그가 시적인 언어의 도움으로 형이상학의 언어를 초월하려고 시도한 데 있었다. 이런 노력은 신과 인간이 공존하는 형이상학 이전의 경험과 관련되는데, 하이데

---

1 하이데거, 오병남 옮김, [예술작품의 근원], 예전사, 1996, p.31. 예술과 진리의 관계에 대한 서구의 논의는 크게 두 방향으로 갈린다. 하나는 예술을 거짓이나 허구로 보는 견해이며 다른 하나는 예술을 진리와 연관 짓는 견해이다. 전자는 다시 두 방향으로 갈리는데 예술을 거짓이나 허구로 보고 이를 평가하지 않는 플라톤이 하나이며, 거짓 자체를 긍정하는 니체가 다른 하나이다. 플라톤의 입장은 칸트에 이르러 예술을 기호와 관련된 심미적 현상으로 파악했다. 반면에 예술을 진리와 연결하려는 견해는 아리스토텔레스에게서 발견되고 헤겔은 이를 극단화했다. 헤겔은 예술을 "이념의 감각적 드러남"이라고 정의했다. 하이데거의 예술론은, 예술을 진리와 연결한다는 점에서는 플라톤과 다르고, 이 진리가 작품 이전에 존재하는 게 아니라 작품 안에서 비로소 돌발적으로 일어난다는 점에서는 아리스토텔레스의 모방론 또는 재현론과 구분된다. (김길웅, <시간과 문화 (2)-하이데거에 있어서 시간형식으로서의 순간과 미적 현상으로서의 장엄함>, 독일언어문학연구회, [독일언어문학], 제25집, 2004, p.p.408-9.)

거는 휠덜린·릴케·트라클 같은 시인들의 연구를 통해 이러한 경험에 접근했다.

존재의 진리는 신성함으로 나타나고 휠덜린의 시는 신성함을 탁월하게 표현한다. 시인의 과제는 아직 알려지지 않은 신성함을 표현하는 것이고 사유의 과제는 시인에게 길을 준비하고 그들과 달리 새롭게 사유하는 것이다. 하이데거는 시인이 어떻게 신성함의 주제를 스스로 처리하는지 질문하고 신성함의 구체적인 표현은 철학자의 과제가 아니라 오히려 종교의 숭배나 시인에 귀속된다는 결론에 도달했다.

휠덜린의 시는 그리스의 과거에서 미래로의 이행, 그와 더불어 시간과 역사의 주제를 취급한다. 그의 시는 시간에 대한 새로운 개념을 요구하고 전통적인 형이상학을 초월한다. 휠덜린은 치열한 반성을 통해 역사의 본질과 서양인의 운명을 간파했다. 휠덜린은 인간의 영혼 깊은 곳에 잠자고 있는 고귀한 신성을 일깨우는 깃이야말로 시인의 소임이라고 생각했고, 하이데거는 인간의 영혼이 존재에 대해 묻고 그것에 대해 대답하는 것을 철학자의 소임이라고 생각했다.

하이데거는 그런 휠덜린을 통해 우리가 결여한 신적인 것이 어떤 것인지, 일상사를 초월한 정치라는 것이 어떤 것인지 밝히려 했다.

휠덜린이 남긴 유일한 소설인 [휘페리온]을 보면 인간은 모두 자연과 근원적인 조화를 이루었던 황금시대에서 떨어져 나와 고통스러운 개별화의 길을 따라갔다. 그래서 우리는 자연과 반목했고, 한

때 하나이던 것이 지금 서로 다툰다. 우리 자신과 세계 사이의 투쟁을 끝내는 것, 그렇게 해서 양자가 하나의 무한한 동일체로 통합되는 일, 그것이 우리의 목표라고 횔덜린은 말한다.

"그리하여 나는 차츰 복된 자연에게 나를 맡기게 되었고 거의 끝을 몰랐다. 자연에 더 가까이 위해서라면 나는 기꺼이 어린아이가 되고자 했고, 거의 의식 없이 마치 순수한 빛살처럼 되고 싶었다. 오! 한순간 자연의 평화 속에서 자연의 아름다움을 스스로 느끼는 일, 그것은 생각에 찬 수년보다, 모든 것을 시도하는 인간의 온갖 시도보다 얼마나 더 가치 있는 일이었는가!"[1].

하이데거의 횔덜린 해석은 세 가지로 드러났다.[2] 먼저 '권력' 정치에 가담하려 한 시도가 좌절된 뒤 그가 중요시한 문제는 힘의 본질 및 현존재를 이루는 힘들의 위계이다. 그는 시 짓기와 사유와 정치가 서로 어떤 관계에 있는지 알고자 했다.

둘째, 하이데거는 횔덜린에게서 우리가 결여한 언어를 찾아내려고 했다. 하이데거는 우리의 존재 결핍을 강력한 언어로 증언한 자로서, 이런 결핍의 극복이 가능함을 예고한 자로서 횔덜린을 인용한다.

셋째, 하이데거는 '시 짓기의 시인'인 횔덜린을 매개로 해서 자기 자신의 행위, 즉 사유의 사유를 파악하고자 했다. 그는 횔덜린의 좌

---

1 횔덜린, 장영태 옮김, [휘페리온], 을유문화사, 2008, p.262.
2 [하이데거, 독일의 철학 거장과 그의 시대], p.p.475-6.

절에 자기 자신을 투영했다.

궁핍한 시대에 시인이 된다는 것

하이데거가 횔덜린에 이어 주목한 이는 릴케이다. 시와 철학이 거기서 유래하고 그곳에 함께 속하는(共屬) 근원성의 문제에서 릴케가 찾은 것은 '고독'이다. 그에게 고독은 근원적 공속성共屬性[1]을 생산하는 조건이며, 인간이 존재의 근원으로 가는 실존적 언어이다. 고독은 그 어떤 경우에도 그를 사로잡았던 주제로서 인간이 벗어날 수 없는 존재론적 질문이자 실존적 조건이었다. 그러나 존재의 근원적 공속성에서 말하는 고독은 이보다 심층적인 의미를 가진다. 그 의미는 루 살로메와 함께 한 두 차례의 러시아 여행에서 체험한 신비주의와 관계가 있다. 그는 러시아의 광활한 대지와 종교 속에 깃든 신비, 즉 사물 속에 자리한 신과 영혼의 깊이를 체험한다. 이런 존재의 깊이에 대한 신비 체험을 통해 릴케는 시의 근원이자 원동력을 깨닫고 그것을 드러내는 것이 시인의 사명이라고 느낀다.

릴케는 예술작품을 단편적 비평으로 포착되지 않는 영속적인 것이며 신비에 찬 존재라고 말한다.[2] 신비로운 영속적 존재에 다가가

---

1 이 단어의 독일어는 Zusammengehoerigkeit인데, 소속이 같음, 짝(벌)을 이룸, 같은 단체에 속함, 동종임, 동질임을 뜻한다. 생물학적으로는 상관성이고 철학적으로는 공속성인데, 공속성은 국어사전에 나오지 않는다.

2 이 말은 릴케의 서간집에 들어 있는 <젊은 시인에게 보내는 편지>에서 소개되는데, 이 편지는 릴케가 시인이 되고 싶어 하는 카프스에게 보낸 것이다.

기 위해서는 외부가 아닌 내부, 곧 자신의 내면으로 침잠해야 한다. 자신의 가슴 깊숙한 곳에서 쓰지 않고는 살 수 없다는 확고한 대답을 내릴 수 있다면 그 필연성에 자신의 생애를 맡기라고 충고한다.

하이데거는 [숲길]에 수록된 <무엇을 위한 시인인가?>에서 릴케의 시를 통해 사유와 시작이 함께 속하는 근원과 시인의 사명에 대해 말한다. '무엇을 위한 시인인가'는 횔덜린의 <빵과 포도주>에 나오는 구절 "궁핍한 시대에 무엇을 위한 시인인가?"를 차용한 것이다. 시의 본질을 말하게 하는 조건인 "궁핍한 시대"는 신의 부재를 특징으로 하는 시대이고 밑바탕이 모두 날아간 시대이다. 하이데거는 궁핍한 시대를 밤의 시대라고 표현했다. 자신의 궁핍을 궁핍이라고 알아차리지 못하면 한밤중이 되고 궁핍은 극에 달한다.

"신의 결여라는 것은 어떠한 신도 더 이상 분명하게 그리고 일의적으로 사람들이나 사물들을 자기 자신에게로 모아들이지 못하고, 또 그러한 모아들임으로부터 세계사 및 이런 세계사에서의 인간적인 체류를 마련해주지 못하고 있다는 것을 뜻한다."[1]

하이데거는 횔덜린의 <므네모쉬네>를 빌려 "…천상의 신들이 / 모든 것을 다 할 수는 없다. 다시 말해서 / 우선 죽을 자들이 심연에 도달한다. 그래서 / 그들은 전향한다. / 그러나 침된 것이 일어날 그

---

1 하이데거, <무엇을 위한 시인인가?>, [숲길], p.405.

시간은 길다"[1]라고 말한다. 이런 전향을 가능하게 하는 자가 '시인' 이다. 횔덜린에 따르면 시인은 달아나 버린 신들이 남긴 발자취를 뒤밟아 나서는 사람이다. 그렇게 해서 자신의 친족이나 다름없는 인간이 전향에 이르도록 길목을 터준다. 하이데거는 궁핍한 시대에 시인이 된다는 것을 이렇게 말한다.

> 궁핍한 시대에 시인이 된다는 것은, 사라져버린 신들의 흔적을 노래하면서 [이에] 주목된다는 것을 뜻한다. 그래서 시인은 세계의 밤의 시대에 성스러움을 노래한다.[2]

하이데거는 릴케의 시의 근본 낱말 몇몇을 다룬다. 그 근본 낱말들은 오직 그것들이 말해지고 있는 영역으로부터만 이해될 수 있는데 그 영역이 바로 '존재자의 진리'이며, 릴케는 형이상학을 통해 각인된 '존재자의 비은폐성'을 시적으로 경험하고 견디어 냈다. 이런 것을 보기 위해 하이데거는 릴케가 스스로 발표하지는 않았지만 1934년에 발간된 시집의 18쪽 및 1935년에 발행된 후기 시

---

[1] <무엇을 위한 시인인가?>, p.397.
[2] <무엇을 위한 시인인가?>, p.399. '성스러움'에 닿아 있는 한국의 시인 가운데 한 사람은 강은교이다. 강은교의 시적 출발은 죽음과 자본주의적 삶의 폭압성에 부딪힌 존재의 한계를 '허무'라는 철학적 인식을 끝까지 밀어붙여 초극하는 데서 시작했다. 그는 니체·하이데거·릴케·딜런 토머스 등의 작품을 접하면서 시인으로서의 역량을 키웠는데 니체와 하이데거의 사상이 호수처럼 흘러든 릴케와 닮아 있다. 그의 작품 <일어서라 풀아>는 릴케가 추구한 성스러움이 들어 있다. 일어서라 풀아 / 일어서라 풀아 / 이 세상 숨소리 빗물로 쏟아지면 / 빗물 마시고 / 흰 눈으로 펑펑 퍼부으면 / 가슴 한아름 / 쓰러지는 풀아 / 영차 어영차 / 빛나라 너희 / 죽은 듯 엎드려 / 실눈 뜨고 있는 것들

집 90쪽에 실려 있는 <즉흥시>에 주목한다. 이 시는 다음과 같다.

   마치 자연이 뭇 생명들을
   그들의 몽롱한 욕망의 모험에 맡기고, 결코 어떤 것도
   흙더미와 나무 가지로 특별히 보호하고 있지 않는 것처럼,
   그렇게 우리도 또한 우리의 존재의 근원으로부터

   그 이상 사랑받고 있는 것은 아니다.
   그것은 우리를 모험에 빠뜨린다. 다만 우리는
   식물이나 동물보다 그 이상으로
   이런 모험과 함께 나아가고, 그 모험을 의욕하면서, 때로는 또한
   생명 그 자체가 존재하는 것보다도
   더욱더 모험적으로 존재한다 (이것은 자기 이익을 위해 그런 것이 아
   니다). 한숨 돌릴 동안만

   더욱더 모험적으로…. 이것이 보호 밖에 있는 우리들에게 안전함을 제
   공한다,
   그곳은 순수한 힘들의 중력이 작용하는 곳이다.
   우리를 마지막으로 감싸고 있는 것은
   우리의 보호받지 못한 존재이다. 그리고
   이러한 존재를 위협하는 것을 우리는 보았기에, 그것을

   법칙이 우리와 접촉하는 가장 넓은 권역 속에서

긍정하기 위해 우리는 그것을 열린 장 속으로 옮겨놓았던 것이리.

자연은 존재자의 바탕이다. 존재자의 바탕은 '존재'를 가리킨다. 따라서 자연은 '존재자의 존재'가 되며, 존재자는 어느 것이든지 의지를 좇아 의욕하면서 존재하므로 존재자의 존재는 '의지'이다. "존재자는 의지가 있는 것으로 존재한다." 이 시에는 존재자가 '모험'에 내맡겨진다는 내용이 나온다. 모험의 본질이 의지에 있으니, 존재자는 의지를 가지고 모험을 하도록 내맡겨지고, 그럼으로써 제 나름의 존재자가 된다.

릴케로부터 하이데거가 꺼낸 근본 낱말들은 '자연(생명)'·'모험(위험)'·'중력(연관)'·'가장 넓은 권역'·'열린 장' 등이다. 이 낱말들은 서로 연관되어 있으며, 존재론적 의미를 지니고 있다. 비록 그것들이 형이상학적 그늘 밑에 있지만 말이다. 그래서 하이데거는 릴케의 해석을 통해 그 근본 낱말들의 존재론적 의미를 밝혀내는데, 이 때 모든 사태들은 '존재자의 존재'라는 주제로 집약된다. 그리고 그 근본 낱말들의 의미 해명을 통해 시인의 사명이 드러나며, 릴케 또한 '궁핍한 시대'의 시인이 된다.

궁핍한 시대의 시인의 사명은 궁핍한 시대에 사람들을 성스러운 것과 연관된 존재의 경험으로 인도하는 것이다. 물론 이것을 위해 먼저 시인은 존재의 환한 밝힘에, 즉 장소성에 도달해야 한다. 여기서 장소성은 그때그때마다 우리들에게 존재의 진리가 역사적으로 생기하면서 존재하는 모든 것을 존재하게 하는 존재의 가까움, 존재하는 모든 것이 본래 있어야 할 그 자리인 고향과 같은 장소를 말한다. 그래서 시인이 궁핍한 시대에 우리가 인도되는 곳은 그곳이며, 이때 우리는 궁핍한 시대로부터 벗어나 전향하고, 시인은 궁핍한 시대의 시인이 된다.[1]

등신불과 식지 사이의 간격 _ 김동리

문학은 현존재의 존재 물음이다. 다양한 삶의 지평 위에 있는 현존재들의 존재 물음은 역시 다양한 해답을 낸다. 근대성과 근대성 이전이라는, 형태는 다르지만, 한국의 많은 소설가들에게서 하이데거식 존재 물음이 드러난다.

인간의 고뇌를 존재론적으로 해명하려 시도했던 정인영,[2] 성서

---

1 우리에게도 궁핍한 시대의 시인이 있다. 김수영은 1940년대 말과 1950년대 초 기시에서 '몸'을 통한 하이데거의 존재론적 의미를 탐구한다. 그의 몸 혹은 존재에 대한 하이데거적 의미는 횔덜린의 시 〈마치 축제일〉에서 나오는 '피지스(physis)'로 연결된다. 자연을 뜻하는 '피지스'는 피어오르면서 자신에게로 되돌아감이며, 열린 장으로서 본래 그렇게 존재하는 그 피어남 속에 머무는 그것(존재)의 현존성이다. 김수영은 〈모리배〉(1959)에서 하이데거의 이름을 직접 언급한다. 그의 시에서 나타나는 일상적 생활방식과 존재의 언어, 죽음에로 존재와 무의 출현, 인간 거주의 척도로서 시 짓기와 시인의 사명 등은 하이데거가 지향하는 사상과 닮아 있다. 〈미인〉(1967), 〈먼지〉(1968), 〈성〉(1968) 등에서는 하이데거의 예술이론이 반영된다. 그의 최후 작품인 〈풀〉은 하이데거가 말하는 '피지스'의 운동과 변화를 역동적으로 해석하고 승화한다.
2 1933-. 〈나갈 길 없는 지평地平〉(1956), 〈음상音像〉(1957)으로 [현대문학]에 추천됐다. 관념소설과는 유형이 다른 일종의 누보 로망의 길을 걸어 과거의 소설 형식을 벗어난 새로운 스타일을 추구했다. 후기로 가면서 리얼리즘을 가미하는 방향으로 전환해 갔다.

를 통해 인간이 처한 극한 의식을 드러냈던 송기동,[1] 현대인의 비인간적인 상황을 고발하며 인간의 원형을 찾아 나섰던 장용학, 죽음을 통한 삶과 생명의 이해라는 형이상학적인 관념성을 소설작업의 일관된 주제로 삼았던 박상륭 등이 대표적이다. 박상륭의 작품들은 워낙 철학적이어서 사실 많은 철학자들과 연관이 된다. 이 글에서는 김동리[2]와 윤후명[3]을 말하겠다.

근대의 메마른 인간 중심 합리주의를 고대의 자연철학과 연결해 사유한 김동리는 문명과 자연의 갈등 관계를 작품 속 인물이 보여주는 본능적 갈구와 사회적 요구 사이의 갈등으로 재현한다.[4] 그는

---

1 1932-1993. [현대문학]에 〈후천적퇴화설後天的退化說〉(1957), 〈회귀선回歸線〉(1958) 등으로 추천을 받아 등단했다. 〈회귀선〉은 반기독교 소설로서, 이승만 정부의 기독교 정책을 비판하기 위해 예수에 대한 신성모독적 내용을 담았는데, 신앙 행태나 그 해악들에 대한 구구한 고발을 넘어 예수 자체의 존립 가치를 뒤흔들었다.
2 1913-1995. 1934년 시 〈백로白鷺〉가 [조선일보] 신춘문예에 입선하여 등단했다. 이후 소설로 전향하면서 1935년 [중앙일보] 신춘문예에 〈화랑의 후예〉, 1936년 [동아일보] 신춘문예에 소설 〈산화山火〉가 당선되면서 소설가의 등단했다. 순수문학과 신인간주의新人間主義의 문학사상으로 일관했으며, 광복 직후 민족주의문학 진영에 가담해 김동석金東錫·김병규와의 순수문학논쟁을 벌이는 등 좌익문단에 맞서 우익의 민족문학론을 옹호한 대표적인 인물이었다. 초기에는 한국 고유의 토속성과 외래사상과의 대립 등을 신비적이고 허무하면서도 몽환적인 세계를 통해 인간성의 문제를 그렸고, 이후에는 그의 문학적 논리를 작품에 반영하여 작품세계의 깊이를 더했다. 6.25 이후에는 인간과 이념과의 갈등을 조명하는 데 주력했다.
3 1946-. 1967년 [경향신문] 신춘문예에 시 〈빙하의 새〉가 당선되었고, 1979년 [한국일보] 신춘문예에 소설 〈산역〉이 당선되었다. 이후 소설창작에 주력했다. 그의 소설은 대체로 고전적,원형적 구성형식을 취하는데, 이는 닫혀진 세계에의 입사-성숙-귀환의 과정으로서 자아회복의 과정을 보인다. 정체모를 상실감, 존재의 불안감, 고독, 절망, 결핍 등을 작가의 특유한 감성을 통해 그려낸다.
4 권택영, 〈김동리 문학의 바이오 휴머니티〉, p.p.7-8.

서구의 합리주의에 저항했던 니체·하이데거·토마스만과 풍속적 믿음체계·음양의 도 사상·불교를 자신 안에서 결합시켰다. <단상>에 나오는 "우리가 살고 있는 천지 또는 우주는 살아 있는 것이다. 우리 자신이 사는 것처럼 이 우주도 살아 있는 것이다"는 언어를 변화와 생성의 관계로 파악한 하이데거의 현상학에 닿아 있다.

김동리는 자신의 문학적 출발이 죽음으로부터 비롯되었다고 밝힌 적이 있다. 그는 죽음을 어떻게 초극할 것인지에 대한 인간 삶의 근원적인 문제에 집착했다. 그런데 김동리의 작품에 나타난 죽음의 의미는 죽음 자체를 추구하는 게 아니라 여러 가지 원형적 이미지들을 통해 강렬한 생명 의식을 드러낸다. 이것은 하이데거의 '현존재의 존재 물음'과 상통한다. 하이데거는 존재와 시간을 낼 때까지는 죽음에 대해 말하지 않지만, 중기 이후 문학을 끌어들이면서는 죽음을 다룬다.

그의 많은 작품들은 비극으로 마무리된다. 상이한 삶·가치 등이 모순을 일으키고 충돌하면서 출구를 찾지 못할 때 선택할 수 있는 또는 선택 당하는 길은 파멸이나 죽음, 벌어짐 같은 것들이다. 어머니의 무속과 아들의 기독교가 대립하는 <무녀도>가 대표적이다. 이것은 현존재가 존재 물음의 길을 걷다가 해답을 얻지 못하면 인간이 어떻게 되는지를 보여준다. <황토기>는 <무녀도>와 달리 그 안에서 소통이 일어나고 힘의 균형이 이루어진다.

한 편의 작품 안에서는 비극성으로 마무리되지만 두 편의 작품을 함께 놓고 보면 존재 물음이 해소되는 예도 있는데 <등신불>과 <부

활>이 그렇다. <등신불>은 절에서 부처가 된 사람의 이야기이고, <부활>은 예수가 골고다 언덕에서 겪는 죽음과 이후의 부활에 대한 이야기이다. 두 작품은 한 해 간격으로 태어났다. 두 소설에서 불교와 기독교는 충돌이 아니라 공속한다.

<등신불>에서는 한국적 전통의 세계를 통해 초일상적이고 원형적 차원을 탐구하는 경향과 사회 현실의 문제에 대한 작가적 인식을 탁월하게 접목시키고 있다.

등신불等身佛은 양자강 북쪽에 있는 정원사의 금불각속에 안치되어 있는 불상의 이름이다. 작중 화자인 나는 이 등신불에 대해 보고 듣고 한 그대로를 적으려 하는데, 나는 일제 말기 학병으로 끌려가 도망했고 대학 선배 진기수에게 절박한 사정을 이야기하면서 미리 준비한 종이에다가 오른손 식지 끝을 물어 살을 뜯어낸 다음 이렇게 적었다.

"願免殺生 歸依佛恩"(원컨대 살생을 면하게 하옵시며 부처님의 은혜 속에 귀의코자 하나이다).

그의 도움으로 정원사라는 절에 몸을 의탁한 나는 그곳에서 등신불을 보게 되는데, 그 불상은 옛날 만적이란 스님의 소신燒身 공양으로 성불한 몸에 금을 씌운 것이다. 등신불을 보는 내게는 아무래도 석연치 못한 것이 있다. 금불각의 가부좌상은 어디까지나 인간을 벗어나지 못한 고뇌와 비원이 서린 듯한 얼굴이다.

원혜대사로부터 만적이 소신공양을 통해 성불하게 된 과정과 동기를 전해들은 '나'는 마침내 많은 부처님 가운데서 그렇게 인간의 고뇌와 슬픔을 그대로 지닌 부처님이 한 분쯤 있는 것도 뜻있는 일일 듯하다는 생각에 이른다. 이야기를 다 마치고 난 원혜대사는 이제 다시 나에게 그런 것을 묻지는 않았다.

"자네 바른 손 식지를 들어보게"

원혜대사는 가만히 그것을 바라보고 있을 뿐 더 말이 없다. 왜 그 손가락을 들어 보이라고 했는지 이 손가락과 만적의 소신공양과 무슨 관계가 있다는 겐지 이제 그만 손을 내리어도 좋다는 겐지 뒷말이 없는 것이다. 태허루에서 정오를 아뢰는 큰 북소리가 목어木魚와 함께 으르렁거리며 들려온다.

 삶은 죽음에 대한 공포 위에서 시작하지만 생명이 오고가는 곳인 존재는 모두 같다. 살기 위해 물어뜯은 식지와 소신공양한 등신불 사이의 간격은 크다. 그것은 나와 등신불의 현존재의 다름이다.

 <부활>에서 "주님이여, 주님이여, 어찌 나를 버리시오?"라는 예수의 마지막 말은 비참하게 들린다. 그러나 숨이 그쳤지만 예수는 다시 부활해 고통 받는 이들에게 희망을 준다. 이것은 현존재의 존재 물음이 열려 있음을 표현한다.

 <등신불>과 <부활> 두 작품은 인간이 겪는 고통과 부활이 다르지 않음을 보여준다. 두 작품은 현존재는 존재로부터 똑같은 거리

에 있음을 또는 동등한 존재의 지향점에 있음을 보여준다.

나를 찾아 길을 떠나다 _ 윤후명

"로울란樓蘭을 지났는가. 둔황敦煌을 지났는가. 가도 가도 끝없는 허공을 사자는 묵묵히 걷고 있다. 발을 옮길 때마다 모래 소리가 들린다. 달빛에 쓸리는 모래 소리인가. 시간에 쓸리는 모래 소리인가. 아니면 서역 삼만 리를 아득히 울어온 공후 소리인가. 그때 누군가가 중얼거린다. 아이야, 사내애였다면 혜초처럼 먼 곳으로 법法을 구하러 떠났다 치렴. 계집애였다면 사막 속에 곱게 단장하고 있다고 치렴. 그렇다고들 치렴."

이야기의 화자인 '나'는 주간 잡지의 기자로 일하며 가난하게 살아간다. 단칸방에서 동거하는 아내가 있지만 헤어지려고 마음을 먹고 있다. 현실은 언제나 누추하고 마음은 늘 불편하다. 그래서인지 내가 꿈꾸는 세상은 따로 있다. 서역의 사자를 찾고, 공후를 불었다는 노인을 만나려 한다. '천세불변千世不變'이라고 비단 조각에 적힌 '누란의 소녀' 미이라도 주인공의 관심을 끈다.

'나'는 자궁 종양으로 낙태수술을 받고 돌아온 아내와 잠이 든다. 잠든 '나'는 꿈속 세계로 여행한다. 서역 타클라마칸사막과 그곳을 건너가는 한 마리 사자와 신라승 혜초, 둔황 벽화 속의 비천녀 옷자락 등 환상의 세계가 등장한다. '나'의 하루를 그리며 현실과 꿈, 영원과 찰나, 과거와 현재 등 이분법을 뛰어넘어 세상과 삶의 본질을 꿰려한다.

작가가 꿈꾸는 세계는 혜초가 구법을 위해 걸어갔던 둔황이다. 수 천 년 전의 둔황의 사자는 사자놀이로 재현되고, 용을 잃어버리고 체만 남은 공후 소리는 소녀의 음성으로 들려온다. 그리고 무거운 몸뚱어리를 이끌고 먼 달빛의 사막을 가로질러온 사자는 화자 자신이 되고, 사자의 목구멍에서 흘러나오는 쉰 목소리는 화자의 음성이 된다. 우리는 찰나의 존재들이다. 사랑이 영원으로 이어지길 희구하지만 하룻밤 꿈처럼 허망한 일인지 모른다.

김동리의 <등신불>이나 <부활>이 단지 종교에 머무는 소설이 아니듯이 윤후명의 이 작품도 불교에 머무는, 포교류의 소설이 아니다.[1] <둔황의 사랑>은 '나는 누구인가'를 위해 길을 떠나는 이야기이다. 작가는 인간이란 무엇이며, 인간존재의 철학적 의미 그리고 삶의 영적이고 육적인 의미는 어디에 있는지 깊게 고민한다. 그의 이런 고민들은 그 다음에 나오는 작품들에서도 계속된다. <둔황의 사랑>은 1인칭 주인공시점으로 서술되는데, 이는 자신을 탐구하고 자신을 바라보는 일임을 의미한다.

윤후명은 <둔황의 사랑>을 통해 혜초가 열어놓은 길을 따라간다. 그 길을 받아들여서 다시 윤후명의 길을 연다. '나'를 찾아가

---

[1] 이것은 작가의 생각도 마찬가지인 듯하다. 그는 불교가 등장하는 여러 소설을 냈지만 불교를 직접적인 언어로 내세우지 않는다. 불교는 그저 메타포일 뿐이다. 그렇게 해서 그의 작품들은 깊은 사유를 불러일으킨다. 불교는 사유를 일으키는 장치일 뿐이다.

는 일은 존재 물음이다. <둔황의 사랑>은 꿈 이야기로 전개되는데 그것은 인간이 실제 공간적으로 이르지 못할지라도 정신 속에서 끊임없이 일어나는 현상학을 떠올리게 한다. 횔덜린에서 나타나는 고대 희랍의 모습, 릴케에게서 나타나는 대자연의 모습, 윤후명에서 나타나는 둔황의 모습 등은 시간적으로 또는 공간적으로 지금 내몸이 이를 수 없는 곳에 대한 이야기이다. 그것은 역설적으로 지금 내가 여기에서 누추하고 불편하게 살고 있는 모습에 의미를 부여하도록 한다. 그것은 존재 물음을 던지는 현존재의 유의미성이다. 그래서 사람들은 현실에 두 발을 단단히 딛고 살아야 한다. 그 단단한 딛음이 없으면 물음도 없고 현존재로서의 나도 없다.

이 작품에 나오는 '서역' '둔황' '누란' 같은 지명은 <왕오천축국전>을 쓴 혜초가 지나간 길이기도 하다. 그 길에는 천 개의 부처가 사는 동굴이 있다. 그곳에 가면 인간 갈망의 원형을 볼 수 있을지도 모른다. '둔황'은 나를 찾아가야 하는 인간에게 주어진 숙명의 길이면서 동시에 존재 물음이 대답하는 존재의 모습 같은 곳이다.

존재가 현존재에게 묻다

하이데거의 시도는 레비나스가 회상하듯이 "세계가 전복되는 것을 선언하는" 것이었으며 철학적 질문을 이전과 다른 새로운 방향으로 이끄는 것이었다. 그는 현존재의 존재 물음이라는 하나의 일관된 주제를 다양한 사상과 문학의 변주를 통해 탐구했다. 그는 자신의 작업을 존재를 향해 물어가는 오로지 하나의 길을 갔다고 표현했다. 그러나 현존재가 존재에 대해 물을 때 하이데거의 존재는 자신이 무엇임을 대답하지 않는다. 오히려 현존재에게 되물을 뿐이다. 그것은 문학도 마찬가지이다. 문학은 존재에게 묻고 그 대답을 현존재가 하는 것이다. 존재가 대답한 존재가 아니라 인간이 탐구하고 밝힌 존재가 중요하기 때문이다.

비트겐슈타인
그의 철학도 그의 삶도 인간에겐 불가능하다.
박형서

유대계이나 반유대주의의 길을 걸은 가문

[비트겐슈타인 평전]을 쓴 레이몽크는 서문에 이렇게 적었다.

"비트겐슈타인은 매우 특별한 매력을 발산하는 인물이다. 그가 현대 철학의 발달에 끼친 지대한 영향만으로는 그 매력의 실체를 완전히 설명할 수 없다……그에 관해 쓰인 시들이 있고, 그에게서 영감을 받은 그림들이 있으며, 그의 작품이 음악으로 만들어지기도 했다."[1]

그러나 뭉크도 지적하듯이 그의 생애를 아는 것과 그의 철학을 아는 것은 전혀 다른 영역이다. 그에게서 인간적인 매력을 느끼지만 그의 철학은 도무지 난해하다는 사람들이 있는가 하면 그의 생

---

[1] 이 글에 인용된 비트겐슈타인에 대해 언급한 정보들은 모두 레이몽크의 [비트겐슈타인 평전]에서 가져왔다.

애는 전혀 알지 못한 채 그의 철학만을 탐구하는 사람들도 있다. 몽크의 이 말은 그의 생애도 매력적이고 그의 철학은 심오하다는 뜻이다.

루드비히 비트겐슈타인은 1889년 오스트리아의 빈에서 대부호의 8남매 가운데 막내아들로 태어났다. 부잣집 아들임에도 직업교육학교로 진학했고 맨체스터대학교에서는 공학을 공부하다가 케임브리지로 가서 철학으로 전공을 바꾸었다. 케임브리지를 졸업한 뒤에는 노르웨이의 외딴곳에서 홀로 철학을 연구했다. 1914년 제1차 세계대전이 일어나자 자원해서 입대했다. 전쟁이 끝난 뒤에는 산골의 초등학교에서 교사의 길을 걸었다.

특이한 점은 비트겐슈타인이 린쯔(Linz)에 있는 국립실업고등학교(레알슐레, Realschule)를 1903년부터 1906년까지 다녔는데 이때 히틀러도 이 학교를 다녔다는 사실이다. 히틀러는 1904년부터 1905년까지 재학했다. 비트겐슈타인과 히틀러는 서로 알지 못했던 것으로 보인다. 비트겐슈타인이나 히틀러나 상대에 대해 어떤 기록도 하지 않았다.

아버지 카를 비트겐슈타인은 오스트리아 헝가리 제국에서 제철업으로 많은 돈을 벌었다. 그의 자산은 부동산, 주식, 귀금속, 외화 형태로 스위스, 오스트리아, 네덜란드, 북미 등지에 분산되어 있었다. 그래서 막대한 인플레이션이 일어나도 국가별 부침이 심해도 부를 유지하는 데 지장이 없었다. 할아버지와 할머니인 헤르만 크리스티안과 파니 비트겐슈타인은 유대인이었으나 개신교로 개종했고 1850년대에 작센에서 빈으로 이주했다. 할머니 파니는 유명한 바이올린 연주가인 요제프 요하임의 사촌이다.

비트겐슈타인의 어머니인 레오폴디네 칼무스는 유대인 아버지와 천주교 신자인 어머니 사이에서 태어났는데, 1974년 노벨경제학상을 받은 프리드리히 하이에크(1899-1992)의 이모이다. 그러니까 하이에크는 비트겐슈타인과 이종사촌이 된다. 비트겐슈타인의 가족은 유대교, 개신교 및 가톨릭이 혼합돼 있었다. 비트겐슈타인의 다른 형제들은 침례교를 신봉했고 비트겐슈타인은 외할머니의 신앙을 따라 가톨릭에서 세례 받았다.

나치 독일이 오스트리아를 병합하면서 비트겐슈타인의 가족은 독일 국적을 가졌고 나치의 인종법에 따라 유대인으로 분류되었다. 가족의 목숨이 경각에 달린 것을 알고 비트겐슈타인은 1939년 7월 빈을 방문해 그레틀과 다른 누나들을 만났고, 하루는 라이히스방크의 직원을 만나기 위해 베를린에 들렀다. 이후, 그는 가족이 처한 위험을 모면하기 위해 계획을 짜고 있던 형 파울을 설득하기 위해 뉴욕으로 갔다. 형제들이 취할 수 있는 유일한 희망은 나치의 혼혈법에 따라 유대인 조상이 있는 혼혈로 인정받는 것이었다. 비트겐슈타인 가문의 해외 자산에 눈독을 들인 나치 당국은 재산의 상당 부분을 헌납하라고 요구했다.

1939년 8월 가족에 대한 해방 요청이 접수되었는데, 전쟁이 시작되기 1주일 전에 알려지지 않은 사람의 승인으로 비트겐슈타인 가족의 재산 금 1.7톤이 나치에게 인도되었다. 이는 지금의 가치로 환산하면 약 7조 원이다. 힘겨운 협상 끝에 비트겐슈타인의 가족들은 혼혈로 인정됐다. 비트겐슈타인의 큰형인 파울은 재산을 지키는 데 적극적이어서 목숨을 지키려는 누이들과 갈등했고 죽을 때까지 형제자매들과 연락하지 않았다고 한다. 나치가 폴란드를 침공하기 하루 전날인 1939년 8월 31일 비트겐슈타인 가문은 혼혈로 승인을 받았다. 이 문서에는 히틀러가 직접 사인했는데 2,100 건의 신청 가운데 12 건만이 승인됐다고 한다.

유럽의 유대인 탄압에 대해, 이렇게 적는 까닭은 유럽에서 유대인을 탄압한 게 나치뿐만이 아니기 때문인데, 비트겐슈타인은 "서양 문명은 늘 유대인에게 맞지 않는 척도로 유대인을 평가했다"고 불만을 토로한 적이 있다. 그가 유년기 때 적은 글에는 "거짓말을 하는 것이 이로울 때도 사람은 왜 진실을 말해야 할까? 그런 경우에는 거짓말을 해도 잘못이 아니다"라는 게 있는데 그의 환경과 관련해 다양한 상상을 하도록 만든다.

공학에서 철학으로

레알슐레를 졸업한 뒤 1906년 베를린에서 아버지의 뜻을 존중해 기계공학을 공부하기 시작한 비트겐슈타인은 갈릴레오, 레오나르도 다 빈치, 파우스토 베란치오 같은 이들이 남긴 르네상스 시기 작업에 흥미를 느꼈다. 그는 철학도이기 이전에 공학도였으나 시간이 흐를수록 철학적인 문제에 사로잡혔다. 그는 철학적 사색을 날

짜와 함께 공책에 적기 시작했다. 1908년 맨체스터 빅토리아 대학교에서 항공과 관련한 공부를 하던 중 1910년 전3권 가운데 제1권이 출판된, 러셀과 화이트헤드가 공저한 [수학 원리(Principia Mathematica)]로부터 깊은 영향을 받았다. 1911년 여름 비트겐슈타인은 프레게를 방문한 뒤 자주 연락했고 케임브리지의 버트런드 러셀(1872-1970)에게서 배우기로 결정했다.

이해 가을 맨체스터 공대를 떠나 케임브리지로 간 비트겐슈타인은 러셀의 강의를 들었고 그와 끊임없이 토론을 이어갔다. 러셀은 비트겐슈타인의 다양한 공포증 및 여러 차례 일어나던 절망과 씨름해야 했다. 비트겐슈타인은 종종 러셀의 기력을 앗아갔지만, 한편으로 러셀은 비트겐슈타인에게 매료되었다. 1911년이니까 러셀은 마흔 살, 비트겐슈타인은 스물두 살이었다. 비트겐슈타인이 러셀을 만났을 때는 러셀이 매우 바쁘면서도 또한 매우 열정적일 때였다.

비트겐슈타인은 러셀을 매우 괴롭힌 것 같다. 러셀이 지인에게 보낸 편지를 보면 그런 정황들이 잘 나타나 있다. 러셀은 때로 비트겐슈타인을 사회 부적응자로 묘사하기도 했다. 그러나 러셀은 비트겐슈타인의 무명 시절 가장 영향력 있는 후원자이기도 했다. 몇 문장을 소개하면 이렇다.

"독일인 학생이 골칫거리가 되어가고 있습니다. 강의가 끝난 뒤에 따라와서 저녁 식사 때까지 논쟁을 했습니다. 완고하고 고집 세지만 멍청하지는 않은 것 같습니다."(1911.10.19)

"나의 독일인 공학도는 논쟁을 매우 좋아해서 성가실 정도입니다. 그는 방에 코뿔소가 없다는 것이 확실함을 인정하지 않으려 합니다."(1911.11.1)

"내가 생각하기에 이 독일인 공학도는 바보입니다. 그는 경험적인 것은 아무 것도 알려질 수 없다고 생각합니다."(1911.11.2)

비트겐슈타인이 러셀과 벌인 토론의 내용은 의미심장하다. 러셀은 방에 코뿔소가 없다는 입장이고 비트겐슈타인은 방에 코뿔소가 있다는 입장이다. 이 짧은 문장은 경험주의자로서의 러셀과 논리주의자로서의 비트겐슈타인을 잘 대비시킨다.

겨울방학이 지나고 비트겐슈타인이 낸 과제물은 러셀을 무척 만족시켰다. 러셀은 이렇게 말했으니 말이다. "아주 좋았으며 영국 학생들의 글보다 훨씬 더 좋았다. 나는 그를 확실히 격려할 것이다. 아마도 그는 위대한 일들을 할 것이다." 비트겐슈타인은 러셀이 [수학 원리]의 막바지 작업을 향해 나아가는 것을 알고는 이렇게 물었다.

비트겐슈타인 : [수학 원리]를 어떻게 끝내시겠습니까?
러셀 : 결론이 없을 것이다. 마지막에 오는 것이 무엇이든 그것으로 (끝날 것이다).

이 대답은 비트겐슈타인을 만족시킨 것 같다. 러셀은 비트겐슈타인에게 만일 결혼한 여자가 다른 남자와 도망가면 어떨지 물어보았는데 비트겐슈타인의 대답을 이렇게 적었다.

"비트겐슈타인은 전혀 화를 내지도 증오하지도 않을 것이며 단지 엄청난 고통만을 느낄 것이라고 말했습니다(나는 이 말을 믿습니다). 그의 본성은 철저히 선합니다. 이 때문에 그는 도덕의 필요성을 보지 못합니다."

비트겐슈타인은 윤리학에 대해 관심이 없었다. 그가 윤리학을 멀리 했던 까닭은 윤리학이 과학이 아니기 때문이다. 그는 단 한번 가졌던 윤리학 대중 강연에서 다음과 같이 발언했다.

"윤리학 또는 종교에 대해서 글을 쓰거나 말하려고 시도하는 경향을 가졌던 나를 비롯한 모든 사람들은 언어의 경계와 충돌하려 했다고 나는 믿습니다. 우리를 가두고 있는 감옥의 벽과 충돌하는 것은 완전히, 전적으로 절망적인 일입니다. 윤리학은 삶의 의미나 절대선, 절대가치에 대해서 뭔가를 말하려는 욕망에서 나온 것인 한, 과학이 될 수 없습니다. 윤리학이 말하는 것은 어떤 의미로도 우리의 지식을 확장시키지 않습니다. 그렇지만 윤리학은 인간의 마음 안에 있는 한 가지 경향의 기록입니다. 개인적으로 난 그것을 마음 깊이 존중하지 않을 수 없으며, 절대로 그것을 조롱하지 않을 것입니다."

우여곡절 끝에 출판된 불후의 명저 [논고]

1913년에 비트겐슈타인은 노르웨이의 송네 피오르의 끝에 있는 숄덴 인근의 오지에서 독거에 들어갔다. 비트겐슈타인은 이곳의 한 집 이층을 빌려 겨우내 지내면서 자신의 작업에 몰두했다. 이 시기는 비트겐슈타인에게서 가장 정열적이었고 새로운 것이 생겨나는 시간이었다. 이때 이루어진 비트겐슈타인 작업은 줄여서 "논고"라고 불리는 [논리 철학 논고]의 초고로 정리됐다.

1914년, 비트겐슈타인은 전쟁이 일어났다는 소식에 크게 충격을 받았고 오스트리아 헝가리 제국 육군에 자원했다. 제1차 세계대전은 영국·프랑스·러시아 등의 협상국(연합국)과, 독일·오스트리아 동맹국이 양 진영의 중심이 되어 싸운 전쟁이었다.

비트겐슈타인은 두 해 전까지 영국에서 공부했는데 이제는 동맹국의 군인으로서 영국과 대항해 전투를 벌였다. 입내 초기 함선에서 근무하다가 얼마 후 포병대로 전근했다. 1916년 3월에 비트겐슈타인은 오스트리아 7군에 자원하여 브루실로프 공세를 방어하는 최전방 조종사로 참전했다. 영국군과의 전투 후에 비트겐슈타인은 "용감한 행동과 침착하고 냉정한 영웅다운 활약"으로 말미암아 훈장을 받았다.

흥미로운 점은 제2차 세계대전이 일어났을 때 그는 케임브리지에서 독일과 전쟁하는 연합국을 돕는 일을 했다는 사실이다. 제2차 세계대전이 일어나자 비트겐슈타인은 전쟁이 시작됐는데도 철학

강의나 하고 있는 스스로의 처지를 견디기 힘들어했다고 한다. 그래서 1941년 9월 비트겐슈타인은 철학자 길버트 라일의 형제였던 존 라일 교수에게 요청해 런던에 있는 가이스 병원에서 봉사하겠노라고 말했다. 존 라일은 케임브리지 대학교의 의학 교수였다. 그는 비트겐슈타인의 부탁을 받아들였고 비트겐슈타인은 가이스 병원에서 약품을 관리하는 일을 했다.

1918년 8월 비트겐슈타인은 이탈리아 군에게 포로로 잡혀 1년 동안 포로수용소에 수감됐다. 그의 배낭에는 전쟁 중에 틈틈이 계속 적어놓았던 [논리 철학 논고]의 원고가 들어 있었다. 비트겐슈타인의 실존적 고뇌와 철학적 문제는 삶과 죽음이 넘나드는 참혹한 전쟁의 공포와 절망 속에서 구체화되고 해결되었던 셈이다. 하지만 이 원고를 책으로 출판하는 일이 여의치 않았다. 출판하겠다고 나서는 출판사가 없었다. 비트겐슈타인은 매우 낙담했던 것 같다. 아래의 문장들이 당시 그의 심정을 잘 대변한다.

"그 책은 아주 짧습니다. 단지 60페이지 길이입니다. 누가 철학적 문제에 대해 60페이지 정도의 소책자를 쓰겠습니까?······대가의 정신도 교수의 학식도 없지만, 그래도 비용을 대서라도 자신의 출판물을 갖고자 하는 완전히 희망 없는 작가들(만이 그럴 것입니다). 그러므로 그런 생산물들은 보통 자비로 출판됩니다. 그러나 나는 내 일생의 작품을—왜냐하면 진짜 그렇기 때문입니다—그런 글들과 섞을 수는 없습니다."

자비 출판은 유럽에서도 성행했던 것 같다. 비트겐슈타인이 가진 재산으로는 자비 출판은 아무 일도 아니었다. 왜냐하면 그가 전장에서 돌아왔을 때 그에게는 우리가 상상할 수 없는 재산이 상속돼 있었고 유럽에서 제일가는 부자 가운데 한 사람이 되어 있었으니 말이다. 물론 그는 이 재산들을 누나인 헬레네와 헤르미네, 그리고 형인 파울에게 넘겨주었다. 헤르미네의 기록을 따르면 비트겐슈타인은 "자신에게 속한 돈이 조금이라도 있을 가능성이 전혀 없어야 한다고 수백 번 확인"했다. 비트겐슈타인은 자신의 원고를 자비를 들여 출판하는 것은 원하지 않았다. 그래서 그는 러셀에게 이런 편지를 보내기도 했다.

"나의 작품은 최고의 가치를 지닌 책이거나 최고의 가치를 지니지 않은 책입니다. 후자의 경우(더욱 가능성이 있는)라면 그 작품이 출판되지 않는 것이 더 좋습니다. 그리고 전자의 경우라면 20년 혹은 100년 일찍 또는 늦게 출판되든 상관없습니다. 예를 들어 [순수이성비판]이 17xx에 쓰였는지 y에 쓰였는지 누가 물어보겠습니까?"

우여곡절 끝에 이 책은 1921년 라이프찌히에 있는 Reinhold Berger for Verlag Unesma에서 W. Ostwald의 자연철학연대기(Annalen der Naturphilosophie)의 일부로 출판되었다. 그리고 1922년에는 프랭크 램지가 영어로 번역한 영문판이 Kegan Paul에서 출판되었다.

비트겐슈타인은 이 작업으로 철학의 모든 문제에 대답을 구했다고 생각했다. 그에게 감명을 준 것은 철학책이 아니라 톨스토이의 [요약복음서]였다. 이 책은 그로 하여금 아버지로부터 물려받은 엄청난 재산을 형제들에게 나눠주는 계시를 만들었다. 그는 오스트리아의 초등학교를 돌며 교사 생활을 시작했다. 그러나 그의 교사 생활은 순탄하지 못했다. 시골의 학부모 및 교사들과 그의 성격은 화합하기가 쉽지 않았다.

프랭크 램지가 1923년 가을 비트겐슈타인의 편지에 적힌 주소를 찾아갔을 때 비트겐슈타인은 아주 검소하게 생활하고 있었다. 좁다란 텅 빈 방에 싱글 침대가 하나 있었고 작은 테이블과 난로가 전부였다. 램지는 저녁식사로 질긴 빵 하나와 버터, 코코아 한 잔을 대접 받았다. 비트겐슈타인은 아침 여덟 시에서 정오나 오후 한 시까지 수업했고 오후 시간은 자유롭게 보냈다.

G.E. 무어도 이해하지 못했던 [논고]

[논고]는 보편적인 철학책과는 다르게 아포리즘 형태로 만들어져 있다. 사실 오늘날 철학책의 형식을 아리스토텔레스의 산문체에 기원이 있다고 보아야 할 것이다. 소크라테스 이전 철학자들은 짧은 문장들을 남겼고 플라톤은 산문체가 아니라 대화체로 썼다. 아리스토텔레스에 이르러서 산문체가 등장했고 이후의 철학자들은 이 형식을 사용했다. 비트겐슈타인은 이 원고가 출판에 우여곡절을

겪을 때 이렇게 토로한 적이 있다.

"이 책은 엄밀히 철학적인 동시에 문학적입니다.
그렇지만 그 안에 쓸데없는 말은 전혀 없습니다."

아마도 철학책보다는 문학책이 더 출판하기 쉬울 거라는 판단으로 이렇게 말했는지는 모르겠으나, [논고]는 철학적이면서 문학적인 것이 사실이다. 많은 이들이 이 책의 마지막 문장인 "말할 수 없는 것에 관해서는 침묵해야 한다"를 독창적으로 해석해서 문인들이나 언론인들이 사용하고 있을 만큼 난해한 것도 사실이지만 그런 독창적 해석 속에서 새로운 주장과 이론이 나오니 그런 행위를 탓할 일은 아니다. 다만 [논고]를 다 읽으면 그렇게 쉽게 인용하지는 못한다. 비트겐슈타인이 똑똑해서가 아니라, 물론 그는 똑똑하다, 워낙 난해하게 적어놓아서 쉽게 해석이 되지 않기 때문이다.

비트겐슈타인을 분석한 이들은 [논고]의 요지가 다음의 일곱 가지 명제로 압축된다고 말한다.

(1) 세계는 사례인 모든 것의 총체이다.
(2) 사례인 것인 사실은 원자적 사실들의 실재(현존)이다.
(3) 사실들의 논리적 그림이 사고이다.
(4) 사고는 유의미한 명제이다.
(5) 명제는 요소 명제들의 진리함수이다.

(6) 진리 함수의 일반적 형식은 [p, ξ̄, N(ξ̄)]이다. 이것이 명제의 일반적 형식이다.

(7) 말할 수 없는 것에 관해서는 침묵해야 한다.

이것들을 여기에서 모두 소개하는 것도 무의미하고 가능하지도 않다. 다만 "세계는 사례(case)인 모든 것의 총체이다"만을 간략히 소개하겠다. '사례인 것'은 팩트(fact)를 가리킨다. 그래서 이 문장은 세계는 팩트들의 총체이다, 다시 말해 "세계는 팩트들이 모여서 이루어졌다"가 된다. 예를 들어 사람의 하루 일상은 여러 개의 팩트들로 구성된다. 샤워하기, 아침 먹기, 산책하기, 사람 만나기 등등이 모두 팩트인데 이것들을 모두 모으면 하루가 된다. 세계는 무엇일까? 사람들의 총체일까? 아니다. 사람들이 만드는 팩트들의 총체이다. 전 세계 사람들이 만드는 팩트들의 총체가 전 세계이다. 더 이상 들어가면 머리가 복잡해진다.

비트겐슈타인은 [논고]에서 기존의 철학이 언어의 논리를 잘못 적용했다고 비판한다. 그는 철학이 말할 수 없는 것들을 말하려고 해서 문제를 일으킨다고 보았다. 따라서 사람들은 말할 수 있는 것만 말해야 하는데 이것을 가장 잘 설명하는 것이 그림 이론이다. 그는 프랑스 법정에서 교통사고 재판을 할 때 모형들을 사용해서 하는 것을 보았다고 한다. 그림 이론은 언어는 세계를, 명제는 사실을, 이름은 대상을 지칭한다는 것이다. 그는 일기장에 "한 문장에는 하나의 세계가 연습 삼아 조립되어 있다"고 기록했다. 그림 이론에 따르면 형이상학이나 도덕학에서 신이나 자아, 도덕과 같은 것들은 실제 그것이 나타내고자 하는 그림이 없으므로 무의미하다는 것이다. 따라서 그림이 없는 개념에 대해 논하는 것은 무의미하다.

이런 연유로 비트겐슈타인은 [논리-철학 논고]를 "말할 수 없는 것에 관해서는 침묵해야 한다"라고 끝맺었다. 그러나 흥미로운 사실이 있다. 비트겐슈타인이 책의 편집자에게 보내는 편지에서 오히려 "말할 수 없는 것을 더 중요하게 생각한다"고 고백했다는 사실이다. 말할 수 없는 것은 증명이 불가능해서 무의미한 것이 아니라, 구태여 증명하려고 하면 무가치해진다는 뜻이다. 철학은 사실 증명할 수 없는 것들에 대해 유추니 추리니 하면서 마구잡이로 말했다.

러셀은 비트겐슈타인이 [논고]를 집필해 철학박사의 충분한 자격이 있다고 기록했고 무어와 함께 박사학위 심사를 진행했다. 비트겐슈타인은 심사관이 된 두 오랜 '친구', 아니 엄밀하게 말하면 스승의 어깨에 손을 얹으며 말했다. "너무 걱정하지 마시쇼. ([논고]를) 절대로 이해 못한다는 거 알고 있어요." 무어는 케임브리지 철학박사학위 심사보고서에 이렇게 솔직하게 적었다.

"나 스스로 이 천재다운 연구를 검토했고 내가 이것을 완전히 이해하지 못한다고 하더라도 [논고]가 철학 박사학위를 받기에 충분하다는 점은 명백하다."

그러나 비트겐슈타인은 케임브리지 교수 시절 자신의 철학 이론을 대폭 수정한다. 초기의 그림 이론에서 후기의 이른바 언어놀이로 전환한 것인데 여기에는 케임브리지에서 함께 재직하던 이탈리아 출신 경제학자 피에로 스라파 덕분이었다. 하루는 비트겐슈타인 이론에 스라파가 반론하면서 손가락 끝으로 목 부분을 밀어 올렸다. 이것은 이탈리아에서 의문이나 조소를 뜻하는 것으로 사용됐다. 마치 우리가 엄지손가락을 들면 최고라는 뜻인 거와 같다.

비트겐슈타인은 [논고]에서 주장했던 언어의 논리학과는 달리 일상생활에서 쓰이는 언어의 의미는 결코 한 가지로 고착되지 않는다는 점을 깨달았다고 한다. 예를 들어 사람을 처음 만나 "어디서 오셨습니까?"라고 물었을 때 '어디서'는 지명을 의미하기도 하고 소속을 의미하기도 한다. 질문을 받은 사람은 그 정황을 살펴 대답해야 한다. 비트겐슈타인은 이러한 생각의 전환을 바탕으로 [철학적 탐구]를 집필했는데 이 원고는 그가 죽은 뒤에 출판됐다.

[철학적 탐구]에서 비트겐슈타인은 일상적으로 사용되는 언어를 중요하게 여겼다. 언어가 있기 전에 생활양식이 있고, 언어는 그 뜻이 아니라 사용에 본질이 있으며, 같은 언어를 사용한다는 것은 삶의 형식을 공유한다는 것이다. 언어에는 하나의 공통된 본질이 있지 않고 그 쓰임에서 나타나는 여러 유사성이 있다. 그는 이것을 '가족 유사성'(family resemblance)이라고 불렀다. 비트겐슈타인은 언어를 놀이에 비유했는데, 놀이에서도 어떤 본질이 있는 것이 아니라 마치 가족처럼 서로 유사한 점이 있다는 뜻이다.

여기에서 거론하게 되는 인물이 페르디난드 드 소쉬르이다. 소쉬르가 1857년에 태어나 1913년에 사망했으니 생전에 비트겐슈타인과 교류할 기회는 없었다. 소쉬르는 언어를 랑그와 빠롤로 나누고 랑그에 집중했다. 그러나 랑그는 언어의 중요한 기능인 의사소통에서 어려움을 겪는다. 언어를 놀이에 비유하는 비트겐슈타인의 후기 이론은 소쉬르의 랑그 언어학을 극복할 수 있다. 이 관점은 아직까지는 그리 대중적이지 않다.

소쉬르는 정적이고 고정된 대상으로서 랑그에 집중했다. 그는 랑그 못지않게 언어의 중요한 기능인 빠롤을 다루지 않았다. 그럼으로써 언어 전체를 설명하지 못했다. 그는 우리의 언어활동에서 빈번하게 마주하게 되는 언어의 변화 양상, 즉 동일한 언어 기호가 다양한 의미체로 드러나는 경우를 설명하지 못했다. 또한 서로 다른 문화권의 언어에 대한 학습의 가능성이 랑그언어학에서는 보장되지 않아 소통 가능성이 막힌다.[1]

비트겐슈타인은 놀이로서의 언어 이론에서 언어를 통한 유의미한 의사소통은 결국 그 언어적 실천 속에 있는 것이라고 보았다. 이런 실천은 언어적 규칙을 따르는 데서 언어게임으로 드러난다. 이것이 가능한 까닭은 우리가 삶의 형식을 공유하고 그 삶의 형식에서 일치하기 때문이다. 인간이 언어활동을 하는 목적은 소통에 있다. 소쉬르의 랑그 언어학은 언어를 닫아놓기 때문에 추상적 언어체계는 밝힐 수 있지만 구체적인 언어의 현실은 밝힐 수가 없다. 그

---

1 이재승, <비트겐슈타인과 소쉬르 : 랑그 언어학의 한계와 실천적 언어게임>, 새한철학회, [철학논총], 44권 2호, 2006.

것은 소쉬르 시대의 한계였을 것이다. 그것을 극복한 것이 비트겐슈타인의 후기 이론이다. 그는 단순히 언어 기호들의 가치들로서의 의미가 아니라 언어적 사용과 실천으로서 언어의 의미를 중시했다.

문학들의 총체로서의 세계

비트겐슈타인은 논리학에서 출발해 논리학의 문제를 윤리학과 형이상학으로 확장했다. 그는 이렇게 적었다. "모든 게 어퍼컷 한 방처럼 분명하다면 초월에 관한 허튼 잡소리들은 다 치워버리자." 그의 철학 목표는 명료성과 진리를 얻는 것이었다. 그는 논리적으로 모순인 것, 논리적으로 설명되지 않는 것들을 모두 철학함의 대상에서 배제한다.

"진실을 적어두는 것은 매우 바람직하기도 하고 매우 그릇되기도 하다. 실제로 사람들의 진실을 담은 자서전들 중에는 최고에서부터 최하에 이르기까지 모든 단계의 것들이 있다. 이를테면 나는 발을 딛고 있는 땅보다 더 높은 곳에서 자서전을 쓸 수 없다. 그리고 그것을 적는다는 사실에 의해 나 자신이 필연적으로 고양되는 것은 아니다. 심지어 그렇게 함으로써 나는 자신을 원래보다 더 더럽게 만들 수 있다. 내 안에 있는 무언가가 내가 자서전을 쓰는 것에 대해 호의적으로 말하고 있다. 실제로 난 나뿐 아니라 다른 사람들 바로 앞에 내 삶이 뚜렷이 보이도록 그것을 깨끗이 펼쳐보고 싶다. 내 삶을 재판에 회부하려는 것이 아니고, 어느 경우에도 명료성과 진리를 얻기 위해서다."

명료성과 진리를 상징하는 사건이 하나 있다. 비트겐슈타인은 1946년 10월 25일 저녁, 케임브리지대학 도덕과학클럽에서 연사로 초청된 칼 포퍼와 그 유명한 부지깽이 사건을 벌였다. 쟁점은 단순하고 심오했다. 포퍼는 '철학적 문제가 실재한다'고 주장했다. 비트겐슈타인은 '철학적 문제는 언어적 유희에 불과하다'고 고집하며 부지깽이를 만지작거렸다. 논쟁이 진행되면서 비트겐슈타인은 포퍼에게 도덕적 규범의 예를 하나 들어보라고 요구했고 포퍼는 "초청연사를 부지깽이로 위협하지 않는 것"이라고 대답했다. 격분한 비트겐슈타인이 들고 있던 화로 부지깽이를 내팽개치고 자리를 박차고 나갔다. 이 사건은 철학에 대한 비트겐슈타인의 견해를 잘 보여준다. 언어적 유희로서의 철학이 아닌 명료성과 진리로서의 철학을 자신은 추구한다는 것이다.

명료성과 진리는 누가 보증할까? 어찌 보면 비트겐슈타인의 이론도 소설 또는 에세이 같은 이야기이다. 소설이나 에세이와 차이가 있다면 두 가지인데, 첫째로 비트겐슈타인의 이론은 논리적 완결성을 갖고 있으며 둘째로 비트겐슈타인의 이론은 실재하는 것에 대한 이야기라는 점이다. 하지만 논리적 완결성을 가진다고 해서 세계에 대한 완전한 설명은 아니다. 비트겐슈타인에게서 드러나는 것은 연역적 형식논리이며, 세상에는 이것 말고도 다양한 논리가 있다.

소설은 허구라고 규정되고 철학은 실재라고 규정되지만 그보다는 소설은 경험되지 않은 이야기이며 경험주의자들의 눈으로 볼 때 철학은 경험된 이야기이다. 반면에 선험주의자들의 눈으로 볼 때 철학은 선험적 질서를 세상에 전개하는 것이다. 논리와 경험 및 원리를 빼면 철학과 소설은 같은 형식을 가진다. 논리와 경험 및 원리의 근거는 알 수 없다. 그렇다면 알 수 없는 것에 근거해서 말하는 것은 삼가야 한다. 그것들을 알 수 있다고 말하는 근거가 있다면 그것은 그 사람이 수립했거나 그 사람이 수용했기 때문일 것이다. 다만 철학자는 보편에 매달려서 세계 전체에 대한 그림을 그리고 소설가는 특수에 매달려서 팩트에 대한 그림을 그린다는 차이, 철학자는 논리적 논증을 전개하고 소설가는 감정적 논증을 전개하는 차이가 있다.

여기에서 더 나아가 "세계는 사례인 모든 것의 총체"라고 할 때 세계는 '소설들의 총체', 아니 '문학들의 총체'이기도 하다. 현실의 팩트들이 모여서 '현실태'의 세계를 이루고 문학 작품들이 모여서 '잠재태'의 세계를 이룬다. 소설에 대해 굳이 통용되는 허구성의 개념을 사용하지 않는 까닭은 소설이 과연 허구인가에 대해 확신이 서지 않기 때문이다.

과잉사유와 과잉언어의 배제

"철학에서 너의 목적은 무엇인가? 파리에게 자신이 갇힌 병에서 빠져

나오는 방법을 가르쳐주는 것이다."

자신이 갇힌 병에서 빠져나오려면 과잉언어의 욕망에서 벗어나야 한다. 과잉언어는 과잉사유가 만드니 과잉사유의 욕망에서 먼저 벗어나야 한다. 그것은 동시에 비트겐슈타인이 배제했던 형이상학적 욕망을 버리는 것이다. 인간세상이라는 곳이 한쪽에서는 열심히 거짓 형이상학적 명제들을 폐기하고 다른 한쪽에서는 다시 열심히 거짓 형이상학적 명제들을 양산한다. 그것들에 대한 증명도 수반된다. 그러나 비트겐슈타인의 작업을 현실에서 이루는 것은 쉽지 않다. 현실에는 여전히 검증되지 않은 형이상학적 명제들이 많다.

비트겐슈타인을 되새길 때 우리는 이 글 서두에서 말한 두 가지를 기준으로 삼는다. 하나는 그의 삶이고 다른 하나는 그의 이론이다. 그는 전 재산을 형제 및 친구들과 예술가들에게 기부했다. 자신은 정원사, 초등학교 교사, 약품 배달사원으로 일했다. 이것을 우리가 따라 하기는 쉽지 않을 것으로 보인다. 문학계로 시야를 좁히더라도 이를 실천했다는 이는 보지도 듣지도 못했다. 이런 일을 하지 않는다고 해서 도덕적으로 문제가 있는 것도 아니다. 말과 행동이 다르다면 몰라도 말이다. 문학계에는 정직하고 상대를 배려하는 이들도 많다. 비트겐슈타인의 사례는 '철학하는' 그러니까 지행이 합일되는 사람만이 할 수 있다. 철학이든 삶이든 그를 따라하는 것은 힘겹다.

남는 것은 비트겐슈타인의 철학 이론이 반영된, 그러니까 명료성을 추구하고 과잉사유를 배제한 소설이 있는가라는 물음이다. 이것은 주제 면에서도 살필 수 있고 문체 면에서도 살필 수 있겠다. 현실적으로는 비트겐슈타인의 철학 이론과 접점이 있는 소설을 쓰기가 쉬운 일은 아니다. 비트겐슈타인으로부터 논리실증주의가 유출됐고 그로부터 해체주의가 나왔으며 따라서 비트겐슈타인의 언어게임을 계승해 지식의 합리성·비합리성을 추구한 리오타르의 서사적 포스트모더니즘, 언어게임의 무한한 변화를 말한 데리다의 해체적 포스트모더니즘, 인식의 주체와 언어의 유용성을 다룬 로티의 실용주의적 포스트모더니즘은 가깝게는 모두 비트겐슈타인에 뿌리를 두고 있다. 알랭 드 보통은 비트겐슈타인의 오리-토끼 그림을 소개하면서 세상은 보는 사람의 태도에 따라 많은 것이 달라진다고 적었다. "상상력이 오리를 찾으면 그는 오리를 보게 될 것이다. 상상력이 토끼를 찾으면 토끼가 나타날 것이다. 중요한 것은 보는 사람의 경향이다."[1] 세상을 보는 것은 사람의 마음이다.

지구에 갇혀서도 신을 말하는 철학자들 _ 박형서

여기에서는 완결된 팩트의 구조를 잘 드러낸 작품을 한 편 소개하는 것으로 마감하겠다. 박형서[2]의 <자정의 픽션>이다. <자정의

---

1 알랭 드 보통, [왜 나는 너를 사랑하는가], p.104.
2 1972-. 2000년 월간 [현대문학] 6월호에 단편소설 <토끼를 기르기 전에 알아두어야 할 것들>을 발표하면서 등단했다. 인간 내면의 동공을 이루고 있는 고독

픽션>은 [문예중앙] 2010년 겨울호에 실렸고 [황석영의 한국 명단편 101] 제10권에 재수록됐다. 2006년에 출판된 박형서의 소설집 [자정의 픽션]에는 소설 <자정의 픽션>이 없다.

'나'는 학원강사이고 그녀는 마트에서 일한다. 나와 그녀는 작은 임대연립주택에서 동거하고 있다. '내'가 집으로 돌아와 보니 그녀는 늦은 밤인데도 불구하고 수제비를 끓이기 위해 멸치를 찾는다. 멸치가 보이지 않자 그녀는 옆집 여자를 의심한다. '나'는 그녀와 함께 침대에 누워 허구를 펼친다.

'나'는 트리오핀을 의심한다. 트리오핀이 만능열쇠를 갖고 다니면서 밤중에 집으로 침입해 자는 사람의 꿈을 집어먹는다고 그녀에게 설명하고 그녀도 동의한다. 나는 트리오핀이 마트 화장실에 청소자재보관함 안에 쭈그리고 앉아 그녀의 예쁜 뒤태를 보고 있었노라고 말한다. 트리오핀이 악몽만 먹는데 더러 행복한 꿈을 먹어치울 때도 있고 이번에는 멸치를 먹었노라고 말한다.

그녀는 곰곰이 생각하다가 멸치들은 스스로 집을 나갔다고 말한다. 멸치들은 지구상에서 가장 우정이 깊은 생명체이므로 힘을 모아 함께 떠났다. 리더 멸치는 성범수이다. 아홉 마리의 바싹 마른 멸치들은 냉동실에서 탈출해 싱크대 수도꼭지 아래에서 물을 적셔 몸

과 죽음의 문제를 예리하게 묘파하면서 문단의 주목을 받았다. 이야기를 만들어내는 재주가 탁월한 작가로 인정받고 있다. 사소한 일상의 서사에서 거대한 문명사적 서사에 이르기까지 스케일에 구애되지 않는 새로운 세기의 이야기꾼으로서 한국 사회의 다양한 담론들을 소설적으로 재배치해 하이브리드 소설을 창조하고 있다고 평가받는다.

을 부풀리고 수채 구멍으로 가려다 방향을 바꿔 변기를 통해 탈출하기로 결정했다.

나와 그녀가 있는 곳은 임대연립주택 5층이다. 실제로는 침대 위이다. 나와 그녀는 처음부터 끝까지 침대 위에만 있다. 공간의 이동도 없이 침대 위에서 허구를 펼치고 있다. 나와 그녀는 하나의 시공간에 완전히 갇혀 있다. 칸트는 쾨니히스베르크를 떠나지 않고도 세계에 대해 말했는데, 지평을 넓힌다면 철학자들은 지구를 떠나지 않고 갇혀 있으면서도 신에 대해 말한다.

소설은 기본적으로 "현실"을 대변하는 나와 그녀의 이야기(A)와 "허구"를 뜻하는 멸치들의 이야기(B)가 맞물려 전개된다. A와 B는 번갈아가며 이야기를 구성하다가 결말에 이르면 서로 맞물려 현실과 허구의 세계를 교차시킨다. 교차한 뒤에는 허구로 변한 현실의 이야기가 다시 시작된다. 이것이 자정에서 자정까지 펼쳐지는 하나의 팩트이다. 하나의 팩트 안에는 두 개의 원자적 사실이 들어 있다.[1]

자정은 하나의 팩트가 끝나는 시간이면서 새로운 팩트가 시작되는 시간이다. 나와 그녀는 일상에 갇혀, 마치 플라톤이 말하는 동굴 같은 곳에 갇혀, 픽션을 이야기한다. 이때 중요한 것은 나와 그녀가 어떤 이야기를 만들어내는가이다.

비트겐슈타인을 언급하면서 <자정의 픽션>을 떠올린 까닭은 세 가지이다. 이 소설이 원자적 사실들로 팩트를 구성한다는 것, 관점

---

[1] 비트겐슈타인은 사실(팩트)을 구성하는 것이 원자적 사실이라고 말한다.

에 따라 사건은 얼마든지 새롭게 구성될 수 있다는 것, 그리고 비트겐슈타인의 눈으로 볼 때 소설이든 철학이든 공통인 것은 말놀이라는 것 등이다. 이렇게 말하면 창작의 두 방식인 아리스토텔레스와 재현과 세르반테스의 허구 가운데 박형서의 이 작품은 세르반테스에 가깝다.

소설에서는 A라는 허구 이야기가 나온 뒤에 B라는 허구 이야기가 따라 나온다. 그리고는 서로 맞물려 A와 B가 합쳐진 새로운 A' 허구 이야기가 태어난다. 그 다음날에는 A'가 전개된 후에 B'가 등장하고 자정에 이르면 A"가 등장할 것이다. 이렇게 끊임없이 재생산되는 것이 더욱 허구 쪽으로 갈지 아니면 실재 쪽으로 올지 또는 그저 허구와 실재가 새로운 결합을 이룬 것인지 우리는 알지 못한다. 오늘 전개되는 A'가 어제 전개된 A의 연장선상에 있어도 있지 않아도 상관없다. 어차피 세상의 팩트들은 모두 가족적 유사성 속에 놓여 있기 때문이다. 이 소설은 1인칭 주인공 시점으로 시작해서 3인칭 시점으로 끝난다. 그것은 주관성에서 벗어나 객관성을 향해 가려는 욕망이다. 또는 주관과 객관의 경계가 허물어짐이다.

멸치 분실이라는 하나의 사건을 두고, 그것이 분실인지 도난인지 알지 못한다. '나'는 트리오핀을 범인으로 지목하고 그녀는 옆집 여자를 의심한다. 내가 트리오핀을 지목하는 까닭은 옆집 여자에게 도둑 누명을 씌우지 않기 위해서이다. 그러나 옆집 여자가 멸치를 가져갔을 수도 있다. 아니면 멸치를 지금 그녀가 찾지 못할 수도 있다. 사실에 대한 파악과는 달리 철학은, 아니 언어 게임은 비트겐슈타인이 과학적 태도를 전제로 한다 해도 사실과 다른 방향으로 나아갈 수 있다.

그러다 보니 사실은 사라지고 나와 그녀, 멸치들 사이의 언어 게임만이 남는다. 언어가 우주를 반영해서 사람의 사유를 지배하는 것인지 아니면 언어가 사유를 반영해서 우주를 만들어내는 것인지 혼란스럽다. 그래서 박형서의 작품들은 기존의 소설에 대해 자정을 고하고 리얼리즘 내러티브의 새로운 국면을 연다. 그의 작품이 리얼리즘적인 이유는 그의 작품이 삶과 관계를 가지기 때문이다. 동시에 그의 리얼리즘은 그 스스로 밝혔듯이 환상이 있다.

이 소설을 읽다 보니 철학하는 것이 멸치 이야기를 하는 것인지 아니면 소설을 쓴다는 것이 결국은 멸치 이야기를 쓰는 것인지 분간이 되지 않는다. 알 수 없는 것에 대해서는 그냥 내버려두는 게 맞는 것 같다. 그렇게 해도 얻은 것이 있으니 공평한 밤의 무게를 나눔으로써 우리가 닿은 자정의 기슭이다.

"부드럽게 물결치는 정적, 그 평화로운 조합이 만들어낸 안식 속으로 나란히 헤엄칠 일만 남았다."

인문지혜 총서 100선 · 19
김은중
문학, 철학을 입다

초판 인쇄 | 2019년 6월 20일
초판 발행 | 2019년 6월 25일

지은이 | 김 은 중
펴낸이 | 서 정 환
펴낸곳 | 인간과문학사

주 소 | 서울특별시 종로구 삼일대로32길 36, 301호
　　　　(익선동, 운현신화타워빌딩)
전 화 | 02)3675-3885, 063)275-4000
등 록 | 제300-2013-10호
e-mail | human3885@naver.com
　　　　inmun2013@hanmail.net

값 15,000원

ISBN 979-11-6084-090-5　(04810)
ISBN 979-11-85512-04-4

* 저자와 협의하여 인지는 생략합니다.
* 잘못된 책은 바꿔 드립니다.

이 도서의 국립중앙도서관 출판예정도서목록(CIP)은 서지정보유통지원시스템 홈페이지(http://seoji.nl.go.kr)와 국가자료종합목록 구축시스템(http://kolis-net.nl.go.kr)에서 이용하실 수 있습니다. (CIP제어번호 : CIP2019022727)